U0640644

信念、理论与企业制度创新

刘颂正 ——— 著

中国财富出版社有限公司

图书在版编目（CIP）数据

信念、理论与企业制度创新／刘颂正著．—北京：中国财富出版社有限公司，2021.9

ISBN 978 - 7 - 5047 - 7521 - 4

Ⅰ.①信…　Ⅱ.①刘…　Ⅲ.①企业经营管理　Ⅳ.①F272.3

中国版本图书馆 CIP 数据核字（2021）第 180475 号

策划编辑	谢晓绚	**责任编辑**	邢有涛　李　如			
责任印制	尚立业	**责任校对**	卓闪闪		**责任发行**	杨　江

出版发行	中国财富出版社有限公司	
社　　址	北京市丰台区南四环西路 188 号 5 区 20 楼	**邮政编码**　100070
电　　话	010 - 52227588 转 2098（发行部）	010 - 52227588 转 321（总编室）
	010 - 52227566（24 小时读者服务）	010 - 52227588 转 305（质检部）
网　　址	http：//www.cfpress.com.cn	**排　　版**　宝蕾元
经　　销	新华书店	**印　　刷**　宝蕾元仁浩（天津）印刷有限公司
书　　号	ISBN 978 - 7 - 5047 - 7521 - 4/F·3337	
开　　本	710mm×1000mm　1/16	**版　　次**　2022 年 2 月第 1 版
印　　张	15.25	**印　　次**　2022 年 2 月第 1 次印刷
字　　数	250 千字	**定　　价**　56.00 元

前　言

写作本书的目的是运用新制度经济学的理论框架，进行国有企业的机制设计，试图为致力改革的实践者提供参考和借鉴，以助力攻坚阶段改革的顺利推进，早见成效。

权力的界定是市场经济的前提条件。我国自确立社会主义市场经济体制以来，还没有系统地研究过如何按市场经济体制的要求，界定行政部门、经济组织、代理人及其员工之间的权力问题。计划经济体制下用行政级别界定的权力体系还在很大程度上发挥着作用，已成为攻坚改革的"中梗阻"。党的十八届三中全会提出推进国家治理体系和治理能力现代化。这使得按社会主义市场经济原则界定权力的工作启程，推行负面清单管理，下放权力的力度空前。

国有企业改革是经济体制改革的中心环节。为了搞好国有企业、管好国有资产，1999 年以来，产权改革已多次在党的有关文件和决议中提及，而且每次都在丰富新的内涵，但改革的实践中未见实质性的进展。按社会主义市场经济的要求，重新界定权力正是国有资产监管改革和国有企业改革亟须填补的短板。本书尝试系统地界定党政公共监督、出资人监督以及代理人在国有企业监管和经营的权力，但愿能对国有企业制度定型起到作用。

弄清国有资产监管改革和国有企业改革之间的联系和区别是做好权力界定工作的前提条件。二者的联系是改革都必须以产权为主线，以是否节省交易费用为评判标准。二者的区别在于改革的侧重点不同，国有资产监管改革重在实现国有资本动态合理布局，建立国有资本投入、持有、退出、合并重组以及委托监督机制，提升国有资本的效率和效益；而国有企业改革的重点是建立现代企业制度，主要内容是搭建高效的企业治理结构，建立对代理人的激励约束机制等。

我知道，要推动攻坚阶段的改革，完成国有企业改革的任务，仅仅停留在现有的认识上是不能解决问题的，必须突破现有的思想束缚，进行制度创新。而制度分析是微观的、具体的，在提出切实可行的方案之前，必须对现有的法律法规和政策要求进行具体的分析和研究，从中找出关键问题之所在。我相信，有关部门在制定相关制度时是慎重的，是经过广泛调研、反复论证的，但这些制度实际执行效果与监管部门的期许可能有所不同，因此，对现行具体制度的分析是需要勇气和担当的。由于能力有限，本书对这些制度的分析难免有失偏颇，敬请广大读者批评指正。我希望由此摸索出一条对企业制度分析研究的方法和路径，使我国的企业制度更加具有科学性、先进性。

本书的结构是这样安排的：第一章，全书的总括，阐述了本书的主要观点；第二章，回顾了国有企业和国有资产监管改革的历程，分析了国有企业改革早期没有取得突破性进展的原因；第三章，阐述了以产权为核心的改革在国有资产监管和国有企业改革中的重要性，从产权结构着手分析产权在国有资产监管和企业治理、激励机制方面的运用；第四章，讨论国有资产监管体系，详细论述主要股东监管什么、如何监管的问题，提出"九龙治水"监管模式、分权监管模式等；第五章，详细论述国有企业的治理结构和治理机制，提出国有企业治理应回归二元治理结构，并在此基础上提出董事会和监事会的权力界定；第六章，详细论述了国有企业的激励机制，阐述了薪酬总额、基本薪酬、绩效薪酬如何核定等；第七章，介绍了国有企业内部市场化契约，以及内部产权界定的对应关系，虽然只是粗浅、初步阐述，但足以说明企业内部和外部市场化的一致性；第八章，介绍了支撑本书观点的理论依据。本书每一章独立成体系，章与章之间又具有很强的逻辑性，既可以连续阅读，也可以根据自己所需，重点阅读。契约管理是需要进一步研究的领域。由于我无法获得一定数量、具有比较研究价值的契约样本，本书对契约管理，尤其是对国有企业代理人的契约管理研究得不够，这是本书的缺陷。

本书虽然是以国有企业为对象进行机制设计，但其中的基本原理对其他所有制企业同样适用。本书不仅适合从事国有资产监管改革和国有企业改革的实践者阅读，也可以作为大专院校企业机制设计的教学案例。

在本书的写作过程中，我得到了一些专家、学者及国有资产监管改革和国有企业改革一线工作者的大力支持。尤其是国务院发展研究中心金融研究所研究员、博士生导师朱俊生教授，北京东方博融管理咨询有限公司首席专家苏文忠博士对本书提出了许多宝贵的意见和建议，中国财富出版社有限公司的谢晓绚、李如为本书的编辑出版做了大量的工作，在此一并表示衷心感谢！

刘颂正

2020 年 5 月 19 日

目　录

第一章　总　论
——关于中国的现代企业制度

中国 40 余年的改革开放就是一场轰轰烈烈的制度创新。改革的目标就是改变按旧体制建立的企业制度，建立适合新时代要求的新制度，实现国家治理能力和治理体系现代化。国有企业是中国特色社会主义经济的"顶梁柱"，关系到中国特色社会主义政治经济学的基本问题。

一、基本经济制度与国有企业

党的十九届四中全会明确了我国的基本经济制度，即公有制为主体、多种所有制经济共同发展。这一基本经济制度是在我国工业化和改革开放的历史进程中形成的。中华人民共和国成立之后，我国开始了大规模的社会主义建设，建立了从中央到地方五级工业体系，由于长期计划经济、权力集中、平均分配等原因，国有企业的效率和效益低下。在经济体制改革过程中，国有企业私有化的舆论呼声从未间断，中国面临着制度选择。而制度是由一个降低交易成本的部分和一个提高交易成本的部分构成的混合物。政治和经济交易成本升高导致的结果肯定不是最优的选择，这与生产率的提高和社会经济福利的增长背道而驰（诺思）。我们清楚地看到，苏联及其他国家的国有资产私有化是不成功的。变公有为私有，不仅没有使社会财富增加、居民收入提高，反而对国民经济发展和社会稳定造成很大的负面影响。如果我们选择了私有制，可能就选择了一个大大降低整个社会经济福利的制度，付出极大的交易成本。国有企业的效率不高，但私有化的结果更不好。于是，我国选择了与苏联不同的道路，继续坚持国有企业的组织形式，并以此为基础改革体制机制，提高效率和效益。实践证明这是正确的选择。我国的改革开放给予了公民个人创建企业的权利，大量的个体私营企业迅猛发展，庞大的市场诱惑和不断改善的营商环境使外国资本大量进入我国。私有企业、外资企业在过去的 40 多年里从无到有，直至今天，已经颇具规模。国有企业、私有企业和外资企业"三分天下"的格局已然形成，只有长期共存、共同发展、融合发展这一条路可供选择。于是"两个毫不动摇"就成为新时代坚持和发展中国特色社会主义的基本方略。

我国的国情要求政府必须开辟一条积累财富的途径。庞大的人口规模给我国政府带来多个方面的巨大压力，如劳动就业压力、医疗养老压力，以及应对重大安全风险压力。这些压力要求政府不能像西方国家一样，仅仅依靠私有企业的税收和发债来保障财政收入。中国必须开辟一条不断积累财富的途径，政府创建企业组织就是在走积累财富的道路。按照张五常的财富仓库理论，一个国家有多种财富仓库，如博物馆、金库等，我认为在众多的财富仓库中，特别重要的有两个，一个是以企业为主的物质资本的仓库，另一个是以学校和科研机构为主的知识仓库，也可以说是人力资本的仓库。企业是一个国家的重要财富仓库，这个仓库里储存的是资本。企业越多，一个国家积累的财富就越多。国有企业是政府的财富仓库，储存的是国有资产。政府可以根据需要，从这个仓库中提取一部分财富，用于国民的社会福利供应。财富并不是放在仓库里不动，放在仓库里不动会不停地贬值，因此必须要运营财富，不仅不能让它贬值，而且要通过运营让财富增值。这就需要一个运营财富的载体，这个载体就是国有企业，包括国有独资和国有控股企业。这样就保证了国有资产控制在政府手里。当然，国有资本也可以以获得财务收益为目的，投资到私有资本和外国资本控制的企业中去。

对我国这个人口庞大的超大型国家来说，以国有企业为载体积累财富是一种积极稳妥的选择。西方资本主义国家政府的收入主要来自税收和政府债券，税收满足不了政府开支就发行债券，美国就是典型的例子。为了保证政府日益增长的开支需要，政府只有不断地发行债券，这导致政府债务居高不下。2018 年，美国政府的债务达到了 24.56 万亿美元，占国民生产总值的 120%，而且还在不断增长，美国政府曾多次与国会谈判提高债务上限。从长期来看，依靠债务维持政府开支难以为继。由于经济起伏，税收也不稳定，政府收入的渠道也应多一些为好。美国的企业只能给政府提供税收，而我国国有企业这一政府财富仓库可以为政府提供税收、国有资产转让收入、部分国有资产增值收入三种财源。也就是说，用国有企业存储财富的方式与发行债券相比，对一个国家的经济社会发展更加具有可持续性。另外，国有企业财产公有制是资本社会化的一种形式，这种资本组织形式大大节省了企业筹建、论证、谈判的交易成本。尤其是在国家调整经济结构，解决"补短板"问题时，政府可以通过投资或引导投资迅速采取行动。因此，对我国来说，不仅不应减少国有企业，而且政府应不断创立国有企业。

国有企业还有一个重要功能就是可以有效抑制贫富差距日益扩大，实现社会财富分配相对公平。贫富差距大这个问题在西方资本主义国家早就被提出，但至今没有得到有效解决。贫富差距日益扩大已经在西方引发了越来越多的社会问题，当今美国和欧洲国家民粹主义抬头和右翼思想的回潮就是有力的证据。私有制不可能解决财产分布不均的问题，在杠杆等因素的作用下，贫富差距不仅不会缩小，反而会越来越大。财产公有制可以有效抑制财富收入差距扩大化。例如，两个同样有10亿元资本的企业，其中一个企业由一个私人股东个人控股，私人股东个人占80%的股份，另一个是由国有控股企业，国有资本占80%的股份。两个企业同时上市，假如股价为10元/股，那么私有企业的第一大股东的财富由8亿元增加到80亿元，而国有企业的国有资产同样由8亿元增加到80亿元，只有20亿元分散在其他个人股东手里。这两种结果会对社会贫富差距扩大造成两种截然不同的影响。国有资产的增加并没有使社会贫富差距过分拉大，而私有股东财富的增加却明显地扩大了社会贫富的差距。

总之，我国的基本经济制度明确了国有经济、私有经济和外资经济都是我国经济的组成部分，这就意味着作为这三大经济主要表现形式的国有企业、私有企业和外资企业将长期并存，共同发展。国有企业就是国有独资或控股企业，私有企业就是私有资本独资或控股的企业，同样，外资企业就是外国资本独资或控股的企业。虽然这三类企业都受到《中华人民共和国公司法》有关规定的约束，但企业制度的实际情况有比较大的差别。简单讲，外资企业基本沿袭其母国的企业制度，过去中外合资按《中华人民共和国中外合资经营企业法》①的有关规定执行；私有企业基本执行的是类似于东亚家族企业的制度，尤其是一股独大的私有企业；国有企业也建立了以财产公有制为基础的独特的企业制度。但就整体而言，国有企业和私有企业存在着治理机制和激励机制的缺陷，要定型我国的企业制度还有很长的路要走。

公有制为主体、多种所有制经济共同发展的基本经济制度要求政府在国家治理方面建立公平竞争的营商环境。这也就意味着政府对国有企业、私有企业和外资企业要一视同仁。这也是社会主义市场经济的必然要求。就目前的情况来看，国有企业的经营者期待建立与私有企业一样的激励机制，拥有与私有企业经营者一样参与资产增值分配以及长期控制企业的权力；私有企业的经营者要求享有与国有企业一样的政策支持等；而外资企业的经营者要求享有与本土企业一样的国民待遇。要权衡这三者的利益诉求，建立统一的现代企业制度是一个可选择的路径。实现这一目标的最大障碍在外资企业和国有企业上。外资企业需要国家之间就待遇对等方面进行协商，这需要等待条件成熟，要耗费较长时间；国有企业想要实现经营者享有参与资产增值分配以及长期控制企业的权力，需要国家进一步解放思想，做出制度安排。

公有制经济作为我国国民经济的主体，能否稳得住这个地位，要看国有企业的效率和效益。国有企业作为政府积累财富的仓库，国有资产的保值增值应是主要目标。要提高国有企业的效率和效益，实现国有资产的保值增值，就必须建立现代企业制度。由此，国有企业应当在建立中国现代企业制度方面勇于探索、率先突破、尽早定型、示范带动。

在国有资本独资或控股的国有企业建立现代企业制度，应当是一项伟大的制度创新。这需要我们总结我国改革开放以来企业制度建设的经验教训，借鉴国外有益的企业理论。改革开放以来，我国进行了包括私有企业在内的企业制度创新的实践探索，为建立国有企业的现代企业制度提供了众多的有益借鉴。

---

① 2020 年 1 月 1 日起，该法废止，同时，《中华人民共和国外商投资法》实施。

二、企业制度重在界定权力

国有企业改革的目标是建立现代企业制度，而现代企业制度的核心和要义在于明确产权。这是因为产权界定是市场交易的前提条件（科斯）。产权界定不清晰，社会主义市场经济就不能有序运作。我国的经济权力格局原来是按照计划经济体制划分的，虽然经过40多年的改革有了较大的调整，但计划经济的权力格局还有不少的遗留和延续，而且在某些领域仍发挥着重要作用。这就需要改革，而改革的要义是按照我国社会主义市场经济的要求和原则重新界定权力。

资源配置的主体由政府转向市场，需要在监管部门和经营者之间重新界定权力。用行政级别界定权力是计划经济体制的产物。在高度计划经济体制下，政府是唯一的资源配置者。政府的计划需要按行政级别从高到低层层分解落实。政府的计划分解到各个部门后，各部门也必须将该计划分解到其分管的企业，而在分解计划时，行政级别就成为唯一的依据，所以这些部委、厅局等所管理的单位也逐级明确企业的行政级别。由于部委、厅局、局委的级别不同，顺延到企业的行政级别也就有高有低。中央部委的企业一般顺延为正部级或副部级，其职能部门为正司局级或副司局级，省级管理的企业为正厅级或副厅级，部门或车间为正处级或副处级，等等。由此，按行政级别分配权力就成为计划经济体制的特征。

而社会主义市场经济体制是市场在资源配置中起决定性作用。这样一来，国有企业就应当与其他企业一样成为平等的市场主体，行政级别在权力配置中的重要性大幅下降。无论是哪一个级别的企业都可以做强、做优、做大，并按绩效分配薪酬。这就要求我国的"经济体制改革必须以完善产权制度和要素市场化配置为重点，实现产权有效激励、要素自由流动、价格反应灵活、竞争公平有序、企业优胜劣汰"。（摘自党的十九大报告）

与计划相匹配的国家治理方式是行政化管理。这种治理方式在国有企业至今仍有浓厚的色彩。所谓行政化管理，就是不分组织的功能和绩效特征，均按照党政机关进行管理。其突出特点是每个单位从负责人到一般管理人员都有行政级别。行政化管理在国有企业的具体表现如下。一是行政职能与企业职能边界不清，如一些应由政府承担的事务分配、分解给企业去承担。这就没有把国有企业当成独立的经济组织。当然，企业也有应尽的社会责任，如环保、诚信、捐助教育、扶贫等，但企业自愿与行政分派是两回事。二是没有形成一套适合企业的治理体系。对企业负责人的管理与对党政机关负责人的管理基本是一样的，要求企业参照执行一些对党政机关的管理制度。考核也是如此，"德、能、勤、绩、廉"既是考核党政机关干部的指标，也是考核企业负责人的指标。但"德、能、勤、绩、廉"对企业负责人有着对党政干部不一样的内涵，如企业负责人的"德"虽然同样表现在对党忠诚，但具体体现在负责人要确保经营成果的真实性和合规性，对股东不能弄虚作假，不能有机会主义行为等。这种以党政机关为主要对象的管理方式在国有企业中延续到今天，虽然有所改进，但仍没有实质性的改变。这就是我们今天改革的必要性所在。

党的十九届四中全会专题研究了国家治理体系和治理能力现代化的问题，这为我国建立现代企业制度指明了方向。企业制度是社会主义制度的组成部分，企业治理也是国家治理的重要组成部分。我国国有企业治理改革的一个重要方面就是行政组织要向企业组织开放权力，还原国有企业应有的功能和运营规律。

诺思、瓦里斯和温格斯特的研究对今后的改革具有一定的借鉴意义。他们把有文字以来的人类历史总结为三大类型的社会秩序，即原始的社会秩序、权利受限秩序和权利开放秩序，并重点阐述了权利受限秩序向权利开放秩序转型的必然性以及转型的过程。

在权利受限秩序，社会往往是不稳定的。在这种情况下，统治者通过限制权利来系统地创设租金并不是为了充分支配联盟成员，而是为了控制暴力。设立租金、限制竞争和组织的权利，是这些国家及其制度的关键所在。而权利开放秩序与权利受限秩序有本质的区别。权利受限秩序是利用设立租金和限制权利来维持社会秩序的稳定，而权利开放秩序则是利用竞争和权利开放来达成这个目标。所有权利开放是权利开放秩序的核心。在权利开放秩序中，经济领域内组织权利的开放支持了政治领域的权利开放，而政治领域内组织权利的开放又反过来支持经济领域的权利开放。经济领域的权利开放有效阻止了政治系统对经济利益的操纵。

由权利受限秩序向权利开放秩序转型是人类社会发展的必然趋势。诺思等认为，统治一个国家的不是某一个人或某一个利益集团，而是由政治、经济、军事、宗教等系统内的精英组成的支配联盟。社会转型并不是一下子完成的，必须制定能使精英们有可能建立起非人际关系化的内部精英关系的制度。真正意义上的转型是让支配联盟发现在精英内部扩大非人际关系化交换以及使精英们创建组织的权利制度化是对精英们有利的，从而有效建立起对精英的权利开放制度。这些制度不断强化对精英的法治，创造并维持新的激励，使精英们在内部持续不断地开放权利，把精英的特权逐渐地转变为大众的权利。

借鉴上述观点，我国国有企业改革的重点是行政精英掌握的国有企业经营管理权要向企业经营管理精英开放。实际也正在这样做，只是没有完整地、系统地重新界定权力。如代理人及其经营管理团队的薪酬制度就应当使用经济的而不是行政的理念去制定。如果用行政的理念，中央企业负责人的行政级别最高的为正部级，那么他就应当领正部级的工资，无论经营绩效好坏。而按经济的理念和逻辑，代理人及其经营管理团队的人力资本应按照多劳多得的原则，按比例参与增值分配。关于这一点，卫兴华教授（2019）也有论述，他认为马克思所讲的资本主义经济实行按生产要素所有权分配的理论观点更科学、更符合实际。十九届四中全会提出"健全劳动、资本、土地、知识、技术、管理、数据等生产要素由市场评价贡献、按贡献决定报酬的机制"，劳动作为重要的生产要素位列其中。我理解按生产要素贡献分配应是社会主义市场经济的主要分配形式，国有企业的劳动按贡献分配报酬就是按经营绩效或劳动成果分配报酬。只不过由于个人的知识和技能不同，所适应的岗位和从事的工作有繁有简，由此决定人力资本的薪酬高低不等。"科技人员与经理等高管，也凭借自己的科技能力和管理能力的所有权参与分配并获得高额收入，因为他们的高级复杂劳动创造了更多的价值与财富，他们创造的较多的剩余价值是与资方共享的"（卫兴华，2019）。这一观点同样适用于国有企业。在社会主义市场经济中，国有企业与私有企业、外资企业等都是市场主体，要素在企业之间的流动是由市场决定的，不同所有制企业之间的分配制度会按照市场经济的要求日渐趋同，改革应当顺应这一趋势。只不过国有企业的分配制度应更加规范和完善，不可以像私有企业那样具有"随意性"。重大的经营权力，行政监管部门掌握的还有不少。

重新界定权力会使得政府监管部门的工作内容和方式方法发生重大的变化。在计划经济体制下，行政部门的主要工作是配置资源。任命高管是配置人力资源，布局国有资产是配置物质资源，等等。在市场经济体制下，资源配置交给了市场，市场在资源配置中起决定性作用。行政部门的工作也相应由分配资源转变为市场监管，其转变为监管部门，需要放弃对资源配置的审批权，同时强化监管处置权。在这种情况下，监管部门应当把工作重心转移到监管上来，建立一套完整的与监管相适应的工作体系，更新工作内容。此外，要转变工作方式，由直接审批转为贴近监督，由等企业上门转为主动作为。

重新界定权力的本质是回归企业作为经济组织创新产品、创造市场、创造财富的本原，确保按照经济规律办事。核心是监管部门掌握的企业经营管理权力要交还给代理人，让代理人按专业要求去运作企业，从而阻断行政管理的思维、方法向国有企业延伸的路径。重新界定权力的前提条件是取消企业负责人的行政级别，企业家就是企业家，其地位的高低不是用行政级别去衡量，而是用运作资本的多少和对企业贡献的大小去衡量。取消审批权是重新界定权力的重要手段，包括除代理人外的其他经营管理人员的聘任、更换，企业资本形态变更，薪酬确定，对经营事项按照金额大小划定审批权限等，都要回归到股东会、董事会、监事会等企业治理层面，用治理机构的决议代替监管部门的审批。

股东和经营者之间需要重新界定权力。传统的观点认为，现代企业的特征是所有权和经营权分离。股东拥有财产所有权，把经营权让渡给了代理人（企业经营者）。但股东和代理人的利益是不一致的，为了防止代理人不作为、偷懒、侵占股东的利益，股东保留了监督权，以便在重大经营事项上对代理人形成制衡。随着企业理论研究的不断深化，对这一观点的质疑越来越强烈。既然股东的利益与代理人的利益是不一致的，那么股东为什么还要把经营权让渡给代理人？对此张维迎（2015）认为，两权分离理论是荒谬的，现代企业经营应是企业家职能的分解。受此启发，我认为，财产所有权与经营权并没有分离，而是股东的经营权与代理人的经营权分工不同。股东经营的是属于他的股权，通过对企业的投入、持有和退出，形成资本的循环与周转，从而达到资产增值的目的；代理人经营的是产品或服务，通过原材料购买、产品生产、产品（或服务）营销实现资本周转，然后形成循环，从而达到企业资产增值的目的。企业的财产不仅是股东的股金，还包括贷款、债券等负债，以及人力资本等。二者有重叠也有区别。重叠的地方在于股东持有企业股权期间，企业的经营成果对股东的资产价格涨落有明显的影响，企业经营的效益好、利润高，股东的资产价格就会上涨，反之则会下降。股东的资产价格与企业经营效益是吻合的。区别在于股东的资产增值不仅取决于企业的经营效益，还受投机炒作、资本市场政策变化、企业合并重组等诸多因素的影响，有时候投机炒作比企业经营效益对股东的资产增值影响还要大。企业的经营效益不仅仅是股东的股金带来的，代理人也会利用银行贷款或发行债券扩大自己运作资本的规模，从而增强企业的抗风险和盈利能力。所以股东经营的是资本，秉持的是"股东利益最大化"的经营理念，追求的是企业价值（股票市值）最大化；而代理人经营的是产品，秉持的是"客户至上"的经营理念，客户的需要就是企业的追求。与此相对应，股东面对的是资本市场，而代理人面对的是产品或服务市场。股东的财产所有权和经营权是统一的，代理人人力资本所有权和经营权也是统一的，而企业经营效益则是双方共同的基础和追求的基本目标。股东关注企业经营效益是为了提升自己的资产价格，代理人关注经营利润是为了兑现对股东的契约承诺，提升自身的声誉，获得企业剩余分配和股权激励。

股东和代理人经营职能的不同，为企业治理增添了更广泛的内涵。企业治理结构就是权力结构，为了实现企业经营发展目标，我们必须把各治理主体的权力通过用来规范企业各类利益相关者活动的一整套激励、保护和争端解决程序来实现。股东、银行、证券监管、行业监管以及代理人团队等都是企业的利益相关者。利益相关者委派的代理人可以分成两类，一类负责经营，另一类负责监督。不参与企业日常经营管理活动的监督者，更担心企业经营的不确定性和风险，更担心经营一方弄虚作假，虚增收入和利润，甚至是采取各种手段捞取好处。因此，股东、银行作为资金提供者不仅要扮演制衡的角色，对重大事项进行决策，行使否决权，而且要扮演如同华为公司郑宝用领导的"蓝军"角色，对经营一方提供咨询或反向论证，并以此影响经营一方的决策。这一新的认识为我们界定股东与代理人之间的权力提供了依据。股东追求的是企业价值最大化，所以对企业价值有直接影响的事项，如增资减资、合并重组、投资收购、发行债券、利润分配，以及经营管理代理人与监督控制代理人的权力界定等方面的最终决定权要界定给股东。由于代理人关注的是企业经营利润，所以包括企业发展战略、经营计划、投资计划、经营预算、组织架构、运营模式、薪酬激励在内的其他经营权力要界定给代理人。与现行的《中华人民共和国公司法》相比，股东在企业经营事项决策的权力将会大幅减少，而代理人的权力将会明显增加。

凡是涉及国有企业资源配置的直接或间接的权力，都可以称为国有企业的产权，都需要按照市场经济的原则和要求重新界定。主要涉及党政公共监督部门，如纪检监察、审计等；出资人代表机构、行业监管部门；代理人，包括经营管理代理人和监督控制代理人，以及企业内部各层级的管理人员和员工等。在这个权力体系中，最关键的是出资人代表机构和代理人之间的权力界定。以此为分界，党政公共监督、出资人监管和行业监管属于企业外部监督、公权力监督，它们的权力对企业的资源配置具有间接的影响作用，而代理人及企业各层级管理人员和员工属于企业内部的权力范围，具有产权概念包含的一切权力，属私权力的范畴。

三、一般产权结构与国有企业改革

界定权力就是界定产权，包括排他性的资产使用权力、变更资产形式和内容的权力以及收益权力，而这一切的基础是所有权。与私有企业相比，国有企业的产权涉及的利益相关者比较多，反映在权力界定方面也比较复杂，如纪检监察、审计、行业监管只有监管权而没有收益分配权，但其对企业的经营有较大的影响。再如企业内部的权力属于私权力的范畴，"董监高"[①]的收入与其职权和经营成果密切挂钩，但出资人代表机构制定的薪酬制度并不一定体现这一挂钩原则，可能影响了"董监高"的收入权，也可能影响了股东的利益。

———————

① "董监高"指董事、监事及高级管理人员。

总而言之，产权是一个复杂的概念，正因如此，一些经济学家主张用契约的概念来解释产权。让我们先认识一下产权吧。

到目前为止，理论界对产权并没有一个十分准确的定义，只有一个理论框架。德姆塞茨认为，产权是一种社会工具，它包括一个人或其他人受益或受损的权利，其重要性是能帮助一个人形成与他人交易时的合理预期。阿尔钦认为，产权是一个社会所强制实施的选择一种经济品使用的权利。张五常则认为，产权是指享有一种财产的权利。

从法律的角度讲，狭义的产权是指《中华人民共和国民法典》定义的产权，仅针对有形物品来说。在近代以前的资本主义社会，产权指的是财产所有权。资本主义之所以被称为资本主义，就是因为产权决定一切。而美国普通法定义的产权，不仅与有形物品有关，而且与无形物品有关，如专利、版权和合约权，人们称其为广义产权。随着认识的不断深化，广义产权被越来越多的国家和地区所认可，并以法律形式固定下来。其实，资金、房产、土地、设备、专利、技能、知识和能力（科研能力、设计能力）、版权以及合约约定的其他能够带来收益的权利，可以浓缩为有形物品的权利和个人能力所体现的权利两大类，即物质资本和人力资本。而界定产权属于谁的基础和依据是所有权，由此也可以把这两大类称为财产所有权和人力资本所有权。菲吕博腾和平乔维奇把所有权定义为使用（资产）资本的权利（和使用的边界）；变更（资产）资本的形式或内容的权利；获得适当收益的权利。不仅财产所有权有这三种权利，人力资本所有权同样有这三种权利。

据此，我们可以把企业产权归结为财产所有权和人力资本所有权。于是，企业就成为物质资本和人力资本的特别市场契约（周其仁，2017），即财产所有权和人力资本所有权的市场契约，这就是企业的一般契约模型（见图1-1）。

这个契约暗含着以下内容：一是物质资本和人力资本的所有权是相互独立的，达成契约是双方自愿的；二是二者是平等的，这个契约既不是"资本雇用劳动"，也不是"劳动雇用资本"，是平等的契约关系；三是双方有一致的利益，企业收益是股东和代理人契约的出发点和落脚点。

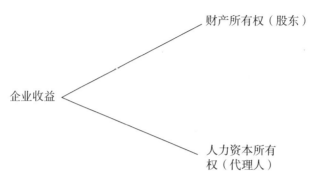

财产所有权（股东）

企业收益

人力资本所有
权（代理人）

图1-1　企业的一般契约模型

在这个契约中，拥有物质资本的是股东，也就是股东拥有财产所有权，而人力资本拥有者是代理人、研发人员和一般操作人员等。在企业内部，代理人与研发人员、一般操作人员等的契约属于企业内部的聘用契约，我会专门用一章论述。在下面的章节中，我只论述股东与代理人的契约以及代理人之间的契约。

财产所有权可以分为三种：第一种是通过投资形成的股权，股权获得的是红利；第二种是通过借贷形成的债权，债权获得的是固定收益——利息，也可称为优先收益；第三种是租赁权，也是一种固定收益的产权，土地的租金就是租赁权收益。股东之所以用自己的财产投资企业，是因为股东认为投资企业比借出财产风险更小或收益更大。

根据罗森的观点，人力资本是指个人的生产能力。人力资本之所以投入企业，是因为劳动者的专业或专长可以在企业有效使用并以此获得收益。随着历史的进步、理论的发展和认识的深化，人力资本对促进经济发展的作用越来越重要。舒尔茨认为，物质资本的所有权对于人力资本的所有权的作用在减弱。

首先，人力资本支配物质资本。简单来说，就是劳动支配财产。剩余价值是由劳动创造的，这是马克思早就告诉我们的。经营权是人力资本作用于物质资本的工具，物质资本的变化（增值或贬值）是人力资本作用的结果。人力资本使用、转化物质资本，正是在这种使用、转化的动态过程中，物质资本的价值有所变化。随着现代经济发展和理论研究的不断深入，马克思的这一观点得到进一步强化。物质资本自己不能使用自己，也不能转让自己；

人力资本则不然，其不仅能够使用、转让自己，而且能使用、转让物质资本。人力资本还可以修复物质资本，而物质资本自己不能修复自己。一个项目投资失败，物质资本绝对损失，但人力资本可能会增值，因为教训会使一个人名誉扫地，但也会成为这个人宝贵的经验财富。随着理论研究的深入，经营权属于有知识、经验和能力的个人的观点越来越被认可。一个好的代理人运用自己的知识、经验和能力，完全可以使一个面临倒闭的企业起死回生，弥补资产损失造成的亏损。如果没有人力资本的作用，物质资本将会在无形中渐渐失去最初的光芒。所以，詹森和麦克林认为，将知识和控制结合到一定程度是很有必要的。这样才有可能使企业价值达到最大化。

其次，在知识经济条件下，科技创新对经济发展的影响已成为当代经济发展的驱动力。一项发明创造可以发展出一个庞大的产业。物联网、量子技术、基因工程、热核聚变等都可以发展为21世纪的支柱产业。新产业、新业态、新模式、新机制等都会成为经济的重要推动力。技能，尤其是高技能，对一个企业的发展具有决定性的作用。在以狩猎为生的远古时代，一个人的体力就是他的资本，比别人跑得快就可能获得更多的猎物，体力好就会获得激励。随着社会的发展，技能成为激励的重要因素。技能是个人在实践中积累而成的，有些人将技能发展成行家绝技。迈克尔·波兰尼在《个人知识：朝向后批判哲学》一书中对技能、行家绝技有详细的阐述。技能只能通过示范而不能通过技术规范来交流，具有不可言传性、个人性和私密性。技能、行家绝技用于商品生产，就可以成为无法取代的人力资本。

最后，经营管理成为一项难度高、压力大和超常繁重的工作。许多小富即安的投资者不愿从事这项工作，他们迫切需要专业的经营管理人才。在这种情况下，大部分股东的投资目的不再是控制企业，而是获得财务收益。而一个有经营能力的人之所以愿意把他的知识、精力和时间投入企业，是因为他希望通过自己的工作，与股东分享企业剩余。要想对企业进行有效运营，他必须取得企业的经营权。他会把全部的知识、精力倾注于企业，千方百计改进经营管理水平，提高经营效率。技术进步推动企业规模不断扩大，对专业化经营管理人才的需求日益强烈。古典资本主义企业的优势正在逐步削弱，现代大企业的发展势不可当（张维迎，2015）。经营者需要掌控更多的资本、期望分得更多的剩余，企业需要更多的股东投资，以便为企业的规模经营提供担保，而广大的投资者需要通过投资增加自己的财富，三者的强烈愿望很自然地结合在了一起。股权归股东、企业控制权归经营者成为现代企业的重要特征。企业经营绩效的好坏则取决于股东对经营者潜能的激励和监督机制。

企业的一般契约模型回答了两个主要问题：一是股东与代理人的经营权如何界定；二是股东与代理人如何分配收益。这是企业治理的两个根本问题。国有企业的产权同样具有企业的一般契约模型的特征。这是国有企业界定权力必须具备的基础和条件。离开了这个基础和条件，国有企业改革将成为无源之水、无本之木。除了具备企业一般契约模型的特征，国有企业还有其他契约特征。

四、国有企业产权结构的性质

人力资本与物质资本具有截然不同的特性。人力资本天然属于个人，而财产可以是公有的也可以是私有的。对于经营者来说，他们的人力资本可以与公有的财产所有权结合，也可以与私有的财产所有权结合，他们需要的是对企业的控制权及与经营绩效相匹配的剩余分配。这就产生了两种不同的契约。

国有企业是公有的财产所有权和私有的人力资本所有权的契约，即"公私契约"；私有企业是私有的财产所有权和私有的人力资本所有权的契约，即"私私契约"。

私有企业，大股东是个人，大股东本身就可以经营管理自己投资的企业，财产的所有权和人力资本的所有权具有统一性，所以私有企业创始人一般是大股东，也是最高经营管理者，如洛克菲勒、福特、摩根以及比尔·盖茨、巴菲特、扎克伯格等。这就是说，私有企业的大股东和经营管理者都是个人，有条件紧密联系在一起。

而国有企业的大股东是政府部门，部门本身无法经营企业，只有向企业委派代理人，由代理人行使经营管理职责。这就是说，国有企业的大股东和代理人是分离的，二者没有条件紧密联系在一起。这就需要契约双方相互承认、尊重彼此的产权，创造签约的条件。

现实的情况是，私有企业选择大股东或创始人经营管理企业比较普遍，中外皆是如此。美国97%以上的企业董事长兼CEO（首席执行官）就是证明。而中国的国有资产出资人代表机构却不能让国资委主任、副主任或中层干部兼任企业的董事长或CEO直接经营管理企业的财产，只能聘任代理人来经营企业，因为中国的法律不允许政府官员兼任国有企业的高级管理人员。但国有资产出资人代表机构完全可以决定是否投资某个企业，是否退出某个企业，是否重组合并或拆分某个企业。也就是说，国有资产出资人代表机构没有企业财产的经营权，但有国有资本的经营权。企业财产的经营权必须委托给代理人。

特殊的产权结构决定了国有企业制度创新的前提条件是承认、落实和保护个人的人力资本所有权。历史也已经证明，依靠资本或权威控制人力资本是不会奏效的，承认、落实和保护个人的人力资本所有权是必然的选择。古典资本主义理论认为，财产所有权决定一切，劳动所有权并不被承认。古典资本主义企业的企业主，集创始人、投资者、经营者甚至技术权威于一身，获得了企业全部剩余。这一现象掩盖了人力资本所有权存在的真相。人们很容易认为个人的财产所有权决定着企业的财产经营权。随着企业规模的不断扩大，单凭企业主一人之力无法持续经营管理一个企业，企业主不得不雇用专业的代理人，将一部分财产使用权和转让权交给他，企业的治理结构也因此开始发生变化。企业演进到今天，现代企业股权高度分散，企业的经营权不再是财产所有权的必然延伸，也不再依附于财产所有权，它们成为相互独立的两个部分。财产权、权威等都控制不了人力资本的使用权。即使在奴隶社会，奴隶的人力资本也没有被奴隶主完全控制（巴泽尔）。在奴隶社会，契约规定奴隶终身受奴隶主的任意支配，奴隶从头到脚都是奴隶主的财产，其劳动成果也属于奴隶主。这种契约中，奴隶主花费很大的监督成本，但仍无法监督奴隶的劳动过程。为了节约监督成本，奴隶主只好给奴隶一定的自主权，由监督劳动过程改为监督产品（劳动成果），最后不得不给奴隶一部分产品，奴隶也获得了对劳动成果的部分分配权。公平自由的现代社会，控制人力资本的使用更加不可能。

承认、尊重和落实公有的财产所有权和私有的人力资本所有权就可以建立契约关系，明确产权。建立契约关系要确定参与契约的总原则，"参与约束"和"激励相容"是最合适的。"参与约束"规定了双方的基本义务和责任。人力资本参与契约的条件是财产所有者必须保证给予一定数量的基本收入，用于人力资本生存和发展的基本需要，而财产所有者参与的条件是人力资本必须保证其资本不贬值。只有答应对方的条件，双方才能签约。"激励相容"是将企业经营实现的资本增值部分首先在契约双方之间进行分配，再落实人力资本各个所有者之间按劳动成果实行按劳分配、财产所有者之间按出资比例进行分配。"参与约束"和"激励相容"总原则是国有企业产权结构的特性决定的。只有坚持这一总原则，才能在国有资产的监管过程中判断国有资产是否被侵占、是否被扭曲，人力资本的权益才能被保障。目前，国有企业忽视人力资本产权和国有资产流失、被侵蚀的问题同时存在，表现在对代理人薪酬激励不当与监督管理不严并存。这是国有企业改革需要重点解决的问题。

五、国有企业的产权界定

国有企业制度重在界定产权，那么如何界定产权呢？契约是最核心的方法，适合一切权力的界定。无论是私有企业的"私私契约"，还是国有企业的"公私契约"都非常适用。除此之外，还有要素界定法、性质界定法、程序界定法等。

（一）产权界定的方法

1. 要素界定法——硬产权与软产权

为了强调人力资本与物质资本同等的重要性，根据企业要素的不同特性，我把财产所有权称为硬产权，而把人力资本所有权称为软产权，就像一个国家有硬实力和软实力一样，企业缺少哪一个都构不成完整的实体。这样，企业就成为硬产权与软产权的集合。在企业，硬产权与软产权具有不同的特性，发挥着不同的作用。

硬产权与软产权有以下不同点。

第一，载体不同。硬产权以货币、土地、建筑物、机器设备等有形物品为载体，所有权具有与载体可分离性。例如，土地与地契是分离的，地契可以被任意挪动，土地却永远在那里。硬产权可以是私有的，也可以是公有的，这取决于各个国家的制度安排。而软产权包括经营管理能力、研发设计能力、创新能力等，其主体是人，具有天然的私有性。人力资本私有的天然特征是由与主体的不可分离性决定的。知识和能力与人一起存在，人没有了，知识和能力也就消失了。人力资本的每一个要素，都无法独立于自然人（周其仁，2017）。从企业理论角度上讲，这种与载体不可分离性是软产权的重要特征。即使在高度计划经济条件下，政府支配人力资本，限制的也只是人的各种能力的使用和转让，却限制不了人力资本天然的私有性。"人力资本作为一种天然的个人私产，甚至奴隶制的法权结构都无法在事实上无视其存在。这就是说，人力资本的资源特性使之没有办法不是私产，至少，没有办法不是事实上的私产"（周其仁，2017）。张维迎也认为人的能力具有天然性。尽管每一个人都可能掌握某些经营决策能力，但观察表明，不同的人的经营决策能力是不同的。这不仅是因为不同的人面对不同的收集与加工信息的费用，还因为经营决策能力很大程度上取决于每个人的"机灵"（柯斯纳）、"想象力"（沙科）和"判断力"（卡森）。所有这些个人特点，起码有部分是先天的、无法改变的（张维迎，2015）。

第二，量度不同。硬产权可以度量。货币、建筑物、土地可以用标准单位度量。而软产权就具有不可度量性。首先，人的知识和能力看不见、摸不着，本身没有度量的标准。在使用时，个人用了多少，是全部发挥了还是部分发挥了，别人无从得知。其使用多少只能通过持续的劳动成果来检验，即用硬产权来度量。其次，软产权不受学历高低的限制。高学历的人不一定知识使用得好，低学历的人有时候也能在某些领域有超常发挥，这取决于人的勤奋、悟性等。最后，软产权还表现出"各种专门知识和信息的价值可能被供应商、买方以及竞争者侵吞和浪费"（威廉姆森）。被泄密和被"山寨"就是典型的例子。激励对软产权的正面导向发挥着重要作用。在一定的知识质量的前提下，人力资本潜能的发挥取决于在物质和精神上满足个人期望的程度。

第三，作用不同。在一个企业里，硬产权自己不能使用自己。软产权不仅能自己使用自己，而且能使用硬产权。如果没有软产权的使用，硬产权自己不会变更形态、内容和价值。软产权使用的好坏，是通过硬产权的信号，如资产保值增值率表现出来的。

第四，激励不同。只要企业不清算，硬产权始终享受着企业经营的激励。即使原有股东转让了他的股权，企业的资产仍保持不变，相应的激励也会不变。而原有的软产权退出了企业，原有的激励就会终止。股东或代理人会与新进入者重新进行谈判，购买使用权的价格和企业剩余的分成比例与原有的会有所不同。新进入者的软产权与原有者的软产权受到的激励会不一样。

硬产权与软产权这对概念的提出，对股东利益至上的西方资本主义企业理论提出了挑战。秉持股东利益至上的理念，财产所有权总是至上的，"资本雇用劳动""财产所有者是企业剩余的索取者"，人力资本始终处于被动地位。硬产权与软产权的观点，主张企业是人力资本和物质资本的平等契约，强调人力资本所有权与财产所有权的平等地位和利益共享。人力资本上升到主动地位。

在中国多种所有制并存的经济制度下，对人力资源的竞争尤其是对优秀人才的争夺存在于各个企业、各种所有制经济之中。经济的全球化也使得人才的流动具有全球化趋势，这在科技领域以及企业经营管理领域已经非常明显。为此，国有企业改革和监管的顶层设计要保证国有企业具有吸引人才的竞争优势，建立软产权运作等量资本、取得等量绩效、获得等量激励的科学机制。

要素界定法适用范围比较广，其意义在于，在软产权支配硬产权成为当今世界普遍共识的情况下，应当把更多的权力界定给人力资本所有者，最大限度地发挥其主动性和创造性。国有企业更应当把经营权全部界定给代理人，这样才能保证人力资本所有者为股东创造最大的价值。

2. 性质界定法——公权力与私权力

要更好地界定产权，还必须引入公权力与私权力、公法和私法的概念。公权力，顾名思义，就是国家的行政权力，如社会管理、公共产品的生产和分配等。公权力是为国家或大众服务的，人民愿意不愿意、人民满意不满意、人民幸福不幸福是衡量公权力行使优劣的标准。私权力则是法人或自然人拥

18

有的权力。私权力是维护自然人和由多个自然人组成的法人团体利益的。

与公权力和私权力相对应的法律概念是公法和私法。调节和规范公权力的法律是公法，而调节和规范私权力的法律为私法。美浓部达吉（1935）在其著作《公法与私法》中，对公法和私法的概念、关系、调节对象和范围等做了详细而系统的阐述。《中华人民共和国公司法》应当属于私法的范畴，它调节和规范的是法人和自然人之间的关系，也规定了董事、监事和高级管理人员个人的义务和职责。

与西方资本主义国家的政府主要拥有行政权力不同，中国政府拥有巨量的财产，这些财产是在中国发展的历史进程中形成的。与俄罗斯处理苏联的国有企业财产不同，中国选择了保留这些财产并对国有企业进行改革，以提高经营效率。目前，国有经济仍占国民经济的40%左右。在这种情况下，政府的公权力就包括对国有资产的监管权。但国有资产出资人代表机构既有监管国有资产的行政权力，又有企业股东的私权力，合理地界定公法和私法的边界就成为区分国有企业经营权和国有资产监管权的关键。国有资产未进入企业之前，国有资产出资人代表机构则应按照政府的意图决定投资的领域或方向，行使国有资产管理的行政权力。当国有资产投入企业之后，国有资产出资人代表机构就成为股东，其行为就进入私法调节的范畴，只能按照《中华人民共和国公司法》规定的股东的权利和义务来操作。

在法律规定中，公法和私法往往是混合在一部法律的条款之中，既调节公权力的行为，也调节私权力的行为。这就需要在制定法律时，既要从结果上也要从衡量结果的标准和依据上把公权力和私权力的职责分离开来。无论是公法或是私法，把权力尽量明确到个人是实现这一目标的最好途径。正如汪丁丁在《产权的经济分析》一书的序言中所说："一切权利分析的基本单位是'个人'，所谓'组织'的行为最终可以分析成个人行为的整合。"是的，在组织内，法规的有关条文总可以被分解，落实到具体的执行人。公司章程，尤其是企业内部的有关规定，应把权力、责任和利益界定到人。出资人代表机构虽然具有国有资产管理者和企业股东的双重身份，但在明确机构的权力、责任和利益的基础上，也可以把权力、责任和利益明确到处于某个岗位的个人。在这种情况下，如何界定公权力与私权力呢？我认为有一个办法是比较合适的，即权力的履行与个人收益没有直接关系的为公权力，而权力的履行与个人收益有直接关系的为私权力。当然公权力也包括国有资产的权力。

在产权界定时，我们应当防止公权力侵占私权力。在国有资产监管的过程中，个别拥有公权力的人会以政府意志为借口侵害私权力，或借机寻租。因此，对公权力必须加以分解和制约，并对权力的行使加以监督。对公法应遵循"法无授权不可为"的原则，合理界定国有资产出资人代表机构等监管部门的权力边界和责任清单，而对私法应当遵循"法无禁止即可为"的原则，确保代理人及其经营管理团队的经营权、创新创造权。过去的国有企业改革之所以没有取得重大突破，就是因为公权力在一些方面侵占了私权力，国有资产出资人代表机构以股东的身份包揽了大量的审批事项，使得相当一部分的经营决策权没有落实到代理人及其经营管理团队，相应地，责任也没有落实到位。

3. 程序界定法——决定权与否决权

我们总能够把一项权力分解为若干个子权力，这就为我们分解权力提供了方法，即首先把一项权力分解成若干个子权力，然后把一项子权力或若干项子权力明确到某一个人，由这个人具体开展相关工作。

例如，我们可以把提拔或晋升员工的权力分解为动议权（提名权）、考察权、决定权、监督权和处置权五项子权力。我们可以把动议权按管理权限分别赋予党委书记、董事长、监事长、总经理、部门经理等有关人员。把考察权赋予党委（监督者），以体现党委在人事上的把关作用。对考察通过的人可以按照管理权限决定聘任，对考察不合格的人则不予聘任。决定权可以按照管理权限由监督者和经营者分别履行。监督权和处置权归党委。但干部出了问题，行使动议权的人要负主要责任，因为具有动议权的人一般是上级主管领导。在集体研究环节，如党委研究是否通过考察时，举手赞成的人要负连带责任，而不赞成的人不负连带责任，这样就把组织的权力也分解到了个人。在企业，党委虽然不动议、不聘任，但考察、监督、处置，这样党委对其他有关各方就形成了有效领导。

再如，我们可以把项目的投资权分解为建议权、考察论证权、决定权、管理权、监督权、考核奖罚权六项子权力。如果一个投资企业设有发展规划、

投资、财务、人事、法务、审计等部门，建议权应归投资部门，在具体推荐
人或集体研究中投赞成票的人要对项目的成败负责；考察论证权归发展规划、
财务、法务等部门，参与考察的人要对项目成败负责；决定权归总经理及其
经营管理团队，他们对项目的成败负主要责任；管理权归投资部门，建议权
与管理权相统一；监督权归审计部门；考核奖惩权归人事部门。当然这只是
一种划分方法，还可以有其他的分权方法。在这个案例中，权力之间基本上
形成了有效制衡。项目成功了，参与项目工作的每一个人都可以受到奖励；
项目失败了，参与项目工作的每一个人都要受到处罚。

　　一个企业可以根据经营管理工作把权力分解成若干个子权力，但在界定
权力时不外乎分为纵向的权力界定和横向的权力界定。如从纵向来看，监督
权可以分为事前、事中和事后监督权。股东可以进行事后监督，而把事前监
督和事中监督交给监督控制代理人。从横向来看，监督权可以分为对财务监
督权、对人事薪酬监督权、对运营模式监督权、对营销监督权、对生产监督
权等。这就要求经营管理成员以及各级管理人员有进行权力分解的专业知识
和能力，以便更好安排工作，减少机会主义行为。

　　大道至简，权力界定也要防止过细、过滥，力求找到一种既简单又适用
的方法。如对于经营管理代理人和监督控制代理人权力界定最简单的是经营
管理代理人有决定权，而监督控制代理人有否决权。监督控制代理人有否决
权才能确保有效制衡，但监督控制代理人要慎用否决权。

4. 契约界定法——特定权力与剩余权力

　　不论权力如何界定，总会有一些权力无法界定清楚，或者总有一些没有
预料到的权力被遗漏。如一个写字楼的大厅、走廊、电梯间等在销售时已经
被每个业主分摊，但我们无法确定哪一部分具体是谁的，某一个业主也无法
单独出售其分摊的那一部分，那么大厅、走廊、电梯间等就成为公共部分，
即共有产权。巴泽尔称其为产权的"公共领域"。

　　共有产权的存在说明把所有产权完全界定到每一个人有困难。为此，格
罗斯曼和哈特给出了一种分解产权的方法。他们从不完全契约的分析入手，
把契约性权力划分为特定权力与剩余权力。在签订契约前能够明确界定属于
谁的权力，叫作特定权力，而在签订契约之前不能够明确界定属于谁的权力，

叫作剩余权力。剩余权力包括剩余控制权和剩余索取权（张维迎，2014）。一般来讲，合同双方如股东和代理人，股东享有特定权力，而代理人享有剩余权力，二者按比例共享企业剩余。只要把股东的权力界定清楚了，代理人的权力也就清楚了。再如监督控制代理人和经营管理代理人，监督控制代理人享有特定权力，而经营管理代理人享有剩余权力，两者按规定享有经营权力分得的企业剩余。

特定权力与剩余权力的划分为我们找到了产权界定的捷径。但在法人治理层面与企业内部各层级之间，权力的界定方向是不一样的。在企业内部各层级之间，一般是上级享有剩余权力，而下级享有特定权力。也就是说，对无法界定到部门或个人的处于公共领域的权力属于上级。对此，张维迎（2015）也有详细论述，即在经营者与生产者之间，把委托权授予经营者，而把代理权委托给生产者是最优契约。

（二）权力界定的三个层面

我们把上述界定权力的四组对应要素放在一起比较（见图1－2）。这可以充分证明契约界定是产权界定的核心方法，完全可以作为通用的产权界定方法，而其他三个可以作为子方法。其对应关系如下：公权力、硬权力和否决权，对应的是特定权力；私权力、软权力和决定权对应的是剩余权力。据此，我们把国有企业的权力界定分为三个层面。

特定权力	剩余权力
否决权	决定权
硬产权	软产权
公权力	私权力

图1－2　四组对应要素

第一个层面是出资人代表机构和代理人之间的权力界定。这一层面是国有企业监管权力界定的关键环节，是划分企业外部监督与企业内部治理的扭结点。二者之间的权力界定应为出资人代表机构享有特定权力，而代理人享有剩余权力。

国有企业产权结构的特性在于国有资产出资人代表机构不具有企业财产的经营权，但具有国有资产的经营权，主要包括对国有股权的投入、退出、合并重组，还具有国有资产的委托权，主要是聘用或更换代理人、激励和监督代理人等。这些权力通常在企业外部行使，国有股权的退出不影响企业财产的增减，只影响股东的更换。代理人的经营权是指对企业财产使用和形式变更的权利。一般情况下，企业对外投资，企业的财产形式由资本变成了资产（股权），其退出则由资产（股权）变成资本。其权利的行使不影响股东权利的行使，但影响股东的资产价格。因此，国有资产出资人代表机构行使的是股权（所有权）以及与此相匹配的监督权和财产收益权，而代理人行使的是企业财产经营权，以及与此相匹配的财产收益权。

与私有企业不同的是，国有企业的重大经营政策由国有资产出资人代表机构制定，虽然在出台政策前也会做调研，但制定过程可能会权衡自己的得失，制定政策的适用性可能会大打折扣。私有企业的重大经营政策则由经营层提出，董事会决议或股东会决议，经营政策的动议权归代理人，这就确保了经营政策的适用性。国有企业这种自上而下的议事程序应当改变，经营政策动议权应交给代理人。这些政策应包括对高级管理人员的选择、企业的薪酬激励、资产形态的变更等。

第二个层面是党政公共监督和国有资产出资人代表机构监督的权力界定。这一层面主要是监督国有资产出资人代表机构在国有资产监管方面的工作是否到位、是否作为，制定的制度是减少了交易费用还是增加了交易费用等。二者的权力界定应为党政公共监督部门享有特定权力，而国有资产出资人代表机构享有剩余权力。国有资产出资人代表机构的股权投入、退出、合并重组等方面的政策涉及企业性质的变更，股权退出之后国有企业就变为私有企业。这就需要党政公共监督部门对国有资产出资人代表机构行使监督权，只是这种监督权属于公共监督，一般不应直接针对企业。党政公共监督包括纪律检查委员会（简称纪委）、监察委员会（简称监委）的巡视和审计部门的经济责任审计，监督的对象应当是国有资产出资人代表机构和行业监管部门，监督的内容应是这些部门有无缺位或越位的行为，推动解决"中梗阻"的问题。监督需要的大量信息要从国有企业获取，而不是仅仅与国有资产出资人代表机构和行业监管部门有关人员座谈。用从企业获取的信息来论证国有资产出资人代表机构和行业监管部门的问题，达到为企业制度创新畅通渠道的目的。

国有资产出资人代表机构具有通过资本投入、持有、退出、合并重组，调整国有资本的布局，提升国有资本效率和效益的权力；具有制定国有企业治理准则，界定经营管理代理人与监督控制代理人职责的权力；具有任命或更换代理人，解决将国有资产委托给谁这一问题的权力；具有评价代理人履职情况和审计经营成果真实性等监督权力，以及激励优秀代理人的权力；等等。虽然国有资产出资人代表机构不再审批企业的经营事项，但其可以通过监管导向来影响企业的经营管理。国有资产出资人代表机构对企业监管什么，企业就会向什么方向努力。至于经营管理则是代理人的事情。

行业监管部门主要是合规性监督，其外部性的监管需要以一定的方式向企业内部监督转化，这样监督才能更加有效。

第三个层面是企业内部经营管理代理人与监督控制代理人之间的权力界定。这一部分构成企业治理的主要内容。二者的权力界定应为监督控制代理人享有特定权力，而企业内部经营管理代理人享有剩余权力。

以后各章节的内容，基本都是以此为基础来详细界定权力的。

六、国有企业改革的重点

企业的一般契约模型为我国提供了国有企业改革的核心内容，即财产所有权、人力资本所有权和企业收益分配三个方面。财产所有权的改革，需要我们回答的问题如下：国有企业应当建立一个什么样的股权结构，作为大股东的国有资产出资人代表机构应有什么样的权力，以及如何履行权力。人力资本所有权是非常重要的一个方面，对此我们需要回答针对人力资本（经营者、研发者、一般专业技术人员和一般操作人员）应当建立一个什么样的权力结构，才能最大限度地挖掘他们潜能的问题，尤其要回答清楚经营管理代理人与监督控制代理人的权力如何界定的问题。企业收益分配方面我们需要首先回答人力资本所有权和财产所有权，即人力资本和物质资本两大要素如何分配的问题，其次回答企业内部各层级员工如何激励的问题。这三大类问题的答案，即资本组织制度、治理制度和激励制度，就是国有企业改革的核心内容。如果这些问题解决了，国有企业制度就基本定型了。

（一）创新国有资产监管

总结国有企业改革的实践探索，发现国有企业的股权结构大致是按照以下脉络演化的。第一，国家出资创建国有独资或控股企业。第二，通过股权激励，实现经营管理人员、科研人员以及骨干员工持股。股权激励是一项长期政策和必然结果。第三，通过员工集资，实现全体员工持股。第四，通过上市，实现包括个人在内的社会投资者持股。在这个过程中，国有资本始终处于控制地位。不过，国有企业股权结构的这一变化过程并没有大面积实施，相关内容也没有在政策和法律上予以确定，但国有企业的股权结构改革和监管应当沿着这一脉络演进，而不是只当作一次性的混合所有制改革措施。

无论混合所有制改革的结果如何，只要国有资本控股，国有资产出资人代表机构就应当履行监管权力。国有资产监管和国有企业监管具有不同的侧重点，这在前面阐述股东和代理人经营职能分解时已经讲得很清楚了。国有资产监管侧重于监测评价国有资本的效率效益，为调整国有资本布局和选聘、调换代理人提供依据，而国有企业监管则侧重于监测评价国有企业的治理效率和激励效率，为建立和不断完善现代企业制度提供依据。这两者之间既联系紧密、不可分割，又有边界和区别。对于国有资产出资人代表机构来说，是监管国有资产还是监管国有企业有时候很难界定清楚。但只要由"九龙治水"的监管模式转变为以国有资产出资人代表机构为主的监管模式，由现行的授权经营转变为委托经营，由目前的以审批经营事项为主转变为以贴近监督为主，强化监督职能，国有资产出资人代表机构就可以说实现了以管企业为主转变为以管资本为主。

国有资产出资人代表机构是公有财产的股东代表，它是否尽到忠诚勤勉义务，还必须由党政公共监督部门去监督和判断。因此，国有企业应当建立一个环环相扣的监督体系，让国有资产出资人代表机构直接监管企业，而党政公共监督部门则直接监督国有资产出资人代表机构，间接监督企业。国有企业经营的成效不仅与代理人的经营管理水平有关，也与国有资产出资人代表机构的制度供给和监管导向有关。这样就在党政公共监督、国有资产出资人代表机构监督以及企业内部治理三者之间建立了递进式的监督体系，而国有资产出资人代表机构是这个监督体系中的主体和关键。

审计和评价是国有资产出资人代表机构监管的主要手段。具体来说，一是分析国有资本所处的产业和其效率，从而调整国有资本的布局；二是评价代理人是否具备经营管理国有资产的能力和水平，为选择和调换代理人提供依据。据此评价过去的监管成果，在"抓大放小"和国有企业的合并重组上比较成功，调整了国有资本布局，但在国有资本效率和效益的提升方面，从整体上看未见明显成效，与对标的私有企业或外资企业的效率和效益差距也未见明显缩小。这是因为国有资产出资人代表机构以前可能并没有集中精力监督效率和效益，对代理人的监督也没有跟上。

对国有资产的监管者而言，验证经营成果的真实性，防止经营绩效弄虚作假，发现经营风险才是分内之事。对企业虚增收入、虚增利润的行为应当严格追究代理人的责任，追回多发的薪酬，对代理人进行罚薪甚至降级。否则，就不能遏制代理人的机会主义行为，不利于增进企业改善管理的激励。国有资产出资人代表机构要避免这样一个监管误区：把企业经营业绩作为自己的工作成绩，害怕对企业绩效真实性进行严格审计，对企业的虚假经营绩效睁一只眼闭一只眼。

以上充分说明了国有资产出资人代表机构转变监管方式的必要性。我认为，国有资产出资人代表机构应主要从以下四个方面转变监管方式。

一是以战略规划监管为主要手段转变为以产权监管为主要手段，以防止产权被侵占和产权扭曲为重点。

二是以行政审批监管资本形态和内容的变更转变为以信息监督为主，注重以事前和事中为主的过程监督和对国有资产出资人代表机构的信息公开透明。

三是以任命高管为主转变为以选聘代理人为主，注重对企业治理的全面监测评价。

四是以审批高管工资薪酬的激励管理转变为薪酬总额与企业净资产保值增值挂钩的薪酬激励监管，不再审批特定人员的薪酬。

　　总之，国有资产监管比较理想的模式是把国有资产出资人代表机构作为对国有企业进行直接监管的唯一机构，经营绩效的真实性、企业治理效率是监管的重点，以政策信息管理、财务审计和企业治理评价为主要手段，而交易费用的增减程度则是衡量监管优劣的标准。

　　国有资产的性质决定了其监管的交易成本要大于私有资产。这是因为国有资产监管和国有企业治理比私有企业的监管和治理复杂一些。国有资产监管和国有企业治理既要防止代理人的机会主义行为，又要防止国有资产出资人代表机构等监管部门不作为、乱作为。目前存在的问题是，国有资产监管、国有企业治理等环节虚化、弱化，使得个别国有企业的负责人更加肆无忌惮地"寻租"。这就要求在强化国有资产监管的同时，必须强化国有企业内部制衡，推动建立党政公共监督部门对国有资产出资人代表机构（行业监管部门）、国有资产出资人代表机构对代理人、监督控制代理人对经营管理代理人相互制衡的监管体系。

　　国有资产的这一监督体系是我国经济体制的一个优势，只不过还有一部分人并没有认识到这种体系的重要性，更没有完善和合理运用这一体系。资本主义现代企业只有股东监管，最大的股东代表又出任董事长兼 CEO，经营效率高，但监督效率不一定高。国有资产监督是由国有资产出资人代表机构对代理人制约，党政公共监督部门又对国有资产出资人代表机构（行业监管部门）进行监督。这种一环套一环的监督制约如果运用得好，能够保证国有资产监管的有效性。而党政公共监督的正向性、行政效率和监管的严格程度最终决定监管体系的效率。

　　在国有资产监管和国有企业改革中，国有企业制度是基础和关键。如果国有企业改不好，国有资产效率就可能难以提高。国有企业改革进展缓慢，国有资产的监管就会效率低下。而国有企业改革中，企业治理是根本，激励是关键，突出主业是要求，提高效益是结果。建立现代企业制度，产权改革是迈不过去的坎。我们正在进行的混合所有制改革的意图正是从财产所有制改革入手，解决建立现代制度的有关问题。

　　然而，完整的产权改革必须在财产所有权和人力资本所有权之间同时展开，尤其是二者的联动改革更重要。目前，国有企业混合所有制改革的着力点在于推进股权结构多元化，试图由此引发治理机制的变革。而股权多元化能否带来治理机制的变化则主要取决于国有资本的控股地位以及作为第一大股东的股权占比，党政公共监督部门和国有资产出资人代表机构的监管政策等因素。如果监管政策明确，在混合所有制改革完成后，代理人完全市场化聘任，并且经营权交给代理人，国有资产出资人代表机构不再审批经营事项，而是交由股东会或董事会决议，股权结构的变动就会引发治理机制的变革，现代企业制度就会建立起来。如果混合所有制改革完成后，高管的任命权仍掌握在国有资产出资人手里，经营权也不能完全交给代理人，国有资产出资人代表机构仍然审批包括投资、转让、薪酬等经营事项，那么股权结构改革并不一定引发治理机制的联动，现代企业制度就可能建立不起来。因此，股权多元化不等于建立国有企业的现代企业制度。治理机制创新，尤其是企业内部经营管理代理人与监督控制代理人之间的权力合理界定，以及建立物质资本与人力资本共同参与企业剩余分配机制，才是建立现代企业制度的有效路径。

国有企业"公有的物质资本—私有的人力资本"的契约，是建立现代企业制度的基础。只有在这个基础上建立的企业制度才是适用于国有企业的现代企业制度。对代理人来讲，无论经营控制的资本是公有还是私有，都无关紧要，谁的激励比较令他满意，他就会与谁签约。即使是私人资本，如果股东给代理人的激励不能使代理人满意，代理人也不会心甘情愿地与其达成契约。反之，如果代理人不能为股东创造效益，股东也不会聘任他。因此，国有企业建立现代企业制度的关键在于，国有资产出资人代表机构像私人股东那样建立选择代理人、激励代理人和监督代理人的机制，并合理地界定权力。

有人认为，只要混合所有制改革完成了，国有企业现代企业制度就建立了。我认为这是不全面的。前中国建材集团有限公司（简称中国建材）董事长宋志平认为，混合所有制不会一混就灵，也不是一混了之，关键是改变机制。混合容易，改革机制并不容易，是否有市场机制，还是取决于能不能改到位。如果机制设计好了，在国有独资企业也可以建立现代企业制度。

目前独资企业不设董事会、监事会，实行总经理负责制的做法，就是没有真正理解现代企业制度的内涵。董事会、监事会是企业治理机构，不论是独资还是股份制企业，缺少一个治理机构，就缺少了一项职能，也就缺少了一份责任。但要在独资企业建立治理结构，应当在董事会、监事会人员的构成上精心选择和合理搭配，在权力界定上更加科学合理。

从混合所有制改革入手实现企业经营机制的联动改革，从逻辑上让人更容易理解和接受，这也是建立现代企业制度的路径之一。前提条件是国有企业具有机制和效益的吸引力，水到渠成，顺势而为。机制不活，效益不佳，其他资本唯恐避之不及，"拉郎配"难成"终身夫妻"。在国有资本占绝对控制地位的情况下，机制的改革就成为建立现代企业制度的关键，也是国有企业改革需要推开的最后一扇门。国家发展和改革委员会综合司司长徐善长2019年12月在"2019中国企业改革发展峰会暨成果发布会"上表示，国有企业上市公司第一大股东持股比例平均为42.8%，第二大股东持股比例平均为2.5%，第二大股东与第一大股东持股比例相差悬殊，难以对第一大股东形成有效制衡；在前50家混合所有制改革试点企业中，完成主体任务的有20家，平均非国有经济持股35.9%，如果其余64.1%仍为原来的国有股东，一股独大问题远没有解决。这些情况不利于形成现代企业治理制度和市场化运营机制。由此可见，从股权多元化着手改革来建立现代企业制度遇到了一定的困难，从治理机制着手改革建立现代企业制度可能是更好的路径选择。

由此可见，混合所有制改革并没有着力于建立递进的监管体系。巡视、审计、出资人和行业监管一致针对企业的多头监管格局没有改变，而对出资人代表机构和行业监管部门是否作为或行为是否恰当无过问。实践已经证明，各监督部门口径一致直接监管企业，企业负担沉重，监管成本较高，监管效果不理想。

（二）创新国有企业治理

国有企业改革的终极目标是建立中国特色的社会主义现代企业制度，搭建科学高效、节省交易费用的企业治理结构，建立以按要素贡献大小、成果多少分配收入为主的激励机制是关键。现行的企业治理结构是"四会一层"——股东会、董事会、党委会、监事会和经营层，运营费用较高，职能交叉重叠，效率不高，亟须建立科学合理的治理架构。

按照产权结构，财产所有者和人力资本所有者是企业治理的两方，"监督者—经营者"二元治理结构是最优选择。党委嵌入治理结构也应建立在这个结构的基础之上，因为这个结构是最节省交易成本的，也是最高效的。借鉴阿尔钦、德姆塞茨等人的团队生产理论，我认为国有企业的代理人应有两个：一个是经营管理代理人，负责经营管理工作；另一个是监督控制代理人，负责监督和风险控制。这样就构成了经营与监督的二元治理结构的基础。国有企业经营者不是所有者，所以监督者应当是所有者或代表所有者。二元治理结构的两方构成企业治理机构，我把经营管理的机构称为董事会，把监督控制的机构称为监事会。党组织嵌入企业治理，在经营与监督二元治理结构的基础上，又增添了政治治理与专业治理的二元治理结构。为了节省治理成本，需要将二者整合在一起。二者整合可以解决当前企业治理中存在的权力过于集中、监督虚化弱化、治理成本过高、职能交叉重叠、"一把手"监督难等问题。但如果整合不好，不仅不能解决当前企业的问题，反而会加深当前问题的严重性。由此，党委会与监事会合作，董事会与经营层合并，这样"四会一层"的结构就变成了"董事会—监事会"两会平行的二元治理结构（"董事会—监事会—股东会"为三元治理结构），是党组织嵌入企业治理后的最佳选择。这样，监督控制的权威性得到了强化，经营权集中统一，运作起来会更加高效和协调。

企业治理的重点是机会主义、不确定性和信息阻塞。机会主义比我们所说的腐败涵盖的范围要大一些，就是用欺骗、隐瞒、造假以及信息不对称等行为侵占股东或企业的利益，通过虚增效益骗取薪酬也属这一范围。防止机会主义的有效路径选择是强化监督机制，建立有效制衡的治理机制，强化监督者的权威性和专业性。权威性体现在对重大事项有否决权，对违规行为有处置权，即有修改契约（制度）的权力。不确定性是指对企业未来的政策性、市场性、经营性环境的变化以及变化对企业经营绩效的影响没有准确的预期。克服不确定性必须强化经营管理者决策的正确性和执行的高效性，所以董事会建设必须以决策正确、执行高效为目标。

二元治理结构仍以经营为中心，无论监事会是高位或是与董事会平位，监事会都不能参与企业的具体经营活动。在这种治理结构下，职工代表进入董事会或监事会，以及职工代表大会决策经营事项的有效性就值得商榷。

股权方、债权方和经营者都是企业治理的核心利益方。因此，二元治理结构在董事和监事的选择上必须在现行的基础上做一些调整。董事应以股权董事、债权董事和专家董事为主，其中专家董事应占大头，而监事的选择应以股权监事、行业监管监事和企业专职监事为主。

现在正在国有企业开展职业经理人试点工作，意图以此推动国有企业治理机制的改革，但效果差强人意。2015 年，《中共中央、国务院关于深化国有企业改革的指导意见》（中发〔2015〕22 号）提出，董事会可以按市场化方式选聘和管理职业经理人。据《经济参考报》报道，从 2014 年开始，国家国资委在中国宝武钢铁集团有限公司（简称宝钢）、新兴际华集团有限公司（简称新兴际华）、中国节能环保集团有限公司（简称中国节能）、中国建材、中国医药集团有限公司（简称国药集团）5 家中央企业落实了董事会选聘和管理经营层成员的职权。按照党组织推荐、董事会选择、市场化选聘、契约化管理的基本思路，新兴际华董事会选聘了总经理，宝钢、中国节能、国药集团选聘了 6 名副总经理，新兴际华董事会又选聘了全部经理层副职。各省（区、市）国资委也加快探索经理层市场化选聘，监管的 83 家一级企业市场化选聘 261 人。从各地试点的情况看，市场化选聘的是经营层人员，其中大部分是经营层副职。事实证明，这样的市场化聘任除增加人力成本外，对改善国有企业的经营绩效没有起到十分积极的作用。

一般来讲，职业经理人是指具有一定的企业经营管理专业知识和能力，或企业所需某一专业特长和经验，以企业经营管理为终身职业的人。职业经理人以自身的软产权，即人力资本，专门从事企业经营管理，并以此获取企业剩余。按照两权分离的原则，职业经理人对企业的所有资产具有支配权，并对资产的保值增值负责。但职业经理人不是一个人，他们是一个按技术特长分工合作的经营管理团队，他们对企业资产的保值增值负集体责任。但集体责任并不意味着由每一个团队成员平均分摊责任，而是由具有最终决定权的职业经理人负主要责任，其他成员负次要责任。其中代理人就是主要责任人。因此，董事长、监事长（主席）、总经理及其团队成员可以说都是职业经理人。

由于责任不同，聘任也是分层次的。对于负主要责任的职业经理人，如董事长、监事长（主席）应由股东会或国有资产出资人代表机构聘任，而对于负次要责任或负某一方面责任的职业经理人如副总经理及以下人员等应由董事会聘任。不管是聘任还是委派，董事长、监事长（主席）都是职业经理人，只是分工不同而已，毕竟这些人中的绝大部分将长期从事国有企业的经营管理工作。

现在主要聘任副职的试点之所以效果不明显，是因为试点的制度设计没有公平地对待包括代理人在内的经营管理人员的个人产权。委派人员做的工作以及取得的绩效不一定比聘任的人员少，而得到的薪酬却比他们低；代理人的责任比任何一位副职都大，但代理人的薪酬却比他们低。副职不具有最终决定权，对经营绩效负不了主要责任，给他的薪酬再高对提升整个企业绩效的作用也是有限的。这里的问题并不是市场化聘任人员侵占了委派人员的产权，而是制度抑制了委派人员的产权。如何释放被抑制的个人产权，正是攻坚阶段改革所要解决的激励问题。

把一个分工不同的企业经营管理团队，分成"政府委派的行政人员"和"市场化聘任的经营人员"，其必然造成企业治理的混乱，因为这样的情况已经被现实所证明。对经营成果负主要责任的委派人员，企业经营好了，得不到应有的激励，经营不好，也得不到应有的惩罚，"政治正确"成为他们的唯一选择。由于企业缺乏相对完善的契约管理和绩效考核制度，"市场化聘任的经营人员"经营绩效好拿高薪，经营绩效不好也可以另谋高就，只有利益没有风险。过去曾有过的"亏了企业，肥了个人"的历史现象，似乎由于职业经理人试点重现。

推行职业经理人制度是市场化聘任改革的一种制度安排，符合国有企业经营管理人员管理改革的方向。这不仅涉及我国国有企业干部队伍管理制度的创新，而且涉及职业经理人的市场建设。要搞好这项改革，关键要找准哪些人属于职业经理人，不能把职业经理人局限在一两个人的范围。就整体而言，我国并不缺少职业经理人人才，要培养和形成与我国经济体量和发展需要相适应的职业经理人队伍，必须探索人才市场化改革，强化职业经理人市场建设。但一个团队、两种管理方式、两种薪酬待遇的试点，已被证明是失败的。加快实施全面职业经理人制度，建立具有中国特色的出资人代表机构聘任代理人制度，加快整个经营管理团队市场化聘任、市场化薪酬的国有企业人才管理模式建设，已成为国有企业改革亟待实现的重点内容，应尽早提上改革日程。

（三）创新激励机制

通过研究我们得出结论，对代理人的激励应当坚持"参与约束"和"激励相容"总原则、以正激励为主的原则，建立"三位一体"的激励模式和以绩效薪酬为主的激励结构，只有这样才能使代理人的产权得到充分保护。

张维迎（2015）将激励机制论述为"参与约束"和"激励相容"，根据"委托—代理"理论，给定代理人的努力不可观测，最优的激励合同需要满足两个基本条件。第一个条件叫作"参与约束"，也就是说合同必须对代理人有吸引力，使得代理人订立合同至少比不订立合同要好；第二个条件叫作"激励相容"，这意味着，委托人想要得到的结果必须符合代理人的利益，代理人是在最大化自己利益的基础上为委托人努力的，违背代理人的意愿将得不到最优结果。理论研究表明，符合这两个条件的最优契约有非常简单的形式，那就是人们在实践中广泛应用的"基本薪酬＋奖金（或绩效、增值额提成）"的形式。其中基本薪酬与业绩无关，而奖金则和业绩挂钩，"奖金＝利润×奖金分配率（或增值额提成率）"。这里的关键是奖金分配率（或增值额提成率）的确定。但我认为张维迎说的并不完整，完整的论述如下。

先说"参与约束"，其含义是人力资本使用权参与企业和物质资本使用权参与企业之间的均衡。代理人一旦与股东签约，参与由股东出资的企业的日常经营，从签约之日开始，就要领取一定数量的基本酬金，以满足自己劳动再生产和家人生活的需要。这个基本的酬金，相当于人力资本使用权的租赁费，我们可以称为基本薪酬。这是人力资本所有者的基本要求。那么，物质资本所有者在支付基本薪酬的同时，会要求代理人必须保证其物质资本不贬值。如果不能保证物质资本不贬值，股东为什么要支付给代理人基本薪酬呢？这种交易确保了股东和代理人之间参与契约的前提条件均等，维持了双方的基本平衡。

再说"激励相容",其含义是企业剩余由股东与代理人共享。企业的收益首先在股权和经营权之间进行分配,即在物质资本和人力资本之间进行分配。分配方式由双方协商,但基本的分配方式有两种:一是固定数额,就像地主的定额租金一样,股东每年收取定额利润,剩余的全归代理人所有,或者代理人拿一个固定的绩效薪酬,其余归股东所有;二是比例分成,股东与代理人双方商定分成比例,按比例对企业剩余进行分配。前者是不管企业是盈利还是亏损,代理人都将定额缴纳或收取费用,而后者则是在企业有盈利的情况下方能实现。相比较而言,使用比例分成方式更有利于调动股东监管和代理人经营的积极性。之后,股东之间再按股权比例分配其分得的那部分,代理人及其经营管理团队按岗位、贡献大小等分配其分得的那部分。

斯蒂格利茨把这一激励机制阐述为保险因素和激励因素。其薪酬线性支付公式:$S(x)=a+bx$。这里 a 代表保险因素,即基本薪酬;b 代表激励因素,即增值额分成比例;x 代表经营业绩。斯蒂格利茨表达的意思与上文完全吻合。结合产权结构的原理,对于股东和代理人,保险因素和激励因素是相互的。股东为代理人提供的保险因素是基本薪酬,激励因素是绩效分成,而代理人为股东提供的保险因素是净资产保值(或不贬值),激励因素是净资产增值。保险因素和激励因素把股东和代理人的利益紧紧地捆绑在一起。

"参与约束"和"激励相容"与以资产保值增值作为考核指标是相对应的。相较于利润、企业价值、销售收入、综合指标等,用资产保值增值指标对国有企业进行经营绩效考核是更恰当的选择。

资本保值和增值是两个不同的概念。"资产保值额 = 上年净资产额 × (1 + CPI①) ",也可以是,"资产保值额 = 上年净资产额 × (1 + 贴现率) "。增值额是当年核实的真实的利润扣除资产保值额之后的部分。用公式表示:"增值额 = 净利润 − 资产保值额""资产增值额 = 净资产总额 × CPI(或贴现率)"。

对于代理人来讲,"参与约束"和"激励相容"转化为薪酬激励就是"基本薪酬 + 增值额提成"。这里基本薪酬和增值提成率由股东和代理人协商

---

① 居民消费价格指数。

确定。在薪酬结构上，应达到"基本薪酬占小头，增值额提成占大头"。由于企业经营具有绩效（盈利或亏损）滞后性，一年一计算往往比较烦琐，有一些企业开始实行"基本薪酬＋股权激励"的薪酬形式，年度考核、任期统算、兑现股权。

除此之外，以正激励为主也是重要原则。以正激励为主操作起来比较简单，但以正激励为主必须与续聘紧密联系。针对连续亏损或资产质量和劳动生产率连续下降的情况，应当及时对代理人进行全面评价，降薪甚至更换代理人。在与代理人签订契约时，通常的做法是正激励与负激励综合使用，如让代理人缴纳一定数量的风险抵押金等。但风险抵押金往往是比较少的，与亏损额是不相称的，只是为了让代理人保持一定的压力，对弥补亏损没有太大的作用。因此，国有企业实行以正激励为主的原则是比较恰当的。但这并不意味着国有企业不鼓励使用负激励。这主要取决于股东与代理人协商的结果。

在资产保值增值和薪酬总额挂钩的前提下，应对代理人建立"三位一体"的激励模式。这种模式是"基本薪酬＋增值额提成＋长期控制权激励"。如果把增值额提成以股权的形式兑现，也就落实了股权激励，形成了"基本薪酬＋股权激励＋长期控制权激励"的激励模式。

绩效薪酬以股权形式兑现相比发放现金具有明显的优点。首先，针对当年实现的绩效，年度报表审计时难以完全发现隐藏的虚假数据，这时候一部分绩效薪酬已经领取，甚至有的高管已经跳槽或退休，个人所得税、社会保险（简称社保）等也已经每年扣缴。即使企业发现虚假绩效，全额退回现金操作起来也有诸多实际困难。以股权兑现绩效薪酬，股权会一直在企业，如果发现有虚假绩效需要退回时，直接收回股权即可，简单易行。此外，绩效薪酬以股权形式兑现，等于对高管人员实现了股权激励。如果企业经营绩效不好，或有虚假绩效，一经发现，没收一部分股权不说，还会导致剩余那部分股权资产贬值；如果企业经营得好，效益高，其兑现的股权来年可以参与分红，股权资产还可以增值。这样就把企业的长远利益与高管的长远利益紧紧捆绑在一起。高管人员如果退休或到其他企业工作，愿意退出的，上市公司股权可以通过二级市场退出，非上市公司股权可以出售给他人，或由企业回购；不愿意退出的，可以继续持有股权。这样做，高管人员也会乐意接受。

长期控制权激励往往被监管部门所忽视。相对于投资、产品和市场的战略安排，经营成果的显现具有滞后性。只有给予优秀代理人长期控制权激励，他才能高度重视企业发展战略，才能注重经营工作的长期安排，克服短期行为，专心致志搞经营，心无旁骛谋发展。对于优秀的代理人，如果他能几十年长期经营一个企业，而且企业长期持续地发展，保持高效益、高效率，也可以考虑延迟退休。

这样的激励机制才是全面落实代理人产权的具体体现。按照"参与约束"和"激励相容"总原则、以正激励为主的原则、"三位一体"的激励模式和以绩效薪酬为主的激励结构来建立国有企业的激励机制，才能有效防范机会主义行为，防止国有资产流失，切实保护和落实股东、代理人和员工等有关方的权益。

七、制度创新的路径选择

林毅夫把制度变迁分为诱致性制度变迁和强制性制度变迁。诱致性制度变迁指的是现行制度安排的变更或替代，或者是新制度安排的创造，由个人或群体在相应获利机会下自发倡导、组织和实施。诱致性制度变迁必须由某种在原有制度安排下无法得到的获利机会引起。强制性制度变迁由政府命令或法律引入和实行。强制性制度变迁可以纯粹因不同利益集团对现有收入进行再分配而发生。中国的改革是一次划时代的创新，是从以计划经济为基础的制度均衡转向以市场经济为基础的制度均衡的过程，其实质就是在政府与大众之间调整权力。

20世纪七八十年代开始的改革，方法基本上是"摸着石头过河"，基本路径是先鼓励基层摸索创新，再由中央选择推广，最后形成制度规范。它符合诱致性制度变迁的特征，体制外的增量改革取得了显著的成效。体制外改革的成功固然有多种原因，其中最根本的一条是承认并尊重个人产权，从而激发了个人发展的动能。然而，体制内的改革并没有完全做到这一点。大型国有企业的改革基本上都在政府的有效控制之下进行。国有企业是我国创新创造的主力军，承认、尊重个人产权，激发个人发展动能的产权改革是当务之急。国有企业只有做到这一点，才能够发展好。

进入全面深化改革的攻坚阶段，改革涉及按市场经济的原则和要求重新界定包括行政部门在内的各方的权力问题。政府部门的行政权力向国有企业开放，诱致性制度变迁做不到，只能依靠强制性制度变迁。中央成立国有企业改革领导小组，足见上层推动攻坚改革的决心。强化顶层设计是推动强制性制度变迁的重大举措。就国有企业改革来说，强制性制度变迁需要完成三大重点制度创新：一是建立国有企业的资本组织制度；二是建立具有中国特色的现代企业治理制度；三是建立符合国有企业特点的先进、科学的激励制度。

强制性制度变迁意味着必须首先启动法律层面的改革，如修订《中华人民共和国公司法》。然后应以此为基础，建立和完善企业的各项管理制度，用强制性制度变迁引领诱致性制度变迁。

国有企业资本组织结构改革要围绕以人为中心的发展，建成财富共享平台，从而体现社会主义制度的优越性。财产公有意味着成果共享。共享平台建设的重点首先是规范国有企业的设立、社会资本的引进、管理层持股等；其次是规范国有企业增值转入社保基金、国有资本减持转入社保基金，畅通全民共享的路径。国有企业共享平台建设是社会主义政治经济学的重大课题，需要认真研究。

应建立经营与监督二元治理基本结构，界定经营管理代理人与监督控制代理人的权力；建立国有资产出资人代表机构、银行、行业监管部门委派董事、监事的制度，建立专家董事、外部监事制度，增强决策的正确性和执行的高效性，强化监督的权威性和专业性；建议终止过时的法律法规，制定符合国有企业现状的治理准则，修订《企业国有资产监督管理暂行条例》等行政法规。

激励机制应在"三位一体"的激励模式的基础上，视企业的具体情况而有所区别。前提是代理人的基本薪酬与股东的资产保值挂钩、增值部分比例分成的大原则不要变。关于人力资本的激励，代理人及其高级经营管理团队的激励问题比较好解决，对科技人员的激励是一个难题。万华化学集团股份有限公司（简称万华）对科技人员发明的新产品产生的效益实行 5 年的比例分成是一种解决办法。万华的科技分红很厉害，只要谁的技术创造了效益，拿出效益的 15% 奖励你，一分 5 年。恰恰是因为这种机制，万华成为国企改革的一面旗帜。恰恰是因为科技分红这样一个机制，万华成为全球化工领域里面一个高端的化工企业。（引自中国企业改革与发展研究会会长宋志平 2019 年 11 月 17 日在 2019 彼得·德鲁克中国管理论坛上的演讲）上海电气集团股份有限公司对科技成果实行一次性转让、作价入股和销售提成三种激励办法。这些案例给了我们很大的启发，国有企业可以学习复制，或按照产权原则探讨其他分配方式。管理人员的激励问题解决了，科技人员的激励问题解决了，国有企业的激励制度框架就建立起来了，"三位一体"的激励模式就形成了。

2003 年颁布的《企业国有资产监督管理暂行条例》是在管人、管事、管资产的理念下制定的，其中的许多规定已不适合现在管资本为主的监管要求①。新的监管条例必须符合管资本的要求，应当明确巡视、审计对出资人代表机构的监督与出资人代表机构对代理人的监督的职责和边界，国有资本进入、退出的条件和方式，明确对国有资产保值增值的考核，对国有企业治理的评价，代理人的资格条件以及经营绩效、劳动生产率与薪酬总额挂钩的原则方法等内容。

建立公平的市场竞争环境的制度也是国有企业改革创新的重要方面。行业监管在产品质量标准、技术标准、市场准入条件、政府采购等方面应一视同仁，不应再有所有制的区别，并且应尽快建立国有企业与其他企业平等竞争的制度环境，当然一些特殊的领域除外。

针对一些具体的规定也应做出相应的制度安排，如绩效薪酬以股权形式兑现，相关个人所得税可以变更到股权退出变现时征收，不退出变现就不征收相关个人所得税。从税收上鼓励代理人及其员工长期参股企业。

当前的问题在于，监管部门干部的知识和能力与企业发展的需要不匹配，制度供给滞后，机制创新缓慢。在中央高层强力推动改革、基层民众

---

① 此条例由国务院于 2003 年 5 月 27 日发布，已根据 2011 年 1 月 8 日《国务院关于废止和修改部分行政法规的决定》进行第一次修订，根据 2019 年 3 月 2 日《国务院关于修改部分行政法规的决定》进行第二次修订。文章成文时间较早，故有此说法。

日思夜盼改革的情况下，改革出现了"中梗阻"。近年来，国有企业改革出台的制度性文件也不少，但大多涉及监管转型，深入产权层面的比较少，尤其在激发管理人员潜能上着力不够。可能的原因有两个：一是思想受到束缚，跳不出原有的思维框架。"不识庐山真面目，只缘身在此山中"。二是在市场管理的基本知识和工作方式上有所欠缺。有些部门可能习惯于过去批资金、批项目、批许可、搞评比、搞检查验收的工作方式，对于搞市场监管的工作不习惯、不会干或不愿干，上面推了才动，不推不动。强制性制度变迁要想顺利推进就需要解决这些"中梗阻"问题。国有企业改革应当成为攻坚阶段改革的先锋。对监管、治理和激励的框架设计要一步到位，而对具体的细节要逐步完善。法律的制定和出台是强制性制度变迁的关键，应当尽快实施。只有在有法可依的情况下，企业内部的经营管理制度才会相应调整，诱致性制度变迁才会发生。这样，才能形成顶层设计与基层创新上下结合的局面，才能让强制性制度变迁引领诱致性制度变迁，推动改革顺利展开，从而形成良性互动。

制度理论给我们的重要启示，让我们看清了我国改革开放的大方向是开放权利，以开放促改革、促发展、促转型。我国改革开放的历程实际上也是沿着这个脉络走的。20 世纪 70 年代末 80 年代初的改革实际上是向农民和城市的待业青年开放权利，允许创办乡镇企业实际上是向基层政府开放权利，发展私有经济实际上是向非国有经济领域开放权利。开放权利释放出巨大的潜能和动力，推动了中国经济 40 余年的高速发展。到 2018 年，全国约有 2.7 亿农民进城打工，成为产业工人；私有企业已占中国经济 60% 以上，税收贡献占半壁江山。出口企业由改革前的 200 多家达到几万家，现在在美国出售的 41% 以上的服装、72% 的鞋子和 84% 的旅游用品都产自中国（数据来源于香港《南华早报》网站 2018 年 3 月 21 日的报道，记者为罗伯特·德莱尼、乔迪·徐·克莱因）。党的十八大以后，中国加快了权利开放的步伐。"放管服"① 改革、下放和取消多项审批事项、负面清单管理的推行等，使权利开放

---

① "放"即简政放权，降低准入门槛。"管"即创新监管，促进公平竞争。"服"即高效服务，营造便利环境。

的力度进一步加大。与此同时，中央加大了减费降税力度。仅2018年一年，中央就减费降税10000亿元。

相比之下，国有企业的权利开放不够完善。正因如此，开放权利应成为今后国有企业改革的主旋律。在这方面已做了一些工作，如加强董事会建设，就是国有资产出资人代表机构向董事会开放权利。但这还不够，国有资产出资人代表机构应将企业经营管理的更多权利下放给代理人。在下放权利的同时，企业治理必须跟上、外部监管必须跟上。今后应当按照国有企业改革"完善治理、强化激励、坚持主业、提高效益"的十六字方针，一方面扩大权利开放，另一方面强化治理与监督，加快企业治理、薪酬激励和监管体系建设的顶层设计和制度供给。

八、小结

国有企业是社会主义市场经济的重要组成部分，改革必须坚持公有制为主体、多种所有制经济共同发展的基本经济制度，这是前提。国有企业符合企业的一般契约模型，即物质资本与人力资本的契约。因此，国有企业改革必须清楚界定二者的产权。国有企业契约是公有的物质资本和私有的人力资本的契约。由于国有资产出资人代表机构不具备经营管理企业的职能，承认、尊重和落实人力资本产权就成为国有企业改革的关键所在。

契约是界定产权的核心工具。企业的一般契约模型告诉我们，物质资本所有者即股东，和人力资本所有者即代理人之间的权力界定有两个方面，一是二者经营管理企业财产的权力如何界定，即经营权的界定；二是企业的剩余如何分配，即企业收益权的界定。由此国有企业改革的重点是企业治理与企业激励两大内容。由于国有企业的大股东是国有资产出资人代表机构，国有企业改革还涉及国有资产监管，治理、激励和监管成为国有企业改革的三大重要内容。

按照交易费用的基本原理，企业治理和管理的目的是减少企业内部的交易费用，实现经营成本最小化。因此，企业治理结构应当由当前的多元治理结构，合并为股东会下的二元治理结构。

人力资本与物质资本的市场契约应当坚持"参与约束"和"激励相容"

总原则。契约管理应当遵循这一原则。在这一原则之下，建立"三位一体"的激励机制或契约是最优的。

国有资产出资人代表机构集资本权力和行政权力于一体，一方面要做好布局国有资本和提升国有资本效率的工作，另一方面作为国有企业的大股东，要把国有企业经营事项审批交给代理人，同时要强化事后监督，加强对经营成果真实性的审计和对企业治理的评价，并以此作为选择代理人或进入、退出企业的依据。

企业治理和激励机制改革有两种路径。一是从物质资本这一侧入手，引入私有资本或外国资本，以及员工持股等，实现国有企业股权多元化，从而诱导企业治理和激励机制的变革。现在正在推行的混合所有制改革就是这种路径，但这一改革能否实现企业治理和激励机制的变革存在不确定性。二是直接改革企业治理和激励机制，依靠国有企业的机制和效率吸引战略投资者投资国有企业。本书主张的就是第二种路径。

二者相比较，第一种路径主要引进了其他所有制的物质资本产权，实现了物质资本产权多元化；第二种路径则主要着力落实和保护个人产权，实现人力资本与物质资本的平等，建立人力资本与物质资本的利益共享机制。这就需要用契约界定出资人代表机构与代理人之间的权力、经营管理代理人与监督控制代理人之间的权力等。我认为第二种路径可能更复杂、更全面、更彻底。

第二章　国有企业改革 40 年

——攻城之前的外围战

中华人民共和国成立之后，从 1953 年到 1956 年进行了大规模的社会主义改造，通过公私合营、没收官僚资本，确立了以公有制为基础的经济发展模式。之后，依靠农业的长期积累，逐步建立起完整的工业体系。由于当时实行的是高度集中的计划经济，企业按照规模大小和重要程度，分别划分为部属企业、省（直辖市）属企业、地（市）属企业和县（市）属企业，加上城市街道和农村社队办的集体企业，形成了所谓的五级工业体系。在县级以上工业企业中，中央各部委直接控制了一些对国家经济比较重要的大型企业，如煤炭、石油等能源企业，钢铁、有色金属等冶金企业，汽车、拖拉机等机械制造企业，纺织、粮食企业以及军工企业等，以满足国家经济建设和国防建设的需要。现在的中央企业有一部分就是在上述企业的基础上发展起来的。比中央企业再小一点的企业，由省级政府各个厅局组建和控制，以满足本省经济建设和人民生活的基本需要。以此类推，到了县（市）级，则主要建设了小电厂、小酒厂、小纺织厂、小机械厂、小化肥厂等。一些有资源的县（市）还相应建立了小煤矿、小冶炼厂、小水泥厂等，县（市）级工业重复建设严重，具有县县自给自足的特征。政府根据企业规模的大小和隶属关系，相应地给予这些企业的厂长从副部级到科股级等不同的行政级别，这种做法延续至今。20 世纪 90 年代推行"抓大放小"改革之后，国有企业则大部分集中在中央和省（直辖市）两级。由于长期实行高度集中的计划经济体制，整个国家就像一个大型企业，各个企业实际上就像是这个大型企业的一个个大大小小的生产车间。人、财、物、供、产、销等都集中在国家和地方政府手中，通过计划指令层层下达到各个企业去执行。企业几乎没有经营自主权。

成千上万的国有企业是整个国民经济的支柱，增强国有企业活力，提高经济效益对当时的中国意义重大。由此，国有企业改革毫无悬念成为中国经济体制改革的中心。

一、改革经历的四个阶段

中国的经济体制改革伴随着五年一届的全国代表大会的节拍翩翩起舞。国有企业改革在其中扮演着重要的角色。从 1978 年到 2018 年的 40 年，国有企业改革大致经历了四个阶段。

（一）放权让利

国有企业改革起始于 20 世纪 70 年代末的放权让利。1979 年 7 月，国务院颁布了《关于扩大国营工业企业经营管理自主权的若干规定》，其中明确提出：在完成国家计划的前提下，允许企业根据燃料、动力、原料、材料的条件，按照生产建设和市场的需要，制订补充计划。企业按照补充计划生产的产品，首先由商业、外贸、物资部门选购，商业、外贸、物资部门不收购的，企业可以按照国家规定的价格政策自行销售，或委托商业、外贸、物资部门代销。企业的生产能力富余时，可以承担协作任务和进料加工、来料加工。国家对企业主要考核产品产量、质量、利润和合同执行情况；对有出口任务的企业，出口产品主要考核履约率和收汇额。实行企业利润留成。逐步提高固定资产折旧率。企业对多余、闲置的固定资产，有权有偿转让或出租，其收入只能用于购置需要的固定资产。鼓励企业发展新产品。企业有权按国家劳动计划指标择优录用职工。企业在定员、定额内，有权根据精简和提高效率的原则，按照实际需要，决定自己的机构设置，任免中层和中层以下的干部。这次以扩大企业经营管理自主权为主要内容的改革，主要是针对当时我国经济管理体制中存在的权力过分集中在政府部门的严重缺点（引自党的十一届三中全会公报），目的是调动工业企业的积极性，改善经营管理，提高经济效益。然而，由于当时改革刚刚开始，我国仍然实行的是计划经济，这次改革政府只是下放了部分经营权，企业作为政府附属物的地位并没有改变。权仍是政府的，只是"放"一点而已；利也是政府的，只是"让"一点而已。而这次改革的意义在于引入了经营权的概念，政府部门开始下放部分的经营权给企业。这就意味着政府开始把企业当作一个经济组织，而不再是一个简单的生产单位。

承包经营是这一阶段国有企业放权让利改革的又一种探索。现在回过头来看，可以说承包经营让放权让利又前进了一步。从 1979 年 5 月国家经济贸易委员会①等六部委选择了首都钢铁公司等八家企业进行承包经营责任制试点起，到 1987 年年底，全国大部分国有企业都实行了承包经营责任制。这说明在放权让利的同时，为了确保企业经营管理者拥有切实的经营自主权，国有企业的改革由扩大企业经营自主权向转变企业经营机制演进。1988 年 2 月国务院发布《全民所有制工业企业承包经营责任制暂行条例》，对承包经营责任制的内容和形式、承包经营合同、承包经营合同双方的权利和义务、企业经营者的选择、承包经营企业的管理等方面做了详细的规定。该文件明确规定按照"包死基数、确保上交、超收多留、欠收自补"的原则，包上交国家利润、包完成技术改造任务；并规定了"上交利润递增包干""上交利润基数包干，超收分成""微利企业上交利润定额包干""亏损企业减亏（或补贴）包干""国家批准的其他形式"五种承包上交国家利润的形式。党的十四大报告还提出"当前实行的经营承包制应当进一步完善"。

承包经营的积极意义是确立了所有权和经营权相分离的改革原则。就当时来说，对于股权高度集中的资本组织形式，遵循两权分离原则对指导我国国有企业改革和确立国有企业经营模式都是适当的。然而，当时中国的经济体制是有计划的商品经济，所有权和经营权相分离的原则并没有在实践中得到有效贯彻，应有的实质内容在改革的过程中被替换或变形，导致改革出现了问题。一是因承包经营而出现"价格双轨制"——一种商品出现国家计划价格与市场价格两种价格——造成市场混乱。"价格双轨制"造成了腐败（吴敬琏、马国川，2016），一些人利用计划内和计划外悬殊的差价，倒买倒卖，发了横财。二是经营者的合法收入并没有按照绩效的大小和贡献多少来确定。

---

① 2003 年 3 月 10 日，第十届全国人民代表大会第一次会议通过了《国务院机构改革方案》，撤销国家经济贸易委员会和对外贸易经济合作部，设立商务部，主管国内贸易和国际经济合作。

虽然实行了厂长负责制，但厂长的工资只有普通职工的 1~3 倍。产生的利润明确为企业所有，属企业的财产。经营者的收入多少与经营业绩的好坏没有必然的匹配关系，导致经营者转向短期行为，出现了逆向选择和机会主义行为。采取利润递增包干和超收分成的企业并不愿实现太多的利润。个别管理人员利用各种手段挥霍浪费，套取企业财产，造成国有资产流失，亏了企业，富了个人。这种状态延续了许多年，直到进入 20 世纪 90 年代，国有企业改革才开始转向建立现代企业制度。

（二）建立现代企业制度

承包经营责任制失败，使国有企业改革重新选择新的出路，那就是建立现代企业制度。1993 年 11 月，党的十四届三中全会通过了《中共中央关于建立社会主义市场经济体制若干问题的决定》，提出建立现代企业制度，指出以公有制为主体的现代企业制度是社会主义市场经济体制的基础，建立现代企业制度是发展社会化大生产和市场经济的必然要求，是我国国有企业改革的方向。由此，建立现代企业制度的工作主要从以下两个方面展开。

一是把国有企业改组为公司制。具备条件的国有大中型企业，单一投资主体的可依法改组为国有独资公司，多个投资主体的可依法改组为有限责任公司或股份有限公司。现有全国性行业总公司要逐步改组为控股公司。一般小型国有企业可以实行承包经营、租赁经营，可以改组为股份合作制，也可以出售给集体或个人。

二是着手建立企业法人财产制度，实现出资者所有权与企业法人财产权的分离。企业中的国有资产所有权属于国家，企业拥有包括国家在内的出资者投资形成的全部法人财产权，成为享有民事权利、承担民事责任的法人实体。企业以其全部法人财产，依法自主经营，自负盈亏，照章纳税，对出资者承担资产保值增值的责任。出资者按投入企业的资本额享有所有者权益，即资产受益、重大决策和选择管理者等权利。企业破产时，出资者只以投入企业的资本额对企业债务负有限责任。

1993 年 12 月底，《中华人民共和国公司法》正式出台。自此，针对现代企业制度的两个重要部分，即资本的组织形式和企业治理结构，便有了明确的制度安排。虽然如此，在规模庞大的国有企业建立现代企业制度却仍是极其繁重，几乎不可能做好的任务。于是"抓大放小"，调整国有资产布局就成为国有企业改革的前提条件。早在 1992 年，山东省诸城市就开始了大刀阔斧的改革。改革的重点主要是"放小"，为中国中小型国有企业改革探索经验。1995 年全国共有独立核算国有工业企业 8.79 万户，其中大中型企业约 1.57 万户，其余 7.22 万户是小型企业（吴敬琏、马国川，2016），到 2004 年，通过兼并重组，中央一级的国有企业只保留了 196 家。国有企业的资产在工业企业中的比重显著下降，总资产占整个工业企业的比重由 2000 年的 40.6% 下降到 2014 年的约 27%（姚洋、范保群，2016）。通过国有资产的布局调整，国有企业的数量大大减少。

现在回过头来看，当时建立现代企业制度的市场环境并不理想。调整国有资产的布局，减少国有企业数量为建立现代企业制度创造了条件。只有这样，建立现代企业制度才成为一种可能。1999 年，也就是《中华人民共和国公司法》颁布几年之后，中央明确了国有企业的企业治理结构，就是董事长兼党委书记，董事长与总经理分设，设立外部监事会。一些子公司开始实行股权多元化，但集团层面的股本结构基本没有变化，独资企业占绝对优势。这一阶段改革的意义就在于，国有企业建立现代企业制度有了一定的突破，为以后的改革奠定了基础、指明了方向。

（三）管人、管事、管资产

然而，改革并没有沿着建立现代企业制度的方向深入下去，在 2002 年以后又一次转向。在有能力和精力监管国有企业的情况下，国有资产出资人代表机构提出了"权利、义务和责任相统一，管资产和管人、管事相结合"的国有企业改革和国有资产监管思路。

2003 年 5 月颁发的《企业国有资产监督管理暂行条例》，对国有资产监督管理机构企业负责人管理、企业重大事项管理、国有资产管理、企业国有资产监督等做了明确的规定。在企业负责人管理方面，企业董事长、副董事长、董事、监事、监事长、总经理、副总经理、总会计师以及企业负责人，均由国有资产监督管理机构任免或提出任免建议、人选建议等；在企业重大事项管理方面，企业的章程、重大投融资规划、投资设立子公司、重组或股份制改造、分立、合并、破产、解散、增资减资、发行债券、转让全部或部分股权等均由国有资产监督管理机构审核批准，有的还需审核后报同级人民政府批准或报国务院批准。一句话，管资产和管人、管事相结合，就是除了原材料采购、产品生产、产品销售和服务等由企业自主安排，国有资产出资人代表机构全面管理国有独资或国有控股企业。这似乎是改革第一阶段放权让利的升级版，并没有从根本上跳出政府部门直接管理企业的思维定式。

这一阶段的改革，就监管措施而言，比之前的力度更大了，但国有资产出资人代表机构过多地进行事项审批，相当于全面接管了企业重要的经营管理权。根据国务院发展研究中心马骏、张文魁等人（2015）的研究，国资委监管范围广泛，成立之初的实际权责就超出一般股东权责的范围；监管方式多样，有程序明确的行政审批方式，也有备案等行政指导方式，还有通报、批评等推进方式，权责覆盖从基本股东权责到企业内部制度等广泛内容。与国外股东监管的事项相比，国外公司法规定的股东监管事项为10项，而国资委监管的事项有74项。缺位监管以及监管的工作方式不当等问题也出现过。这样做，不仅没有管住、管好企业，反而造成企业内部决策失效、责任不清，造成投资损失或国有资产流失无法追责等问题。

（四）管资本为主

进入21世纪，尤其是2008年金融危机后，世界经济不确定性增强。国际环境的这种变化与国内改革攻坚阶段交织在一起。党中央审时度势，坚定自信和保持定力，决定加大改革开放步伐，首先做好自己的事情。在这种背景下，2013年11月12日，中国共产党第十八届中央委员会第三次全体会议通过了《中共中央关于全面深化改革若干重大问题的决定》，在国有企业改革和国有资产监管改革方面，提出以管资本为主，改革国有资本授权经营体制。2015年8月24日，《中共中央、国务院关于深化国有企业改革的指导意见》（中发〔2015〕22号）发布，提出实现以管企业为主向以管资本为主转变。据此，国有企业改革主要从两个方面展开。

　　一方面是改革国有资本授权经营体制和国有资产监管体制。这是宏观层面的改革。按照顶层设计，改组组建国有资本投资、运营企业，以此来探索有效的运营模式。在这种运营模式下，国有资产监管机构依法对国有资本投资、运营企业和其他直接监管的企业履行出资人职责，并授权国有资本投资、运营企业对授权范围内的国有资产履行出资人职责。国有资本投资、运营企业作为国有资本市场化运作的专业平台，依法自主开展国有资本运作，对所出资企业行使股东职责，按照责权对应原则切实承担起国有资产保值增值责任。改革的意义就是在政府监管部门和市场化的国有企业之间建立一道"隔离墙"，实现政企分开（马骏、张文魁，2015）。这就意味着今后政府直接管理的企业是少量的国有资本投资企业或国有资本运营企业。政府直接管理的企业在数量上将会大大减少，类似新加坡政府对淡马锡公司（Temasek）的管理。然而，中国与新加坡最大的不同是中国的国有企业的数量极其多。截至2016年年底，中央直接管理的企业集团有103家，辖属独立法人实体企业51573户。法人层级最长的达到17级，管理层级最长的达到9级。涉及国民经济398个行业中的380个，行业宽泛。位于中国中部的河南省，经济发展在全国处于中位偏上水平，截至2016年年底，各级国有企业独立法人共有5013户，资产总额达到3.4万亿元。数量如此庞大的国有企业，仅靠监管体制方面的改革还不够，必须进行以增强企业内生发展动力为主要目标的微观改革。

　　另一方面就是推进国有企业混合所有制改革。因为只有推行混合所有制改革，引进战略投资者、民营资本以及员工参股，才有可能改变国有企业的治理结构，实现由管企业向管资本的转变。政府意图通过改革建立国有资本与民营资本平等的地位，从而促进我国市场经济真正形成。从目前的情况看，混合所有制改革推动的力度大、进展的速度快，但混合所有制改革的目的不是"混"，而是建立新机制，如果把握不好，就会出现效益好的企业改成了、效益差的企业改不下去，子公司改成了、总公司改不下去，混合所有制改革完成了、机制改不下去的局面。

　　以管资本为主的改革目前尚在进行当中，应当肯定的是国有资本投资、运营企业的组建有利于国有资本合理流动。混合所有制改革的效果有一点是非常值得肯定的，那就是通过引入战略投资者，完善企业治理，尤其是企业决策由股东大会决议代替国有资产出资人代表机构审批成为可能。

二、改革存在的问题

回顾1978—2018年的国有企业改革，可以肯定的是，改革取得了一定的进展。承包经营的推行把西方的所有权与经营权分离的理念引入中国，这一理念对今后国有企业改革和国有资产监管仍具有重要的价值。建立现代企业制度开启了国有企业关于企业治理和激励机制的改革。现在看来企业治理和激励机制仍是国有企业改革的难点和重点，在当时确实是一个很大的改革举措。其中"抓大放小"和实行年薪制对国有企业的发展影响深远。在国有资产监管方面，党的十八大以后推出的以管资本为主的监管改革具有重要意义。既然国有企业改革取得的成绩有目共睹，那为什么还说前40年的改革只是攻城之前的外围战呢？为什么说国有企业改革还没有取得实质性突破呢？原因就在于制约国有企业发展的体制机制问题还没有得到根本解决。

（一）关于国有企业的功能定位问题

在改革的过程中，有一部分人对国有企业存在的必要性提出了质疑，主张国有企业私有化；还有一部分人则强调国有企业存在的必要性，于是就出现了"实现国家战略目标论""控制国民经济命脉论"以及"平衡市场论"等。这本不应该成为一个问题，但争论出了问题。

争论出什么问题了呢？在实际工作中的表现是：国有资本布局调整和国有企业的新业态、新机制创新受到了影响；净利润或国有资产保值增值不再是国有企业绩效考核的主要指标；经营成果的真实性也不再成为国有资产监管的重点。这对国有企业的经营导向影响很大。

这本不是问题，但争论出了问题，所以我们不得不说清楚这个问题。总体而言，"实现国家战略目标论""控制国民经济命脉论""平衡市场论"都不能有力说明国有企业的功能作用。

主张"实现国家战略目标论"的人认为，政府设立国有企业是为了实现国家意志，为了某个战略目标或某个社会目标最大化，而不是为了利润最化。由此，他们认为国有企业只应当在自然垄断行业存在，不应涉足房地产等竞争性领域"与民争利"；国有企业高管不应像民营企业的老板和经理一样领取高额的薪酬，而应当参照同级别行政干部的工资待遇领取薪酬。持这种观点的人意图将国有企业的生存空间压缩到一个极其狭小的范围，他们混淆了企业使命和经营目标的概念。其实，国有企业的使命在成立之时政府就已确定了，这是国有企业参与市场竞争的前提。威廉姆森在论述效率式合同有关代理人理论时，也强调了所有权的重要性，认为资产如何使用要根据其所有者的意图而定，代理人不得自作主张，必须奉命行事。事实上，国有企业正是按照政府确定的职责和任务从事经营活动的，这足以证明国有企业履行使命和职责的坚定性。

"控制国民经济命脉论"受到了近年来科技快速发展的挑战。在经济全球化的背景下，产业转型升级速度加快。一项科技创新就可能催生出一个庞大的产业和遍布全球的供应链，5G（第五代移动通信技术）网络、高铁等就是典型的例子。比尔·盖茨曾预言，自动装置和机器人将在未来20年内令工厂和商场的工作岗位大范围消失（德国《世界报》网站2017年5月7日报道）。这正在成为现实。无人工厂和无人超市已经开始出现。在毕马威"不断变化的商业面貌"研讨会上，专家预言，中国要因此丢掉2.5亿个工作岗位，美国将丢掉8000万个岗位，英国将丢掉1500万个岗位（戴维·多德维尔，香港《南华早报》网站，2017年5月8日）。美国俄亥俄州立大学的一个研究小组成功研究出组织纳米转染（TNT）技术，可让器官再生（英国《每日电讯报》网站2017年8月7日报道）。上述技术如果大面积推广，外科医生以及健康保险行业的工作将会大大减少。量子通信、量子计算机以及增强现实技术一旦进入产业化阶段，现有的电视、电脑、手机等有显示器的物品将成为废品，旧产业将被淘汰，新产业将会很快呈现在人们面前。据国外媒体报道，科学家预言，人造肉在未来将代替自然肉。荷兰马斯特里赫特大学的马克·波斯特教授领导的实验小组从牛的肌肉组织中分离出干细胞，放入营养液中促进细胞生长和繁殖，合成大约1厘米长、几毫米厚的肉丝，把这些细小的肉丝收集起来做成一个肉饼。2017年7月29日，英国伦敦，在媒体的见证下，第一块人造肉饼制成的汉堡包端上了餐桌供人品尝。这种人造肉制造技术一旦实现工业化生产，一个生产过程将在几个星期内完成。无独有偶，美国汉普顿溪流食品公司研制出人造肉和人造海鲜，在两年内就可以推向市场。与TNT不同的是，这种被称为"洁净肉"的生产技术是利用植物蛋白合成的（美国石英财经网站2017年6月28日报道）。毋庸置疑的是，这些技术的应用，将会对需要付出高昂环境和经济代价的养殖企业以及屠宰加工企业造成极大的冲击。

这些虽是新技术中很少的事例，但足以证明科技革命给经济发展带来的深刻冲击。站在今天判断明天什么是一个国家的经济命脉，将变得越来越困难。用国有经济控制一个开放国家的经济命脉几乎是不可能的，除非颁布并强行实施牺牲效率、速度和自由发展的政策。

国务院发展研究中心原党组书记、副主任陈清泰则从政策理论的角度论证了国有经济控制国民经济命脉的不现实性。他在2019年3月8日由《新京报》举办的2019全国两会经济策沙龙之"问道民营经济"做演讲时表示，1997年党的十五大提出了公有制为主体、多种所有制经济共同发展，这是我国的基本经济制度。这一制度的确立推动了20世纪90年代国有企业"抓大放小"、产权制度改革，使民营企业快速发展。"公有制为主体、国有经济为主导"在重要文件中不断地重复出现，有关所有制理论的政策基本上定格在了这里。公有制为主体就是指公有资产在社会总资产中占优势；国有经济为主导指的是国有经济要在重要行业、关键领域保持控制地位。而关于"国进民退"还是"民进国退"的争论此起彼伏。在这种政策环境下，在民营经济占国民经济一半以上的庞大经济体内，国有企业如何控制国民经济的命脉？

我国国有资产分布的现状对控制国民经济也有一定的局限性。截至2016年，国有企业有70%的资产分布在污染大、耗能高的钢铁、煤炭、有色金属、石油化工、火力发电等重化工领域。这样的产业结构无力控制国民经济的命脉，即使控制住了，也会使经济越来越落后。如此看来，与其让国有资产滞留在现有的产业，不如下定决心打造以科技创新为引领的新经济。

支持"平衡市场论"者认为，国有企业存在的意义主要是稳定民心和平衡市场。新加坡国立大学李光耀公共政策学院经济学教授柯成兴认为，虽然事实上国有企业的生产效率的确比私营企业低下，但它存在的意义主要是稳定民心、平衡市场。虽然对市场经济而言生产率很重要，但增强市场稳定性、减少失业率和控制外部变量也非常重要。经济活动中许多业务都有垄断特性，但如果这些垄断都可以被政府合理掌控，则是好事。譬如，供水企业是国有企业，我们不需要供水企业为社会创造高额利润，但由于政府直接管理，降低了水质污染、化学物残留的可能性。许多可再生能源企业都为国有企业，这样可以降低市场价格，提高人民生活水平（凤凰国际智库 2016 年 11 月 14 日报道，记者李江等）。不可否认，就业率高、居民收入稳步增长和物价平稳，是一个国家最好的经济发展态势。但在一个竞争日益激烈、国有经济占比不足 40% 的经济体内，在国际化发展趋势难以阻挡的大环境下，国有企业难以发挥出稳定民心、平衡市场的作用。

有关国有资本功能和国有企业作用的争论，从表面上看，是在给国有企业寻找存在的理由，实际上却给国有企业施加了沉重的社会责任，骨子里并没有把国有企业当作企业看，都不约而同地指向了政府职能，其隐含的意思是国有企业应履行政府履行的职责，把国有企业当成政府职能的延伸。这就混淆了政府和国有企业的边界。

可喜的是，近年来人们对国有企业作用的认识越来越清晰了。李克强总理在 2016 年 11 月 29 日的国务院常务会议上听取国有重点大型企业监事会对中央企业监督检查情况的汇报时强调，"国有企业首要的职责，就是实现国有资产保值增值。这是衡量国有企业工作优劣的关键"（中国政府网 2016 年 12 月 1 日报道）。习近平总书记在 2016 年全国国有企业党建工作会议上强调，"要坚持有利于国有资产保值增值、有利于提高国有经济竞争力、有利于放大国有资本功能的方针，推动国有企业深化改革、提高经营管理水平，加强国有资产监管，坚定不移把国有企业做强做优做大"，"把提高企业效益、增强企业竞争实力、实现国有资产保值增值作为国有企业党组织工作的出发点和落脚点"。

国有企业在控制国民经济命脉、宏观调控和平衡市场方面的功能作用并不是一点没有。但这些功能是定性的，无法定量，因此它不能提供衡量国有资产监管和国有企业经营效果的清晰的信号。没有这样的信号，就无法对国有企业经营效果进行定量考核，也无法评判国有资本的效率和效益。对于一个企业来讲，功能作用是政府赋予的职责。经营目标是在企业职责、使命既定的前提下，在一定时间内完成的经营成果。二者有联系，但不是一个概念。用国有资产保值增值作为衡量国有企业经营成果的指标，就能够给我们传递出一个企业经营成果好坏的明确信号。这个信号应当成为考核国有资本经营成果的主要指标。

问题在于，以国有资产保值增值作为国有企业首要的职责，其阻力不仅来自行政思维，更多可能来自企业自身。因为在激烈的市场竞争中，企业实现真正盈利并不是一件容易的事。所以企业就会夸大社会目标，掩盖资本效率较差的现实。这就要求把国有资产保值增值转化为对企业负责人的绩效考核指标，需要对现行的绩效考核制度进行创新。

（二）关于改革方向的问题

关于国有企业改革的方向，有人主张市场化改革，有人仍然坚持行政化管理。从目前的情况来看，市场化改革已成为政策导向，但在实际工作中，行政化管理仍然顽强地坚守着阵地。正是政策导向和执行实际之间的这种巨大反差，才凸显出市场化改革的艰巨性。

从国有企业改革的四个阶段我们可以看出，1978—2018 年这 40 年的国有企业改革并不是在目标和方向既定的前提下有步骤地依次推进，而是国有企业改革与国有资产监管改革在时间上和重点上交叉进行，这就导致国有企业改革与国有资产监管改革的边界不清。关于改革方向的问题主要有以下两个方面。

一方面，对国有企业改革应当改什么、国有资产监管应该监管什么界定不清。回顾40 年的国有企业改革和国有资产监管改革，承包经营和建立现代企业制度属于国有企业改革的范畴，而"抓大放小"与企业合并重组则属于国有资产监管改革的范畴。相比较而言，国有企业的改革并不成功，而"抓大放小"与企业合并重组却进展不俗。但国有资产出资人代表机构和媒体把这一本属于国有资产监管改革的成果归于国有企业改革。

比如，建立有效的国有资本效率考核评价体系应成为国有资产监管改革的重点之一，但这方面的工作并没有取得突破性的进展。没有对不同企业的国有资本效率的考核评价体系，就没有比较，国有资本进入、退出就会缺乏必要的依据，也就没有对代理人经营管理能力和勤勉程度评判的尺度。出现这一问题的主要原因，是政府监管部门并没有把保值增值作为国有企业的首要职责，更没有把保值增值与代理人及其经营管理团队的绩效薪酬挂钩。代理人更是"借坡下驴"，追求次要目标和"政绩"。对企业经营来说，没有过硬的经营目标，就没有过硬的工作作风；没有较真的考核，就没有较真的管理；没有较真的管理，就没有效率的提升。

在国有企业改革方面，建立现代企业制度是国有企业改革的终极目标，而搭建一个精简高效的治理结构是现代企业制度的核心所在。我国国有企业的治理结构是在二十多年前建立的。当时设计的治理结构与《中华人民共和国公司法》的规定十分吻合。股东会、董事会和经营层形成企业治理的主线，监事会虽在董事会之上，但偏离主线而成为外部监督者，实际上是国有资产监管机构的一个组成部分，而不是企业内部制衡的组成部分。董事会既是决策者，实际上也是监督者，董事长兼党委书记的制度安排，形成了权力高度集中的治理结构。这种治理结构存在着职能交叉重叠、运营成本居高不下、对一把手监督困难等缺陷。但对这种治理结构，政府并没有出台以问题为导向的改革措施，如国有企业治理准则之类的制度等。

另一方面，对国有企业的外部监管与企业内部治理的边界划分不清。纪委、监委、政府审计、行业监管等形成国有企业外部监管力量，但它们监管的事项类同，尤其是行业监管部门与出资人代表机构的监管重合事项较多，如高管薪酬、企业治理、合规经营等，往往对同一个事项会有两种不同的要求和标准。在监管方式上，事后监督成为企业外部监管与企业内部监督的主要形式。监事会的财务检查、企业内部审计与政府审计、行业监管审计等轮番进行。纪委、监委对企业负责人的监督与监事会对董事、高管的履职行为的监督在职责上也有交叉。

国有资产监管改革和国有企业改革之所以边界不清，主要是因为国有资产出资人代表机构同时具有国有资产行政管理者和国有企业股东的双重身份，在行权时没有把这两种身份区别开来，行政管理方式仍占有较重的分量。

其一，行政审批仍然是国有企业监管的主要方式。审批本身就是行政的行权方式。虽然国有资产监督管理部门下放了一些审批权限，但仍保留着对高管任命、薪酬核准、对外投资、股权转让、兼并重组等重大事项的审批权，相当一部分重大经营事项仍集中在监管部门手里，国有企业仍没有真正成为国有资本的经营主体。国有企业之间，以及国有企业与民营企业、外资企业之间还没有建立起平等的竞争地位。即使有竞争，仍被认为是身份的竞争，而不是机制和效率的竞争。

其二，国有企业部门化管理的现状没有大的改观。有相当一部分企业仍然分散在各个行业监管部门，如粮食企业、烟草企业、供销企业、新闻出版企业、电影电视企业等。行业监管与国有资产监管混在一起，其应有的商业地位——以资本增值为目的的财富创造者——被弱化。

其三，政府部门不断地从机关选派高管人员。行政管理的理念通过他们脉冲式地带到国有企业来，行政管理的理念、思维和逻辑不仅没有被削弱，反而不断被强化。懂经营、会管理的专业人才难以进入国有企业高管的行列，企业家队伍和职业经理人市场难以形成。据了解，在地方新组建的金融投资企业中，80%以上的主要负责人是行政机关选派的。由于他们长期在行政机关工作，缺乏企业经营管理的专业知识和经验，部分人缺乏系统的经营思路，管理粗糙，企业潜在风险较大。个别人并没有打算长期在企业工作，而是以"镀金"或"过桥"为目的，不按经济规律办事，作为国有企业的高管不去追求经营业绩，而去追求"政绩"。

其四，国有企业的高管仍然保留行政级别。行政级别的保留使得行政机关的治理机制潜移默化地进入国有企业的治理当中，决策权高度集中而监督权极度弱化，治理的天平严重倾斜，国有企业权力制衡的治理机制被大大削弱。权力高度集中会造成个别人独断专行，给企业经营决策带来极大的风险。

以上情况说明，行政化的管理和市场化的改革存在着矛盾，行政的理念、思维和逻辑会忽略企业经营管理自身的专业性和规律性，这已成为国有企业改革路上的绊脚石，会给国有企业的发展和持续经营带来致命的影响。市场化改革的重点就是去行政化，改革的难点在于行政权力掌握在政府手中，政府自身不改革企业就难以市场化。这就需要从国家治理的高度设计国有企业改革。

一个国家的治理体系由许多组织构成，包括政治组织（党的各级委员会及其机关、政府及其组成部门等）、军事组织、经济组织（企业、家庭农场、专业合作社等）、教育组织（大学、中学、小学及各类培训机构等）、科研组织（各类科研院所）、医疗组织（医院、诊所等）、社会组织（各种协会、俱乐部等）等。每一类组织都有各自的专业特点，并据此构建各自的治理结构和运营机制。正是各自独特的专业特点和运营机制，才形成了它们各不相同的功能作用、目标任务、绩效特征和激励机制。这些内容相对固化定型，从而在一个国家形成完整的政治、经济和社会系统。各个组织之间在治理方面虽有相通或可以相互借鉴的地方，但必须根据自身功能作用、目标任务、专业特点和绩效特征来建立与之相适应的治理结构。如果忽视这一点，对不同的组织采取同一个治理模式，国家就会失去应有的活力。

国有企业的问题就在于用行政组织的理念去进行经济组织的治理。中华人民共和国成立直到 20 世纪 70 年代末，中国的治理模式就是单一的行政模式，不分部门、单位，任何组织都一律实行政治的高度集中与经济的高度计划，工作无好坏，薪酬无差别。"什么样的组织能够存在下去，以及它们是如何演进的，都会受到制度框架的根本影响。反过来它们也影响制度框架的演进"（诺斯）。组织都应该按照各自的内在规律演进，国有企业也是如此。市场化改革就是把几十年来按行政组织运行的国有企业改为按经济组织运行的国有企业，让市场在人力资本、物质资本等企业要素配置中起决定作用，以建立符合经济组织内在要求的国有企业的治理结构和激励机制。要达到这一目标，产权改革，即权力的界定就成为攻坚阶段改革的重点。

（三）关于攻坚改革的重点问题

著名政治家、"新加坡之父"李光耀先生（2018）认为中国面临更为迫切的问题是如何处理那些低效的国有企业。在这方面，中国面对的是个人激励这个根本问题。中国正试图让官员像私营企业家那样。但这不会奏效，除非让其占有高达 20% 的股份。李光耀先生以政治家的敏锐，精准地点到产权改革这一核心问题上，可谓远见深邃，一针见血。由此可见，国有企业攻坚阶段改革的核心问题就是产权改革。

但国有企业产权改革的重头戏并不是国有企业私有化或国有资本多元化，而是在坚持公有制为主体的前提下，承认、尊重和落实以管理能力、研发能力和其他劳动能力为代表的人力资本的产权，并让这些产权与物质资本产权一样参与企业剩余的分配。这是中国经济体制改革成功的根本所在。

农村家庭联产承包责任制就是例证。

第一，农村家庭联产承包责任制的承包人是农民个人及其家庭成员。土地为集体所有，承包给个人使用，土地的性质保持不变。

第二，实行定额上交的分配形式。生产成果在国家、集体（村、乡镇）和农民个人之间进行分配。在 20 世纪 80 年代初的中国农村流行的顺口溜"交够国家的，留够集体的，剩下全是自己的"就是对这一分配形式的形象描述。分配形式是定额上交，上交后的剩余全归农民所有。2006 年取消农业税和乡（镇）、村提留之后，收益全部归农民所有。

第三，农民生产自由。在农业生产上，农民想种什么、种多少，都由农民自己做主。购买种子、肥料、农药，灌溉，播种，收割，管理等一切生产费用均由农民承担。生产的自由在农村演进为去集体化，进而带来的是农民生活的自由。"因为农民失而复得的自由生活选择权，商业和私营企业也很快重返农村……从长远角度来看，农民重新获得的经济自由对发展农村经济的意义要重大得多"（科斯、王宁，2012）。自由激发了基层和农民的创新力，使中国农村经济全面发展，这是农村家庭联产承包责任制的意外收获。其对经济发展的推动比农村家庭联产承包责任制本身意义要大得多。

农村家庭联产承包责任制推行的是"土地集体所有，个人承包经营"的两权分离模式，极大地调动了亿万农民的生产积极性。土地集体所有制的性质并没有改变，经营权全部交由农民支配，而在收入上实行国家、集体和农民按比例分成。张五常（2000）对此总结：在中国，家庭联产承包责任制无疑在农业中已取得了巨大的成功。通过维持国家的土地所有权而保持了社会主义的意识形态，同时在事实上推行土地的私人使用，这就是邓小平所说的"有中国特色的社会主义"的主要特点。

而国有企业改革并没有特别重视人力资本的产权。原因比较复杂，但我认为主要原因有以下两个方面。

　　一方面，曾经出现的私有化改革声浪影响了改革的方向。主张国有企业私有化改革的声音始终没有停止过。主张私有化改革的人认为国有企业效率低下、腐败、垄断，这些问题的根源归结为财产公有制，产权不清晰，没有人格化的股东，谁都可以代表、谁都可以不代表，等等。

　　效率低下是部分人倡导私有化改革的主要理由之一。他们认为，国有资产在大部分行业都没有竞争优势，国有企业的效益指标明显低于其他所有制企业，国有企业的净资产收益率大约相当于外资企业的1/2、私营企业的1/3。他们把这一切都归罪于公有制。但私有化并不是灵丹妙药。约瑟夫·斯蒂格利茨发起的"哥伦比亚大学政策自发对话体"对世界多个地区的私有化进行了研究，结果明确地告诉我们"私有化令人沮丧"（罗兰，2011）。

　　贝尔纳多、瓦伦丁娜对西欧国家私有化的研究报告很清楚地证明了以下观点。第一，这些国家的私有化并不彻底。西欧14个国家在私有化过程中平均出售国有资产60.89%（最高的是英国，为89.2%；最低的是比利时，为41.88%），出售后仍有30.83%的企业的最大股东是政府。根据2000年对有可靠信息来源的118家私有化企业的统计，有64.9%的私有化企业由政府控制（或由政府通过黄金股实际控制）。其中，比利时、芬兰、希腊、爱尔兰的私有化企业100%由政府控制，至于其他国家的私有化企业政府控制率，英国为70.8%，德国为50%，荷兰、瑞典为33.3%。黄金股大致可以定义为私有化企业中政府特权和法令约束的集合。典型的特权包括任命企业董事会成员的权利；对私有化企业中相应利益的获取表示同意或否决的权利；批准子公司交易、企业解散和日常管理事项等其他权利。经验性文献已经给出了有力的证据，证明西欧私有化是部分的和不完全的。在大多数案例中，私有化并没有给企业治理结构带来明显改变，私有产权和国家控制同时存在。第二，私有化对提升微观经济效益并不明显，无论是企业绩效还是企业治理都是如此。虽然私有化后有36%~89.7%的企业财务绩效和经营绩效都得到了不同程度的提升，但提升的绩效是来自裁员、股票市场、自身的结构调整、成本降低，还是政府股权的减少，至今仍不清楚。但有两点是清楚的。一是私有化后，企业主把盈利好的企业整体或局部上市，对资本市场的贡献从14%增长到34%。这意味着私人老板们从股市中圈了大把的钱。二是收入分配产生了实质上的倒退。私有化并没有使企业员工的收入和福利得到明显的提高，反而使财富进一步集中，收入分化加剧。

弗洛里奥用"成本—收益分析法"研究了私有化对企业、消费者、股东、工人的效应，结论是"大改制"对效率的全面影响是有限的，而且私有化使收入分配产生了倒退。

其他几个地区，如拉丁美洲、非洲、中东欧、南亚等的私有化更加糟糕。何塞和斯蒂格利茨对此评价道："私有化成功的案例不是没有，但更通常的情形是，绩效更差，令倡导者大跌眼镜，在有些地方还引发了巨大的社会动乱。"罗兰也认为，20世纪90年代的私有化实践表明，仅仅将所有权从政府转移到私人所有者的手中是不够的。既然私有化不一定能提高企业的效率，那么，在公有制基础上探索实现高效率的途径和方法就成为一种合理的选择。

腐败也是部分人主张私有化改革的主要理由之一。但腐败也并非国有企业所独有，腐败在西方国家同样严重。20世纪90年代，美国的安然事件和世通事件就是腐败导致企业破产的典型案例。可以说，"管理层滥用职权、违背诚信、侵犯股东权益的丑闻在西方企业界层出不穷"（科斯、王宁，2012）。米勒（2014）在《管理困境》中列举的一个案例，可以说明西方企业管理者的种种腐败行为，虽然他主要论述市场对管理者的约束，而不是专门揭露腐败案件。1988年，RJR Nabisco（雷诺兹－纳贝斯克）的CEO洛斯·约翰逊和他的管理团队宣布，他们有意通过举债收购该公司。他们计划买下所有公开交易的股票，把该公司由上市公司变为一个非上市公司。他们最早报价75美元/股，股东整体市值为170亿美元。但Kohlberg Kravis Roberts（科尔伯格·克拉维斯·罗伯茨，简称KKR）公司的管理团队认为这远远低于该公司的实际价值，出价90美元/股。经过竞价，RJR Nabisco管理团队最终出价112美元/股，而KKR公司的管理团队最终出价109美元/股。最终，RJR Nabisco董事会决定将公司出售给KKR公司的管理团队，因为他们发现了以下情况。

第一，洛斯·约翰逊和他的管理团队隐瞒了公司的实际价值，是市场竞价迫使他和他的管理团队报出了公司的真实价值。洛斯·约翰逊作为非上市公司的所有者与做上市公司的经理时表现明显不同。

第二，洛斯·约翰逊和他的管理团队贪婪成性，做事马虎。其位于加利福尼亚州棕榈泉的别墅，光是设置安全措施就花费几百万美元。其每年的薪水和奖金 170 万美元，还有不少的股票红利等。而 KKR 的管理团队愿意抵制机会主义诱惑，拒绝挪用企业剩余支付过高的薪水和管理者额外的补贴，以免损害雇员和股东的利益。

RJR Nabisco 董事会经过综合权衡认为，如果让花费巨资在私人飞机上和其他补贴上的管理者继续执掌企业，那么股东最终得到的将不会那么多。于是他们愿意将公司出售给报价低的 KKR 公司的管理团队。

"相比它们自身的缺点，中国的国有企业面临的困难更多在于国家没有建立一个合适的监管框架。"（科斯、王宁，2012）况且，在管理国有企业的过程中，挥霍滥用的程度是可能被监督控制的（如设定基数），而且监控的方式也很多。

由此看来，西方国家股权高度分散的大中型企业与我国股权高度集中的国有企业具有相似性。这说明，腐败不是所有制的问题，而是企业治理的问题。

垄断也是部分人主张私有化改革的理由之一。但我认为，垄断是世界范围内难以解决的问题，获得定价权是每一个企业都梦寐以求的，不仅仅是国有企业有垄断。在经济全球化的今天，企业竞争不再局限于一个国家，而是全球性的，所以判断一个企业是否垄断要从全球的视野来看。当前中国的国有企业战略重组就是从国际竞争战略的需要考虑的。南北车合并是如此，宝钢、武钢、鞍钢的合并也是如此。判断是否垄断的一个重要因素是商品或服务是否在市场上形成了垄断价格。在一个国家，即使只有一个服务商，其商品或服务价格是否是垄断价格，也容易判断。如移动电话收费的高低可以和美国或欧洲的移动电话收费进行比较，这些价格都是透明的。即使它们通过"月末清零"等手段进行不合理的收费，也是无法欺瞒亿万用户的。只要它们是国有企业，广大用户的声音政府就能听到，政府就可以采取措施降低收费标准或取消不合理的收费。2017 年 7 月 31 日，李克强总理考察中国电信、中国移动、中国联通公司时要求"取消长途漫游费后，还要进一步挖掘潜力提速降费"，就是一个例子。如果是民营企业，政府就不便直接要求它们降低价格。只要不形成垄断价格，企业的数量多少不重要。

以科技创新为引领的经济发展模式日渐成为世界主流，国家间未来的政治、军事、经济竞争的背后其实就是科技竞争。科技竞争必然会提高产业的集中度，相应地也会导致财富向科技所有者和资本所有者集中。根本没有什么好办法来解决技术上的垄断问题。只有三种不怎么样的办法——一是不受政府管制的私人垄断；二是受到管制的私人垄断；三是政府亲自操作。因此，只能是三害相权取其轻。知识产权保护和反垄断的矛盾始终是一个无法破解的"死结"。

世界各地的私有化也并没有很好地解决垄断问题。拉丁美洲的私有化就是一个明显的例子。1990—1997年投资的58个环境卫生项目（水、卫生及固体废料），全部给了苏伊士—里昂水务集团等世界前五大公司，其中苏伊士—里昂水务集团包揽了28项；有将近100家电力企业通过竞争成为独立的电力生产者，然而前八位的企业（爱依斯电力公司、国家电网有限公司、南方能源集团有限公司、爱迪生集团、比利时动力集团等）占据了50%的份额（罗兰，2011）。

垄断是每一个企业所追求的目标。防止垄断的有效办法主要在于国家治理。既然如此，自然垄断的行业，尤其是为大众服务的行业，是私有化好呢还是保持国有好呢？我相信，以上事实已经给出了答案。

私有化观点的对错在中国无从验证，但导致一些人在国有企业改革的方向上犹豫不决。俄罗斯私有化改革的结果我们看得很清楚，财富高度集中，经济寡头和利益集团在垄断了国家经济之后，染指政治，导致俄罗斯陷入了较长时期的经济停滞。而中国的稳定发展却是另一番景象。如果对国有企业实行私有化改革，能否达到目前这样的经济社会效果令人怀疑。从上面的分析中，我们也可以得出一个结论，公有制不是导致效率低下、腐败和垄断的必然条件，而私有化改革也不能有效解决效率低下、腐败和垄断问题。既然这样，我们就没有必要在私有化改革上浪费时间和精力。

当然，认为公有制是"执政基础"、国有企业是"共和国长子"的观点，也并不特别具有说服力。按照马克思主义的观点，公有制是社会主义的经济基础。这有两个方面的含义：一是公有制适应社会化大生产的要求，可以创造出比私有制更高的效率；二是公有制可以缩小贫富差距，实现社会相对公平。我们需要研究的问题是公有制为什么没有实现高效率，怎样实现高效率；公有制能否缩小贫富差距，怎样缩小贫富差距；等等。这些都是社会主义政治经济学的课题。

另一方面，思想还不够解放，对产权不敢跨越财产所有制的框架，没有把人力资本产权提高到社会主义政治经济学的高度。举例来说，国有企业承包经营责任制只把权力界定到企业，而没有界定到个体。

第一，承包人是企业，不是经理（或厂长）及其经营管理团队。《全民所有制工业企业承包经营责任制暂行条例》第二条开宗明义，"承包经营责任制，是在坚持企业的社会主义全民所有制的基础上，按照所有权与经营权分离的原则，以承包经营合同形式，确定国家与企业的责权利关系，使企业做到自主经营、自负盈亏的经营管理制度"。产权没有界定到人。

第二，企业的剩余分配是在国家与企业之间，而不是国家与经理（或厂长）及其经营管理团队之间进行。经理（或厂长）及其经营管理团队的薪酬与经营业绩基本上没有关系，这就不能充分调动经理（或厂长）及其经营管理团队的积极性，反而导致机会主义和逆向选择。激励没有到人。

第三，承包人没有处理资产的权力，生产和经营的自由在当时的体制和政策环境下难以实现。契约关系的确定条件与所有权和经营权相分离的原则要求相差甚远。当然，我们不得不承认，国有企业的资产状况与土地相比有很大的不同，情况要复杂得多。在当时人们的认知条件下，如何对国有资产进行监管确实是一大难题。承包人只有部分经营权。

农村家庭联产承包责任制向人们展示了一个基本的产权模式，即"财产集体所有，个人自主经营"。解决公有财产的出资人与私有的人力资本之间的权力界定和收益分配是这次改革的核心所在。国有企业也是公有的财产所有权与私有的经营权的结合，同样适用这一产权模式，虽然国有企业改革和国有资产监管改革要比土地承包经营复杂得多。这就要求我们研究和探讨公私结合产权模式下的制度创新问题。

其关键在于敢不敢承认国有企业的这一产权模式，敢不敢把人力资本提高到与物质资本同等重要的地位，敢不敢把国有资产委托给代理人及其经营管理团队，敢不敢让人力资本与物质资本共同参与企业剩余的分配。这就需要进一步解放思想、树立新的改革理念、确定新的改革重点、规划新的改革路径、采取新的方式方法等。

"权力的界定是市场交易必不可少的前提"（科斯）。产权制度的改革，决定着企业治理和激励约束机制的改革。由于产权改革没有取得实质性突破，企业治理结构和激励约束机制的改革也并不深入。不改革产权制度，国有企业改革就像是攻城之前的外围战，始终在城外打转。当然，不可否认的是，股权多元化也是产权改革的基础工作之一，但不是产权改革的全部。对国有企业来说，股权多元化并不一定带来机制的改革，而以界定权力为主要内容的产权改革则能够直接触及机制的变革，也必然带来股权多元化和企业效益的提升。

三、小结

本章对40年国有企业的改革历程进行了回顾，试图从过去国有企业改革的脉络中找到国有企业改革进展缓慢的原因，以问题为导向提出了国有企业今后改革的路径和方向。改革分四个阶段，前两个阶段以放权经营、承包经营和建立现代企业制度为主，侧重于国有企业改革；而后两个阶段则以管人、管事、管资产和管资本为主，侧重于国有资产监管改革。以国有企业为主的改革贯穿着国有资产监管改革，同样，以国有资产监管为主的改革也伴随着国有企业改革。但以前的改革好像并没有区分清楚二者的重点和不同。

我指出了之前国有企业改革存在的三个问题，其中核心的问题是以权力界定为主的产权改革的相关问题。对国有企业的定位影响着国有企业的改革方向。不改革行政管理，国有企业市场化改革就是一句空话。市场化改革就是让市场在资源配置中起决定作用，其中最关键的是对人力资源市场化配置的改革，这是国有企业改革的一大难点。

党的十八大以后，国有企业改革进入了攻坚阶段。产权制度改革应是主攻方向，并由此向企业治理和激励机制推进，以达到建立中国特色现代企业制度的目的。国有企业的产权制度改革必须坚持公有制为主体、多种所有制经济共同发展的基本经济制度，必须充分尊重、承认和落实人力资本所有权。目前混合所有制改革取得了进展，但在国有资产出资人代表机构与代理人，以及经营管理代理人与监督控制代理人之间的权力界定还远远不够。也就是说，国有企业改革还没有触及决定性的核心领域。对此，2017 年 4 月 7 日，深圳创新发展研究院在北京发布《中国改革报告 2016》。这个由国内权威专家撰写的报告，以对中国年度改革进展情况给出准确的综合评价而闻名。该报告对 2016 年国有企业改革的评价是，国有企业改革仍然在破局之中，重点环节的改革仍未取得突破性进展。

第三章 产权结构
——国有资产监管和国有企业治理的基础

产权改革即按照社会主义市场经济的原则和要求重新界定权力，是国有企业攻坚改革的核心所在。只要产权改革完成了，攻坚改革就可以说完成了，现代企业制度也就基本定性了。但产权在实际运用过程中，是一个很难阐述的概念，比较常见的是契约。契约是形式，产权是实质。契约可以表现为一部法律、一项制度、一份合同。本章以周其仁教授（2017）"企业是一个物质资本和人力资本的特别市场契约"这一观点为理论基础，论述企业的产权结构。

企业的契约主要有股东协议、出资人代表机构与代理人的契约（包括委托代理协议或代理人聘用协议、企业治理契约）、经营管理代理人与监督控制代理人的契约，以及代理人与员工的契约等。这一系列契约构成了企业完整的制度框架。国有企业的契约种类也是如此，但内容有所不同。

一、股东协议

在企业契约系列中，最基础的契约当属股东协议。股东协议是两个或两个以上"志同道合"的自然人或法人，为了盈利或财富增长而共同出资创建企业，生产某种产品或提供某项服务，规定彼此之间权利和义务的契约（见图3－1）。

从图3－1中可以看出，收益分配是股东协议的出发点和落脚点。一般来讲，股东按出资比例分配红利或转增资本。在责任方面，有限责任公司的股东以其认缴的出资额为限对公司承担责任，股份有限公司的股东以其认购的股份为限对公司承担责任。

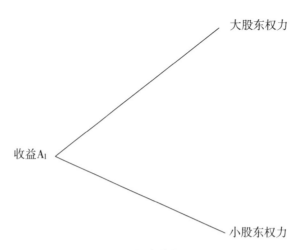

图 3-1　股东的契约结构

　　股东一般围绕着控制企业展开权力博弈。因为控制企业不仅有实际的利益，还有潜在的利益。所以在权力界定方面，如果只是协商，有时候很难达成协议。为了减少交易成本，法律依据就是最好的条款选择。

　　股东的权力因其所占股权比例的大小而有所不同。股东会的表决是按股权多少来决定的，所以股权比例大的股东权力也大，反之则小。如要提议召开股东会，具有超过 1/10 股份的一个大股东就可以提议召开，而小股东必须联合其他股东，具有超过 1/10 的股份才有资格提议召开。

　　因此，一个股东要想控制一个企业，必须保证占有一定的股份比例。一般情况下，股份比例超过 50% 就可以控制企业。但要绝对控股，如要修改企业章程、增加或者减少注册资本，以及合并、分立、解散企业或者变更企业形式，股份比例要超过 66.7%。要控制一个大的企业需要很大一笔资金，单个股东往往实力有限，于是"一致行动人"就出现了，如两个人相互交叉持股。例如，在引进外部投资时，夫妻之间、父母与子女之间、若干个股东之间都可以形成"一致行动人"。

　　我国企业的特点是大股东的地位突出。大股东对建立现代企业制度起着关键作用。国有企业更是如此，国有资产出资人代表机构不仅掌握着国有资本调整布局的权力，而且掌握着国有企业改革方向和内容设计的权力。

（一）股东协议的多样性

我国的基本经济制度是公有制为主体、多种所有制经济共同发展，这决定了我国股东协议具有多样性。我国股东协议归纳起来有三种基本类型（见图 3 -2）。

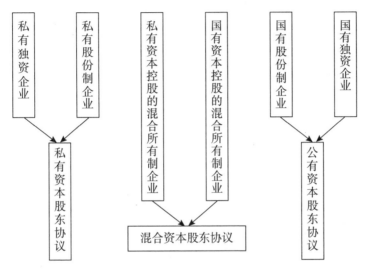

图 3 -2 我国股东协议的三种基本类型

为了讨论方便，我把学校、科研机构、街道、乡镇、村（居委会）独资或控股的企业视同国有企业，因为这些企业属于集体企业，具有公有制性质；把外国独资企业或控股企业视同私有企业。随着我国开放力度的加大，外资企业享受国民待遇的政策将进一步落实。这样，我大致可以将股东协议分为三种：第一种适用于左边的两类企业，归为私有资本股东协议；第二种适用于右边的两类企业，归为公有资本股东协议；中间两类混合所有制企业，应使用混合资本股东协议。这些股东协议可以直接单独创立，也可以不断转型演化。

私有独资企业和国有独资企业是资本组织形式的两个极端，其股东协议的差异最为明显。私有独资企业一般是自己投资、自己经营，股东既是投资者也是经营者，集所有权力于一人，所以基本不需要界定权力。而国有独资企业则不同，投资者是政府，出资人代表机构履行出资人职责。从独资企业筹建之时起，财产所有权和人力资本所有权就是天然分开的，所以其股东协议应当界定国有资产出资人代表机构与代理人之间的权力分配。当然，国有独资企业并没有可以协商的股东，事实上的股东协议并不存在，政府的投资政策或国有资产出资人代表机构的监管政策就成为企业经营的重要依据，但国有资产出资人代表机构的特定权力与代理人的剩余权力是要规定清楚的。而私有独资企业却可以在不违反国家法律的范围内任意"挥洒笔墨"。

私有独资企业可以随着企业规模的不断扩大，不断转型演化为私有股份制企业、私有资本控股的混合所有制企业，也有可能转型为国有资本控股的混合所有制企业。同样，国有独资企业也有可能转型为国有股份制企业、国有资本控股的混合所有制企业，甚至是私有资本控股的混合所有制企业。每一次转型时，股东协议都会有一定的变化或出现新的约定。

但无论企业如何转型演化，股东协议三个部分的主要内容一般不会改变：第一部分是关于出资比例、出资方式以及违约责任等内容，确保企业筹建能够顺利进行；第二部分是股东选择代理人及其成员的权力，即规定推荐董事和监事的权力等；第三部分是如何激励代理人的内容，即激励代理人的原则和方式等。现行的股东协议一般是企业筹建的制度规范，对第一部分，出资比例、出资方式以及违约责任等规定得较为详细，而对第二、第三部分往往一笔带过，以"未尽事宜按《中华人民共和国公司法》的有关规定办理"或"未尽事宜由企业章程另行规定"等表述。我认为，股东协议应就权力界定做原则性规定，作为与代理人协商的基础，待与代理人协商之后，再正式写入企业章程。

（二）股东协议的创新条款

股东协议是企业最基础的制度规范，应当把体现制度先进性的股东理念写入协议，尤其是国有企业更应当如此。我认为，调动和激发人力资本潜能的有关制度，应作为股东协议的特别条款，如与人力资本的分成条款、同股不同权的条款、知识产权的股权规定等。当然，这些也只能是原则性的规定，详细规定可以写入企业章程。

1. 与人力资本的分成条款

这一类条款可能有两种形式。一是与全体员工的分成，这一种比较复杂。

与全体员工分成的基础是企业增加值。一般来讲，企业的增加值由三部分构成，企业净利润、税收（含行政性收费）以及工资总额。其中，税收是政府强制性征收的，企业没有权力规定。这样，全员比例分成就是在企业净利润和工资总额之间确定一个比例关系。当然，在分配时允许企业亏损，但当企业扭亏为盈后应先弥补企业以前年度的亏损，以修复企业的资产。国务院改革国有企业工资决定机制，与企业效益联动确定工资总额，就体现了这种指导思想。但由于企业的情况复杂，需要一个一个核定，工作量大，监督成本高，这一契约很少有企业使用。二是与代理人及其经营管理团队的分成。除基本薪酬外，对绩效薪酬，按净资本增值部分，在股东（物质资本）和代理人及其经营管理团队（人力资本）之间按比例进行分配。员工的薪酬制度由代理人及其经营管理团队制定。这一形式相对比较简单，而且与企业层级管理的权限相吻合。

2. 同股不同权的条款

为了强化代理人在企业经营管理中的地位，同股不同权越来越成为一种趋势。同股不同权又称 AB 股模式，即将股票分为 A、B 两个系列，其中对外部投资者发行的 A 系列普通股每股有 1 票投票权，而管理层持有的 B 系列普通股每股则有多票投票权。公开资料显示，采用 AB 股模式的主要明星科技企业包括美国的 Google（谷歌）、Facebook（脸书）、Groupon（高朋）和 Zynga（星佳），以及中国的阿里巴巴、百度、京东等。但是具体各家又有不一样的地方，如阿里巴巴股权分布非常分散，创始人的持股比例极低，若在香港上市，便难以掌握控制权。为避免在股权被稀释时投票权相应被稀释的风险，阿里巴巴经过长时间权衡，决定放弃在"同股同权"的香港上市，选择在 AB 股权结构的美国上市。正是受此影响，香港证券交易所于 2018 年 2 月 23 日发布了《新兴及创新产业公司上市制度》咨询文件，并于 2018 年 4 月 24 日发布了《新兴及创新产业公司上市制度》咨询意见总结，正式允许拥有不同投票权架构的高增长及创新产业的企业挂牌上市。为什么在现代企业出现同股不同权的股东契约呢？《新兴及创新产业公司上市制度》咨询文件回答了这一问题，那就是"公司价值主要来自或依赖无形的人力资源，每名不同投票权受益人的技能、知识及/或战略方针均对推动公司业务增长有重大贡献"。那么，人力资本如何参与企业治理呢？《新兴及创新产业公司上市制度》咨询文件规定："每名不同投票权受益人必须为个人，并均积极参与业务营运的行政事务，为业务持续增长做出重大贡献；发行人上市时，每名不同投票权受益人必须都是其董事。"这样的规定可以确保企业的经营管理人员充分地行使权利。

3. 知识产权的股权规定

知识产权其实也是人力资本的一种，但相较于代理人的经营管理权，知识产权又具有特殊性。一是知识产权、专有技术等可以作价入股，入股之后的知识产权已经转化为物质资本，与货币资本、土地使用权、实物资本一起按股权比例享有利益分配、重大决策和选择经营者的权利；二是企业可以对具有企业科技研发专利、技术等知识产权的技术人员进行一次性奖励及一定年限的销售利润分成等激励，当然也可以作价入股，入股后形成的股权在企业与科研人员之间分配。对这部分入股的发明专利，股东协议应有约定。

总而言之，在创新驱动发展的今天，激发人力资本的创新创造潜能是十分重要的，并已成为当今世界的潮流。国有企业应在这方面起示范带头作用，在新产业、新业态、新模式、新机制等创新方面走在世界前列。

但如果按照上述创新条款，股东按股权比例分红或转增资本的条款表述就需要做适当调整：对资本增值部分首先按一定比例给代理人及其经营管理团队分成，也就是先在人力资本和物质资本两大要素之间进行分配，然后按股权比例在股东之间分红或向股东转增资本。

（三）股东协议的特别约定

优先股或固定收益股是股东协议的特别条款。这在西欧国家企业的国有股比较常见。在一般情况下，优先股是以放弃经营决策权为前提的，如果没有这一点，优先股不会存在。优先股一般是确定一个保底的收益指标，在企业的实际利润率低于这个保底收益指标或企业亏损时，优先股按保底收益分红；在企业实际利润率高于这个保底的收益指标时，优先股与其他股份一样按企业实际利润率分红。这也是优先股与贷款利息不同的地方。

私有企业也有优先股。不过私有企业的优先股一般是在特殊情况下形成的，如企业遇到重大危机，需要他人帮助，而投资者不愿意参与企业的经营管理决策，这时往往会出现优先股。

二、股东与代理人的契约

股东与代理人的契约就是物质资本与人力资本的市场契约。其基本结构如图 3-3 所示。该图中，收益是契约的出发点和落脚点，而股东和代理人的权力为两翼。

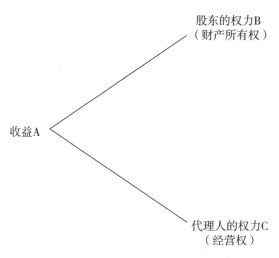

图 3-3　股东与代理人的契约结构

（一）股东与代理人的契约条件

股东与代理人契约成立的条件是参与约束和激励相容。所谓"参与约束"，就是股东和代理人任何一方参与企业经营管理，都必须受到一定条件的约束。对股东的约束是，股东要想实现资本增值最大化，必须满足代理人对薪酬的要求，如股东不能满足代理人的要求，代理人就不会参与企业经营管理。对代理人的约束是，代理人要经营管理企业，就至少要保证股东的资本不贬值，如果代理人不能满足股东的这一条件，股东就不会聘用该代理人，也不会支付代理人要求的基本薪酬。只有双方都答应对方的条件，受到各自承诺的约束，才能达成协议。也就是说，股东满足代理人的条件是支付一定数量的基本薪酬，而代理人满足股东的条件是确保股东的资本不贬值，代理人的基本薪酬与股东的资本不贬值挂钩。无论代理人的薪酬是高还是低，均是双方协商的结果。

所谓"激励相容"，就是在激励股东的同时，代理人也应得到一定的激励。相容也可以说是共享，就是股东和代理人共享资本增值。当资本实现增值时，既不能由股东独享，也不能由代理人独享，应由股东和代理人按一定比例进行分配。这是因为企业剩余是由劳动创造的，而资本为劳动创造提供了物质条件，劳动创造的剩余表现为资本增值。"激励相容"意味着，代理人的绩效薪酬与资本增值挂钩。

将"参与约束"和"激励相容"合起来理解，股东和代理人的契约就是，股东要求资本的"保值 + 增值"，而代理人要求"基本薪酬 + 绩效薪酬"。至于具体的数值和比例，可由双方商定，这就是市场化薪酬。然而，代理人的能力无法事前度量，企业经营可能盈利也可能亏损。盈利情况下股东和代理人契约的处理比较容易，而亏损情况下的处理可能就比较复杂。每个企业都有自己的处理方法。这就是股东与代理人契约的复杂性。

理论上讲，股东与代理人的契约有固定薪酬、定额分配和比例分成三种类型，现行的契约以比例分成为主。但比例分成契约也有不同的形式。对国有企业来讲，"参与约束"和"激励相容"是企业制度的应用创新。要素参与企业剩余分配是马克思主义政治经济学的基本原理，也是我国的既定政策。如果其能在国有企业推广实施，将会极大地调动代理人及其经营管理人员的积极性，也将会极大地提升国有资产的效率。但要在实际工作中将其推广开来，还有许多工作要做。

"参与约束"和"激励相容"还有一层含义，即当企业经营不善时，股东的财产会受损失，资产价格会下跌，股东将承担投资风险；而代理人的薪酬会下降，代理人甚至会被更换或辞退，代理人将承担经营风险。

（二）私有股东的权力

这里所说的权力指的是经营管理事项的权力。一般来讲，按股东的股权比例分配收益是无异议的，但按股权比例分配权力就不一定了。在现代企业中，股东之间商议的事项至少应包括以下四个方面的内容。一是每个股东各自的出资额以及股权比例。二是表决权的界定，是同股同权或是同股不同权。《中华人民共和国公司法》现有的规定是同股同权。股东行权是按股权比例决定的，一般事项应有占有50%以上股权的股东同意方可通过，重要事项必须有占有超过2/3股权的股东同意才可通过。三是谁来经营，即董事、监事如何产生。如是以股权董事为主或是以专家董事为主。四是股东直接行使的权力是什么，如增资减资、合并重组、分立解散、利润分配或弥补亏损等。

私有企业股东的权力要远远超过这四个方面。由于私有企业的经理也是股东，如果他认为有需要商量的重要事项，就会随时召集其他股东商议，往往打一次高尔夫球、在一起吃一顿饭就把事情商量好了，有记录的正式会议反而比较少。

詹森和麦克林就如何控制代理人列出一个简单有效的清单：①把决策权分配给代理人；②创建一个控制体系，用于度量绩效和确定与绩效有关的奖励与惩罚。这为界定股东的权力提供了依据。如果股东的权力界定为上面两条，那是再简单明了不过的了。

股东对企业的控制并不表现在对企业具体经营事务的审批方面，而是表现在对代理人的选择上。股东的主要功能在于挑选一个贤能的管理者，而不是监督一个在职的管理者（张维迎，2015）。因此，股东的权力突出体现为对代理人的选择权，如规定拥有多少股权比例或联合拥有多少股权比例的股东有权推荐董事或监事；拥有多少股权比例的股东有权推荐经营管理代理人，即董事长的人选，或推荐监督控制代理人，即监事长的人选，并制定对代理人激励和监督的有关制度；拥有多少股权比例的股东有权制定企业经营管理的基本规则——企业章程；拥有多少股权比例的股东有权决定企业增资减资、合并重组、分立解散、利润分配或弥补亏损等。股东的监督控制权力则主要由监督控制代理人来体现。

股东与代理人的权力界定，在企业与企业之间可能也有所不同，这就构成了股东与代理人之间不同的契约结构。经营权力的界定变化比较多，而亏损情况下责任的界定、对代理人处罚力度的判定则比较麻烦。麻烦不在于其应该不应该、合理不合理，而在于其受代理人财产数量的限制，相对于股东的损失，处罚只是象征性的，如同蜻蜓点水。这是一个世界性的难题。

（三）国有股东的权力

国有企业的产权结构与私有企业明显不同。过去我们对股东与代理人之间的产权界定完全是按照西方企业理论的思维逻辑来理解的。西方企业理论是以财产私有制为前提的，谁有财产权谁就有经营权，私有的财产权与私有的经营权是天然一体的。直到股权高度分散的现代大型企业出现，所有权和经营权分离理论才产生。虽然如此，股东对企业的监督则与个人利益紧密挂钩。换句话说，股东的监督是"利益驱动型"，这种监督的动力是内生的。国有企业则是以财产公有制为前提的，与天然私有的经营权具有自然的分离性，股东不是与自身利益捆绑的个人，而是一个群体的代表，称为出资人代表机构。国有资产出资人代表机构的监督与其自身的利益没有直接关系，监督企业或监管国有资产只是政府赋予的一种职责。与其他行业监管部门一样，其是"责任驱动型"监督，这种监督的动力则是外在的。

在这种情况下，界定国有资产出资人代表机构的权力就不能用财产私有制的逻辑思维，把财产所有权与经营权紧紧捆绑在一起，而应当遵循以下两个原则。

一是"权力界定到个人"的原则。国有资产出资人代表机构审批程序是按照行政序列进行的，是一种集体行权型决策，从提出初步意见到最终决策定案，中间经过许多人，很难界定清楚谁的责任大、谁的责任小。他们之间的权力是不平等的，职位低的人即使意见正确也未必会被采用，最终形成的意见可能是规避了自己责任的妥协方案。董事、监事就不一样，他们一人一票，权力是平等的。投赞成票的人要对决策负责，而投反对票的可以不负责。最终决策人赞成一个错误的提议，或否决一个正确的提议都是要负责的。所以在股东会之外，国有资产出资人代表机构审批经营事项是不恰当的。

二是"监管有效性"原则。国有资产出资人代表机构身在企业之外，对企业如何发展、投资什么、应不应该收购或转让某一项资产等，并不一定如代理人及其经营管理团队那般研究得透彻；对什么人进入经营管理团队也并不一定比代理人了解。身处企业之外的股东，对重大经营事项的事中监督往往是心有余而力不足，过去管人、管事、管资产的监管模式已经证明了这一点。作为"责任驱动型"监管者,国有资产出资人代表机构审批的事项越多,其责任就越大,代理人卸责的机会就越多,投资失败的责任就越难以界定。但国有资产出资人代表机构作为事后监督者,在事后审计、事后评价上是完全具有权威性的。

因此,国有资产出资人代表机构作为股东的权力应是所有不同所有制企业的股东中最小的,把事前、事中的监督权交给监督控制代理人可能是较优的选择。

制定规则主要有四个方面,一是国有资产的投资监管政策,主要对国有资本的进入、退出、合并重组、目标要求等做出规定;二是企业治理准则或指引,主要是对企业各治理机构的权力进行界定;三是经营绩效的审计核定和激励的有关规定,以及对企业治理如何评价的有关规定等;四是违纪处置的有关规定等。

资本委托者首先解决的问题是国有资产委托给谁的问题,即选择代理人的问题,其次是如何激励代理人和如何监督代理人的问题。

国有资产出资人代表机构选择代理人是其重要职责,要选准、选好关键少数。在选择代理人时,要避免忽视其专业能力。在企业治理层面,忽视代理人的专业能力对提升企业的经营绩效具有较大的负面影响,政治能力与专业能力双优的代理人应是最佳选择。但如果一时难以实现,对经营管理代理人的选择应偏重于专业治理能力,而对监督控制代理人的选择则应偏重于政治治理能力。这种次优选择也是可以考虑的。

考核评价其实有两个方面。一方面是对经营绩效进行考核。国有资产出资人代表机构要成为国有企业的"审计局",通过事后审计确保经营绩效的真实性和合规性。另一方面是对企业治理效果进行评价。国有资产出资人代表机构要成为国有企业的"治理评价局",评价的主要内容是经营和监督工作是否到位,以及治理效率高低。国有资产出资人代表机构虽无权任免其他高级管理人员,但通过对每一个团队成员的客观评价,可以向代理人提出任免的建议,以此帮助代理人聘任合格的经营管理者。

这样界定国有资产出资人代表机构的权力,边界相对清晰。股东的权力界定好了,其他的权力,即剩余权力就是代理人的了。股东与代理人的契约是企业制度的核心。

三、代理人之间的权力界定

在股东与代理人之间的协议确定之后，监督控制代理人与经营管理代理人之间的权力才可以界定。界定的结果就形成了企业治理的基本契约结构（见图 3 - 4）。

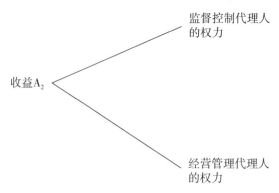

监督控制代理人
的权力

收益A₂

经营管理代理人
的权力

图 3 - 4　企业治理的基本契约结构

按照契约界定法，监督控制代理人享有特定权力。把监督控制代理人的权力界定清楚之后，经营管理代理人的权力就清楚了。阿尔钦和德姆塞茨的团队生产理论对监督控制代理人的权力做了概括性的界定：第一，监督者必须能够占有剩余权益，否则他缺乏监督的积极性；第二，为了保证监督有效率，监督者还必须掌握修改合约条款（制度）以及指挥其他成员的权力，否则他就不能有效地履行职能（张维迎，2015）。这种观点比较适合国有企业，监督者主要防止产权侵占和产权扭曲，所以其对企业的基本制度、"董监高"人选及其薪酬、组织架构、重大经营事项必须有否决的权力，否则监督将是无效率的。其他的权力都可以归经营管理代理人所有。具体的分解事项我将在后面章节中进一步讨论。但为了防止经营管理代理人与监督控制代理人合谋，导致严重的机会主义行为，或者二者严重对立，导致企业无法形成决策意见，国有资产出资人代表机构的监督就是不可缺少的。事后审计和治理评价会形成"螳螂捕蝉，黄雀在后"的效应。

前面已经讲过，国有资产出资人代表机构重在事后监督，那么事前和事中监督的权力就应当授予监督控制代理人，这样就形成了完整的监督体系。事前监督主要是对重要的管理制度、投资方案、经营预算的审核；事中监督主要是对正在实施中的重大经营事项进行专项检查、专项调查、专项审计，及时纠正实施过程中的偏差。

监督控制代理人不能参与具体的经营事务，这是一个重要原则。"指挥其他成员的权力"不能越过经营管理代理人及其团队成员，这涉及监督控制代理人如何把控工作边界的问题。我认为，在这一问题上应把握两个原则：一是监督意见书只能送达董事会或经理层，不可以送到中层及以下；二是对重大的经营事项，如果监督控制代理人与经营管理代理人不能达成一致意见，应上报出资人代表机构裁定或交由临时股东会决议。

代理人分成的资本增值部分，需要在代理人及其经营管理团队成员之间进行分配，具体将根据经营管理成员的绩效考核结果，按岗位和贡献大小来决定每个成员的份额。这样的制度安排，企业之间可能千差万别，但只要有明确的制度即可。

四、代理人与员工的契约

代理人与员工的契约应当是将代理人实现国有资产保值增值的总指标由管理层向员工分解，这种分解就形成了一个授权体系和可操作的经营指标落地路径。但企业是由横向的专业序列和纵向的岗位序列构成的，一种合同解决不了所有问题。就专业序列来讲，至少有行政序列、党务序列、人事序列、财务序列、技术序列、质量检测序列等；就岗位序列来讲，至少有管理序列、营销序列、生产序列、服务序列、研发序列等。各个序列的绩效特征不同，一个序列一种绩效。这就决定了代理人与员工的契约（见图 3-5）的复杂性，保值增值指标在一些序列无法被分解或直接分解。

管理序列的绩效是经营管理层绩效的延续和细化分解，所以整个企业有无利润决定其是否发放绩效薪酬。但也有一种观点，那就是管理序列的绩效指标是 KPI（关键绩效指标）完成情况，无论企业有无利润，只要 KPI 完成，就可以发放绩效薪酬。这种观点有一定道理，但 KPI 中每一项工作价值几何或将来对提升经营绩效有无帮助无法界定。营销序列的绩效是销售额、销售

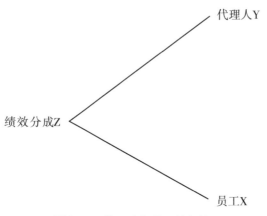

图 3 - 5　代理人与员工的契约

量或销售毛利润，销售提成成为代理人与员工分配的主要依据。同理，生产序列的生产量、服务序列的收入额、营销序列的销售额或利润等都是代理人与相关员工的收益分配依据。

代理人与员工的契约无法单独明确签署，大多是以企业内部管理办法或规定的形式出现。股东协议、股东与代理人的契约是合同的形式，监督控制代理人与经营管理代理人的契约一般在企业章程中规定。这也是代理人与员工的契约和其他契约不同的地方。

代理人分配给员工的收益，无论是业务提成还是绩效薪酬，都是经营管理费用，在核定代理人的绩效薪酬时不能从成本中剔除，如果剔除就虚增了企业的账面利润。

五、企业的两种产权结构

上述四个契约中，股东协议、股东与代理人契约以及代理人之间的契约三者之间具有强关联性，而代理人与员工的契约与它们具有弱关联性。把这四个契约组合在一起，就形成了企业完整的产权集合。德姆塞茨把这个产权集合称为"权力束"。产权要素中的任何一个权力要素，又是一个子集合或一个子权力束，这就为权力界定提供了方法。

（一）企业治理的产权结构

产权是有结构的。我把股东协议、股东与代理人契约以及代理人之间的

契约三个强关联性的契约组合在一起，就构建出企业的治理结构（见图
3－6）。

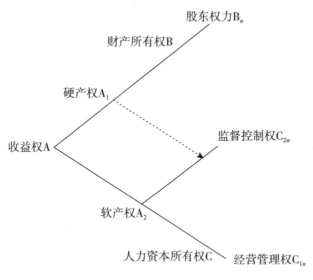

图3－6　治理结构

产权的核心是权力界定，回答权力如何分解、界定给谁的问题。

图3－6中：

AB为财产所有权，即股东的权力，以股东协议的形式进行界定；

AC表示人力资本所有权，这里专指代理人及其团队的权力，即代理人的
权力，包含监督控制代理人与经营管理代理人的权力；

A表示收益权，指企业剩余，可以是利润，也可以是保值增值，AB、AC
相交于A，意思是二者共享企业剩余；

A_1为硬产权，表示AB即股东分配的企业剩余，A_2为软产权，表示AC即
代理人及其管理团队分配的那部分企业剩余；

B_n表示每一个股东的权力，C_{1n}表示经营管理代理人及其管理团队的权
力，C_{2n}表示监督控制代理人及其团队的权力；

图中的虚线，即从AB线到A_2C_{2n}线，表示股东授权给监督控制代理人的
那部分监督权力；

ABC表示的是股东与代理人之间的契约，二者协议的是权力如何划分以

及利益如何分配的问题;

$A_1B_nC_{2n}$表示的是股东之间的契约,即股东协议;

$A_2C_{1n}C_{2n}$表示的是监督控制代理人与经营管理代理人之间的契约,一般在企业章程中规定。

现代企业的产权,随着总权力束向子权力束的递进,呈现出分明的层次。产权结构随着层层分解,可以一直延续下去,直至分解到人。

(二) 代理人与员工的契约结构

把代理人与员工的契约组合在一起,就展现出企业内部的契约结构(见图3-7)。

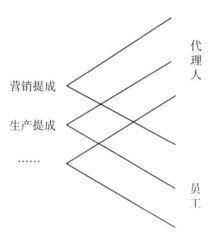

图3-7 企业内部的契约结构

不同的部门具有不同的绩效特征。代理人在与员工进行权力分配时,应根据不同部门的绩效特征,确定分配什么、怎样分配、分配多少等。由于绩效特征不同,分配的依据以及分配方法也不一样。这可能就会出现不同序列之间同级别的员工薪酬不同,甚至差异较大。

代理人与员工之间的经营权力界定,是按照职务序列由高到低逐级进行的,图3-5中ZX线代表的是一个员工序列。这与股东与代理人之间的委托是不同的。因为股东把资产委托给代理人经营,代理人拥有全部的经营管理权,这就为代理人向下授权赋予了绝对的权力。通常授权是按照决策层、执行层和操作层来进行的，但在实际执行中往往针对不同的工作授予不同的权力，直到授权给最基层的员工。

（三）权力再组合

产权需要通过层层分解，从股东、代理人，以及企业内部从经营管理团队成员到一般员工，最终分解到每一个人。但由于企业的治理机构和部门设置要求精简高效，不可能按子权力的数量设置部门、安排员工，在实际工作中权力分解后重新组合就是通常的做法。权力分解和界定是企业治理的重要方面，而权力的重新组合对于企业治理则更为重要。因为权力组合最终决定治理结构。通过分析不难发现，企业治理方面存在的问题往往不是表现在权力分解方面，而是分解后子权力组合出现了错配。美国的企业治理结构之所以是失败的，就是因为权力错配。股权董事和独立董事共同进入董事会，使得决策权和监督权搭配在一起；董事长兼 CEO，决策权、监督权和执行权将进一步集中。这两种权力重合搭配形成了集权的治理模式。虽然美国的董事会也做了一些改进，如独立董事单独开会，董事长和 CEO 回避等，但情况没有从根本上得到改善。德国的企业治理结构之所以较美国先进，是因为其监督权与决策权和执行权是分开的，而决策权、执行权又是组合在一起的。同时，监事会上位，监督权高于决策权和执行权，对规定权力范围内的几项重大事项有否决权，确保了监督的权威性，真正地管住了大局、把准了方向。我国的国有企业治理涉及股东会、董事会、监事会、党委会、经营层等方面，节省治理成本（交易费用）、权力合理组合尤为重要。

六、产权与企业治理

产权理论最重要的作用就是构建企业治理结构，通过分权使得治理结构更能节省交易费用，使企业高效运转。

新古典经济学企业理论并没有明确告诉人们企业到底治理的是什么，而新制度经济学企业理论则明确告诉人们企业治理的重点是组织失灵。有限理性和机会主义，正是组织失灵的两大特征。"一般而言，世间一切风险都可以归纳到交易成本经济学所成立的两大行为假设之下：有限理性和机会主义"

（威廉姆森）。从威廉姆森（2011）提出的组织失灵的框架中可以看出，组织失灵减弱产权的合理配置，形成对产权的侵占或扭曲，而合理、科学分权可以有效地避免此类现象的出现。

有限理性最初是由赫伯特·西蒙（Herbert Simon）提出来的，人们的行为是"内在理性，但仅是有限而已"。他认为，在现实世界中，与需要客观理性行为才能解决的问题相比，人们在认识和解决复杂问题方面的能力是非常弱的。人的理性是有限的。一是由于人们的知识、经验、技能和时间等因素，会提升人们在吸收、存储、处理信息方面的能力，人们不能完全对事项做出准确的决策。就像人们常说的一句话，"每个人都有他的盲区"。一个人即便是"百事通"，也有不知道的事情；一个人本领再强，也有不会的手艺。二是由于问题的复杂性和不确定性太强，人们无法用语言清楚地表达想要表达的意思。这使得人们对他人意图的理解大打折扣。虽然组织可以通过集体行动在一定程度上规避有限理性的缺陷，但人们仍无法摆脱有限理性的客观存在。组织可以在一定程度上克服有限理性，但主要决策人的知识、经验、偏好、性格等会增加有限理性的强度，缺少一定知识和经验的少数人说了算就有可能增加经营的风险和损失。因此，决策者的重要职责就是保证决策的正确性，在复杂和不确定的环境条件下，给执行者一个明确的方向。这与李维安、牛建波"科学的决策不仅是企业的核心，同时是企业治理的核心"这一观点是一致的，即克服和规避有限理性对经营决策影响的有效途径就是确保决策科学、正确。一个正确的决策可能为企业带来不菲的收益，而一个错误的决策可能给企业造成难以估量的损失。这些都会影响股东、经营者以及员工对收益的分配。这就是有限理性对股东、经营者以及员工的产权扭曲。

机会主义行为就是利用信息不对称，或故意隐瞒信息，以欺诈等手段为自己谋取私利的行为，这是典型的产权侵占。机会主义行为的提出源于委托人对代理人，即投资人对经理人的监督。委托人发现代理人并不像说的那么优秀，甚至有的代理人在实际工作中的能力与其自称的能力相差很大，代理人隐瞒了真实能力和水平。在经营活动中，经理人也会乘机谋取私利。工程招标、对外投资、收购、股权转让等是腐败高发的重要环节。部分腐败者是企业的"一把手"。他们争取少数人说了算的决策环境，巧妙地利用"合法程序"外衣的遮掩，暗中进行幕后交易。解决对"一把手"监督和制衡难的问题，是企业治理的重要课题之一。威廉姆森认为，事后的内部审计比外部审计更有优势，对机会主义行为有一定的遏制作用，这也是把事后审计权界定给国有资产出资人代表机构的原因。但事后审计不能从根本上解决问题。现有的审计作用是有限的，况且幕后交易无法完全依靠现有的手段审计出来。克服机会主义行为还必须建立有效的制衡机制，与事后审计相配套。制衡机制的核心就是将"一把手"的权力束在监督者和经营者之间进行分解，实现决策全过程的监督与制衡。这样，再加上事后审计，效果可能更好。

信息阻塞是有限理性和机会主义行为衍生出来的一个问题。信息阻塞现象在事前、事中、事后都会发生，这一切都在人为创造一个少数人决策的条件。事前，当事人会隐瞒不利于自己的真实信息，以争取对自己有利的结果；事中故意不传递完整的信息，故意掩盖经营的失误或增加的成本；事后，道德风险也是信息阻塞的结果。信息阻塞与公开透明的信息披露原则相背离。相对于市场交易，企业在许多方面可以帮助克服信息阻塞。但现在的董事会、监事会、经营层分设，以及党委会嵌入企业治理的四方治理结构，增加了企业内部信息传递的费用和难度。客观的、主观的、制度的、人为的诸多因素混杂在一起，产生信息阻塞的条件充分且它们易被利用。这就需要在治理机制的设计方面，重点解决治理机构之间的信息共享问题和防止人为制造信息阻塞。

有限理性和机会主义行为如同企业组织的"寄生虫"，而信息阻塞则是掩盖有限理性和机会主义行为的手段。企业治理只能有效地克服或避免部分问题，而要更好地解决产权侵占或扭曲的问题，还必须在合理分权、科学行权的基础上强化激励。

七、产权与企业激励

产权结构均以收益为出发点和落脚点。股权与其对应的收益权相匹配，经营权同样与其对应的收益权相匹配，达到股权和经营权的均衡。第一个均衡强调参与的重要性，没有参与就没有交易；第二个均衡是在第一个均衡的基础上实现的，强调"激励相容"的重要性。有了第一个均衡才有第二个均衡，才有了分配企业剩余的前提条件。

人力资本不仅使用自己，而且使用和转化物质资本，所以要提高物质资本的效率，就应当首先考虑什么样的激励方式可以保证代理人的利益最大化。由于股东和代理人都追求各自利益最大化，而代理人实际控制企业，股东要给代理人以充分激励，保证代理人利益最大化。这就需要确保代理人的产权充分得到承认、落实和保护。

（一）运作净资本的大小

企业规模和经理报酬总是正相关。也就是说，企业规模越大，代理人的薪酬越高；企业规模越小，代理人的薪酬越低。那么，企业规模是什么？总资本、净资本、销售规模、总市值等都可以作为衡量企业规模的指标。我认为，企业规模对应的是代理人的基本薪酬，而不是全部薪酬。

一个企业规模的大小，是用一个指标精准评判还是用两个或两个以上指标综合评判，可以研究和讨论，实际工作中也可以根据企业的具体情况而定。但这个指标应当非常直观、清晰，尤其是国有企业更应如此。无论是用一个、两个或两个以上指标，净资本都是不可缺少的，因为只有这个指标是股东给定的，一般不会有虚假，而其他指标可以人为操纵。因此，运作净资本的大小最能体现代理人的劳动量。这就是说，基本薪酬与企业的绩效无关，而与企业规模正相关。

按行政级别核定代理人的基本薪酬是计划经济的思维；按中央企业、地方企业核定代理人的薪酬是一种行政命令。这些做法都没有考虑代理人劳动量的差别，没有尊重代理人产权，这与按劳分配原则是不相符的。

由于 H 型组织和 M 型组织的净资本特别大，其代理人的基本薪酬会核定出很大的数额。而且 H 型组织的企业的资本通过投资，进行了层层分解，或控股，或参股。代理人如果通过投资成了其股东，像这种情况如何核定基本薪酬？例如像中国国家铁路集团有限公司这样的超大型企业，如果完全按照企业规模核定基本工资，代理人的工资将会大大超出人们可接受的程度。对这一问题，我将在后面章节中详细阐述。

（二）经营业绩的多少

长期来看，经营业绩是代理人及其经营管理团队的知识、能力和勤奋程度的综合体现。在一个企业中，对代理人的知识和能力的要求是最高的，所以其薪酬也应是所有员工中最高的。在需要激励的众多对象当中，对代理人的激励是最重要的，因为最有能力的经理是稀缺的，凭借这种能力，他们进入更长的指挥链，影响更大的经营范围。这种扩散效应增加了这些经理们的薪酬。这就是在大企业中高层经理们的平均收益很高的原因。

但代理人是否有过硬的知识和能力，以及其知识和能力在实际工作中运用的程度如何，无法观察和度量。判定一个代理人及其团队成员的知识、能力和勤奋程度，必须要有一个明确的信号（张维迎，2015）。这个信号就是经营业绩。经营业绩必须是一个过硬的指标。也就是说，这个指标不易被人为操纵或捏造。

净利润、企业价值、市场占有率等都是反映一个企业综合性绩效的指标，但这些指标都有一定的缺陷。美国曾经流行以企业价值作为代理人绩效，有些代理人为了获取较高的绩效薪酬，不惜投入大量的资金提升本企业的股票价格。代理人不再注重下功夫抓经营管理来提升主业的效益，而是拿着企业的大量资金，像股票经纪人一样到二级市场去圈钱。长期下来，管理问题越积越多并最终凸显，企业的竞争力也在不知不觉中下降。以销售收入、市场占有率作为绩效指标，伴生的是高投入、高费用，结果收入上去了、占有率上去了，企业反而亏损更多了。这样的案例在实际工作中并不少见。净利润作为考核指标的最大缺陷就是没有考虑现值，这对股东是不公平的。

相比较而言，国有资产保值增值是更恰当的选择。代理人的绩效薪酬与企业规模无关，而与国有企业的经营业绩正相关。这也是中央的政策导向。习近平总书记在2016年10月全国国有企业党的建设工作会议上，提出党的建设工作的三个有利于，其中一条就是"有利于国有资产的保值增值"。李克强总理在2016年11月29日国务院常务会议上也强调，"国有企业首要的职责，就是实现国有资产保值增值。这是衡量国有企业工作优劣的关键！"由此看来，以国有资产的保值增值作为代理人及其团队的绩效考核指标符合中央有关国有企业改革的大思路。

如果在对代理人的绩效进行考核时，不考虑国有资产的保值增值，或者并不把这一指标作为重要指标来考核，那么就不能有效调动代理人及其团队成员的积极性。因为不尊重代理人产权的政策或行为，不符合社会主义市场经济体制的原则和要求。但对把国有资产保值增值作为绩效考核的唯一指标或重要指标，无论是国有企业或是国有资产出资人代表机构都还没有做好准备。

对代理人的绩效考核要严格与工作考核、廉政主体责任考核等区别开来，突出主绩效、从严核数据、确保真激励。

（三）股权激励

上述内容还不能使代理人的利益最大化，还必须让代理人把财产尽可能多地投入到企业中来，与国有资本建立利益共同体，这就是股权激励。国外比较常用的股权激励方法很多，有股权奖励（也称干股赠予）、影子股票（只分红不投票）、股票期权等（张维迎，2014）。国有企业不适合采取比较烦琐的股权激励办法，越简单越好。把绩效薪酬（增值提成）以股权形式兑现，是极简单实用的股权激励办法。

经营权参与对企业增值额的分配，实质上等同于一种股权分配，所以在财产所有权与人力资本所有权平等地参与增值额分配的情况下，企业就没有必要再对代理人及其团队成员进行其他形式的股权激励。为了更好地把代理人的经营业绩与收入激励挂钩，可以把代理人增值额的分成方式由发放现金改为股权兑现。这样做的好处有以下三点。

一是能够把代理人的利益与股东的利益更加紧密地联系在一起。奖励的股权，以后又可以作为硬产权参与物质资本的分配，这样如果企业的绩效能够持续向好，那么代理人的收入也会不断增长，如果企业经营绩效下滑，那么代理人的收入也会随之减少。

二是能够检验代理人以往的经营绩效是否真实。虚假的经营绩效是不可能被长期掩盖的，一旦国有资产出资人代表机构发现国有企业经营绩效虚假，就可以收回或者减少奖给代理人的股权，这样就可以有效地避免代理人的机会主义行为。

三是可以有效地促使代理人兼顾眼前利益和长远利益。在做好当前经营工作的同时，做好对未来的投资和新的增长点培育，注重科技创新。

股权作为绩效薪酬的一种分配形式，与股票期权具有本质的不同。前者是实现式，即增值额已经实现，相当于代理人自己掏钱购买股权；后者是承诺式，即未来可能实现的绩效，为吸引特殊人才加入经营管理团队，而约定给特殊人才在实现承诺的情况下的未来收益，在实际兑现时，因为契约不完全，容易出现争议。

绩效薪酬以股权的形式兑现，还暗含着一个理念，即代理人在国有企业的股权必须依靠自己的真本事去挣，而不是谁有钱谁就能够控制企业。即使是推行混合所有制改革，要求员工持股，也不能说明谁有钱谁控制企业，而是为了提高员工参与企业经营管理的积极性。因此，相较于干股赠予、影子股票、股票期权等股权激励方法而言，绩效薪酬以股权方式兑现既简单又实用，是较适合国有企业的。

绩效薪酬以股权的形式兑现是一种比较好的薪酬形式。一些私有企业实行了"基本薪酬＋股份奖励"的薪酬形式，股份期权与任职时间和实现承诺的目标因素挂钩。其中一个指标完不成，如未到合同规定时间离职或没有完成利润指标，员工都得不到股份期权奖励。

（四）经营权的期限

由于经营权与收益权在很多时候是不同步的，一项正确的决策带来的大量收益是滞后的，而一项错误的决策引发的损失往往也是滞后的，影响甚至多年以后才能呈现出来。这就导致正确的战略决策或战略投资项目在短期内得不到收益，尤其是众多的正确决策形成的综合效力，越往后绩效越好，影响范围越大。所以只有给予长期的任期激励，才能保证代理人树立长远的发展思想，做长远规划，兼顾持续而稳定增长，避免为了短期利益去做投机的事。

在知识的生产、转换以及应用被作为基本品提供时，交易倾向于以长期关系的方式进行，这方面最常见的是雇用契约。对于竞争者和潜在竞争者来说，专有知识的价值是形成长期雇用关系的一个原因。长期契约降低了有价值的知识流向外部的约束成本。周其仁通过对横店集团的研究发现，许多以经营绩效出名的企业，至少有一位出类拔萃的企业领导者在较长时期内保持对企业的控制。这一发现与詹森和麦克林的观点相吻合。不仅是国有企业，民营企业何尝不是这样？

国有企业实际控制人的产生方式与民营企业的不一样。民营企业，包括西方国家的私有制企业和现代股份制企业，其实际控制人多是集创始人、投资者、技术权威、经营管理者于一身。他们在企业团队中的核心地位和威望来自其在企业发展过程中做出了别人无法比拟的贡献，其经营能力和管理水平也是在企业长期发展的实践中得到检验和证实的。美国的亨利·福特、约翰·洛克菲勒、沃伦·巴菲特、比尔·盖茨、史蒂夫·乔布斯、马克·扎克伯格等，中国的任正非、马化腾等，都是如此。而国有企业则不同，其领导是国有资产出资人代表机构委派或推荐的。其中有相当一部分委派的企业领导，尤其是一些地方国有企业的领导，以前没有从事过企业的经营管理工作，缺乏企业经营管理的基本知识和经验，在短时间内很难建立自己的威信。有些领导沿袭行政思维，个别领导甚至专权、专横、专断，所以国有企业长期控制权激励必须建立在培育企业家的基础之上。

长期控制权激励是国有企业的一个短板，因此，建立长期控制权激励制度应当成为国有企业改革的一项重要内容。代理人长期控制企业就能获得长期控制权回报。对企业增值部分的长期分配，以及由此形成的股权再参与物质资本的增值分配，就会使代理人的收入不断增多，代理人就会把经营管理当作自己的事业，由专业到职业。这样的制度安排就会促进我国的职业经理人队伍日益壮大，使其成为中国特色社会主义建设的重要力量和创新发展的主力军。当然，由于国家治理的需要，有个别企业领导可能转到党政领导岗位，但这只是个别现象。这种现象西方国家也有。美国的财政部部长大多出自华尔街。我们不能把这种个别现象当成一种必然的制度安排。

八、小结

完善中国的企业制度，在于重新界定权力。契约是界定权力的有效形式。

我把涉及国有资产监管和国有企业的产权，利用契约的形式分开来阐述，然后重新组合为企业的治理结构和企业内部的组织架构两个主要部分。权力界定遵循财产所有权和人力资本所有权两个基本的产权。拥有财产，拥有知识和技能都能够合法地获得收益。企业作为经济组织，产权的起始点和落脚点是收益权。

一个组织的产权，可以划分为若干个权力束，如人事权、财务权、项目确定权、工作分配权等，每一个权力束又可以被划分为若干个子权力束。把分解的权力分别界定给处在不同岗位，或具有一定职务的人，就形成了职责。产权的分解和界定必须以人为单位，否则权力的界定就没有意义。无论是对于国家还是对于组织而言，权力的分解和界定都是今后需要进一步深入研究的课题。

产权的功能作用主要体现在企业治理结构和激励机制的设计方面。由治理结构扩展到组织架构、岗位职责，延伸到企业的每一个部门、每一个人，从而建立企业层级，推动企业运转。运转的效率又可以回溯到某一个部门和某一个人，从而检验权力界定得是否合理、到位，是否完完全全地得到履行。

产权改革具有协同推进的特征，这是在产权改革中需要重点把握的。但改革的起始点是图 3–6 中的 AB 或 AC，效果可能有所不同。如果 AB 首先发生变化，即股权结构发生变化，那么股东之间的权力格局就会相应作出调整。尤其是第一大股东的变更，就会引发 AC 的变化，相应地，A_2C_{2n}、A_2C_{1n} 也会有调整。但在控股股东不发生变化的情况下，股权结构的变化未必会引发企业治理结构和经营机制的变化，因为控股股东的实际控制力没有发生变化。即便经营机制有所改善，也不会是根本性的。结合实际，混合所有制改革就是 AB 线的变化，即股权结构发生变化，如果不能引发企业治理和激励机制的变革就失去了应有的意义。

相反，改革的起始点是 AC，即首先改革机制，尤其是建立人力资本与物质资本共享企业剩余的机制，之后必然会引发 AB 的变化。因此，改革企业的治理结构和激励机制才是从根本上改革国有企业的路径，效果可能会更好。机制的变化，会对企业的效率和效益产生积极的影响。反过来，依靠企业的效率和效益吸引其他要素，可能更有利于混合所有制改革的推进。进一步讲，

A_2C_{2n}、A_2C_{1n} 哪一个的权力发生变化都会带动另一个的变化。如某一个代理人调整，会引发 AC 的变化，进而影响 AB。现在需要走出这样一个误区：不改变股权结构就无法改革体制机制。明白了这个道理，从 AB 即改变股权结构入手，和从 AC 即企业治理和激励机制入手推进国有企业改革，都是可选择的路径，只不过从 AC 入手可能更直接。

第四章　构建国有资产监管体系

——强化政府监督的着力点

股东和代理人经营职能的分解为建立国有资产监管体系提供了理论依据。股东经营的是自身的财产（股权），即物质资本；而代理人经营的是企业的财产，既包括物质资本，也包括人力资本。物质资本既包括股东投资的股本，也包括各种负债。这就要求股东不能直接而必须通过法人治理间接监督企业的经营活动。2015 年 8 月，《中共中央、国务院关于深化国有企业改革的指导意见》（中发〔2015〕22 号）的中心思想就是为了实现这一监管的转变。这一指导意见要求以管资本为主推进国有资产监管机构职能转变，并指出国有资产监管机构要准确把握依法履行出资人职责的定位，科学界定国有资产出资人监管的边界，建立监管权力清单和责任清单，实现以管企业为主向以管资本为主转变。监管政策的这一重大变化，意味着党政公共监督和国有资产出资人代表机构的监管重点和监管方式也应做出相应调整。

国有资产出资人代表机构监管国有资产的行政职能是与国有企业第一大股东的职责高度重合的。与管人、管事、管资产不同的是，以管资本为主的监管更加强调股东的身份和权力。作为股东监管的到底是什么？是资本还是企业？是代理人的经营行为、经营活动，还是经营的结果？我们一时无法讲清楚。本章的重点并不是如何管理国有资产，那是另一个课题。这里讲的是作为大股东应该做什么、如何做。因此，我们在这一章试图讲清楚三个问题：一是衡量国有企业经营好坏的标准是什么；二是以管资本为主，监管的重点内容是什么；三是如何监管。

一、基本思路

与自然人股东相比，国有资产出资人代表机构至少具有两个方面的特性。

一是国有资产出资人代表机构不是"经济人"，是实质上的"行政人"，这是其基本特性。"经济人"行使的是资本权力，"行政人"行使的是行政权力。"经济人"的议事程序是自下而上的，也就是说，对重大经营事项，一般是由经理层先动议，提出方案或拟定制度，然后按照决策权限，提交董事会决议，或董事会提交股东会决议，最后执行。而"行政人"的议事程序是自上而下的，国有资产出资人代表机构是先制定制度，然后下达给企业执行。对企业报送的审批经营事项，在机构内部按管理层级层层审核，直到最高层签字审批方可。国有资产监督管理委员会是政府的特设机构，财政部门更是名副其实的行政机关，是政府组成部门。它们的权力是政府赋予的，不是自然形成的。从表面上看，它们是资本的代表，行使的是资本权力。其实是集资本权力与行政权力于一身，而且行政权力大于资本权力。

二是"行政人"的身份决定了其监管不是利益驱动型，而是责任驱动型。企业绩效与国有资产出资人代表机构工作人员的薪酬激励无关。国有资产出资人代表机构工作人员的薪酬福利待遇比照行政机关发放，按行政职务序列核定。这是其与自然人股东的最大区别。自然人股东最关心的就是企业绩效，利益驱动决定了其监督动力是内生的。自然人股东会尽一切努力去改变影响企业绩效的因素和障碍，包括辞退不称职的高管，甚至最后会"用脚投票"。

责任驱动型监管的出发点是"不出事"。这会导致国有资产出资人代表机构不像自然人股东那样自始至终地关注企业的利润。在监管过程中，国有资产出资人代表机构往往会在不经意间把企业的经营绩效转换为自己的监管目标，甚至会把企业的工作完成情况错当企业的经营绩效。与利益驱动型监管相比，责任驱动型监管有时候会主动帮企业掩盖矛盾和问题，至少不会主动去发现和揭示企业的问题，因此，有责任而没有利益、不作为的现象会出现。上级没有明文规定的事项不办，上级过去规定不准办的事项，虽然有新的规定出台，但没有明确原来规定废止的，也不会办，更谈不上主动进行制度创新。监管的导向与企业创新组织的特性并不完全一致。

为了防止国有资产出资人代表机构不作为、不担当，越位、缺位等，必须在规范国有资产出资人代表机构监管、界定国有资产出资人代表机构监管边界的同时，强化对国有资产出资人代表机构的党政公共监督，形成"党政公共监督—国有资产出资人代表机构监管—企业内部制衡"的国有资产监管体系（见图4－1）。在这个体系中，党政公共监督和国有资产出资人代表机构监管形成了企业外部监督，监督控制代理人和经营管理代理人形成了企业内部制衡，意图实现强化政府监督、规范出资人监管和优化企业内部制衡的统一。

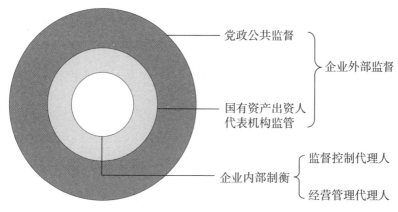

图4－1 国有资产监管体系

图4－1由三个相套的圆组成，三者之间大圆涵盖小圆，表示监督体系具有涵盖关系，即党政公共监督可以涵盖国有资产出资人代表机构监管和企业内部制衡，国有资产出资人代表机构监管涵盖企业内部制衡。三个圆互不交集，说明三者之间不具有直接的利益分配关系。这与企业治理结构以及企业内部以收益为出发点的契约关系性质完全不同。

国有资产监管体系具有递进监督的特征。在企业外部，党政公共监督对国有资产出资人代表机构监管形成了制约，国有资产出资人代表机构监管对企业内部制衡形成了制约；在企业内部，监督控制代理人对经营管理代理人形成了制衡。这种递进体系有利于减少对企业的多头监管，监督责任分明、边界清晰，不仅监督了企业，也监督了国有资产出资人代表机构，实现了监督全覆盖，而且合理界定了监督边界，保证监督制衡有效。从这个意义上讲，可以把国有资产这一监管体系称为分权监管模式。

下面，我将重点阐述党政公共监督和国有资产出资人代表机构监管两个方面的内容，企业内部制衡的有关内容我将在后面章节中详细论述。

关于国有资产出资人代表机构是外部监督者的定位，还可以借用治理结构（图3-6）进一步说明。由于国有资产出资人代表机构本身不参与企业剩余分配，权力AB（收益权—财产所有权）不可能与权力AC（收益权—人力资本所有权）相交于A，所以才有了图4-1。国有资产出资人代表机构处在企业的外围，只能是外部监督者。党政公共监督部门又在国有资产出资人代表机构的外围，因此也是外部监督者。这就意味着党政公共监督部门无法像自然人股东那样行使较多的经营权力。在管人、管事、管资产时期，国有资产出资人代表机构的权力达到顶峰，监管的效果反而不理想。这就是说，需要创建国有资产出资人代表机构监管体系，把更多的经营和监督的权力交给代理人，外部监督者则保留有效、关键的监督权力。

那么，在党政公共监督部门、国有资产出资人代表机构以及代理人之间的权力如何界定呢？按照产权界定方法以及由外到内的顺序，首先是党政公共监督部门与国有资产出资人代表机构之间的权力界定，党政公共监督部门享有特定权力，国有资产出资人代表机构享有剩余权力；其次是国有资产出资人代表机构与代理人之间的权力界定，国有资产出资人代表机构享有特定权力，代理人享有剩余权力；最后是代理人之间的权力界定，监督控制代理人享有特定权力，而经营管理代理人享有剩余权力。

其中，国有资产出资人代表机构与代理人之间的权力界定是分权监管模式的核心，也是以管资本为主的监管改革能否成功的关键。在分权监管模式中，国有资产出资人代表机构与代理人签订委托代理协议。由此，国有资产监管和国有企业的经营管理之间就划出了一条清晰的边界。国有资产出资人代表机构是国有资产所有者的代表，不是企业的所有者，更不是企业的经营管理者。企业内部的一切经营管理权应属代理人所有。

国有资产出资人代表机构外部监督者的定位、责任驱动型监管的特征，决定了国有资产出资人代表机构是规则制定者、资产委托者和结果评判者。按照资本运营的内在逻辑制定监管政策，选择代理人、激励代理人和监督代理人，审计经营成果、评价代理人的经营能力，进行监管处置等构成国有资产出资人代表机构监管的主要工作内容。

首先，要制定监管政策，要明确国有资本投资的范围和领域是什么，目标是什么；监管政策也可以说是国有资本出资人代表机构向市场发出的邀约，有愿意与国有资本合作的，有愿意竞聘代理人和经营管理团队的，都可以参与进来。监管政策与《中华人民共和国公司法》一样，是制定企业章程的重要依据。

其次，要选择代理人、激励代理人和监督代理人。例如，明确对代理人的要求是什么，并把国有资产委托给经营管理代理人经营，委托监督控制代理人实施监督；对代理人如何激励，对不称职的代理人如何处罚；等等。

再次，要对一定时期的经营成果，包括资产质量进行审计，验证经营成果的真实性和合规性。对代理人的经营管理能力、水平以及勤勉程度等进行评价，优胜劣汰，以确保贤能的代理人经营企业。

最后，要进行监管处置。根据审计评价的结果，一方面要对责任进行追究处罚，对多拿的或不该拿的各种薪酬要清算退回，对少拿的要予以补足，对贪污腐败的要移交司法；另一方面要对国有资本是继续持股，还是合并重组，或是退出，以及变更代理人、完善制度等进行决策。

根据上面的分析，可以把国有资产出资人代表机构的特定权力界定为四项，即监管政策制定权、国有资产委托权（代理人选择权）、审计评价权、监管处置权。对这四项权力的有效行使就构成了国有资产监管体系的核心要素。

党政公共监督的特定权力，包括审计部门的经济责任审计、纪检监察巡视两个方面，以及与之对应的处置权。虽然党政公共监督的重点应是国有资产出资人代表机构，但党政公共监督完全可以对国有资产出资人代表机构、经营管理代理人、监督控制代理人进行全方位的综合监督评价。

这样界定权力，国有资产出资人代表机构监管和党政公共监督在国有资产监管体系中的边界就比较清晰了。如果国有资产出资人代表机构跨过企业的边界，去做应由代理人做的事，去进行应由企业董事会进行的决策，就是一种越位的行为。同样的道理，如果党政公共监督部门去做应由国有资产出资人代表机构做的事，也是一种越位行为。相反，如果应由国有资产出资人代表机构做的事而其不去做，则是一种缺位的行为。另外，如董事会做的决定有损股东利益，国有资产出资人代表机构不去监督纠正，就是不作为。同样，如果国有企业出现的问题是国有资产出资人代表机构监管不到位导致的，经济责任审计或纪检监察巡视只追究代理人的责任而不追究国有资产出资人代表机构的责任，也是一种不负责任的行为。

国有资产出资人代表机构监管和党政公共监督构成了强大的外部监管力量，强化了监管优势。过去在国有企业监督方面出现的问题，主要是权力界定不清晰、监督不到位。事前的政策制定、事后的审计评价和监管处置等，每一个环节都非常重要，应当严格执行。如果有一个环节出问题或不到位，就会影响监督的整体效果。

这里需要特别提出的是，行业监管部门也是外部监管的重要组成部分，但行业监管与国有资产出资人代表机构监管的边界难以界定清楚。现实的情况是，行业监管侧重于防范经营风险和确保经营的合规性，而国有资产出资人代表机构监管的重点似乎是国有资本运行效率和效益，党政公共监督对出资人代表机构和行业监管部门都应具有监督职能。当前需要解决的问题是，党政公共监督、国有资产出资人代表机构监管、行业监管都针对的是企业，而对国有资产出资人代表机构和行业监管部门的问题无人问津，导致专业素养缺失，越位、缺位监督，重复监督等情况出现。

在整个监督链条中，国有资产出资人代表机构处于关键的中间环节，是资本权力与行政权力紧密结合的产物。这就决定了其对国有资产监管是一把"双刃剑"。一方面，其监督具有权威性、有效性。这与"赶大集"一样的股东大会相比具有明显的优越性。国有资产出资人代表机构利用资本权力与行政权力的双重力量，能够确保监督有效、处置到位。另一方面，如果死搬教条，监督越位、缺位，对国有资本运行效率的不利影响可能更大，对代理人积极性的杀伤力可能更强，对国有企业改革的破坏性可能更强。因此，必须确保国有资产监管的大方向正确、主目标明确、正能量凸显。

二、衡量监管好坏的标准

我主张衡量国有资产监管好坏的标准是国有资产保值增值程度。这本不是一个问题，投资企业就是为了赚钱，私有资本和外商资本不需要探讨这个问题，但国有资产必须要说清楚。因为对国有资产的要求太多，已经给国有资产监管者和经营者带来了无所适从的困境。

我曾听到的一种说法是，每年政府的财政收入那么多，还需要国有企业赚那么一点钱吗？这些人没有从市场经济条件下国家治理体系建设的大局思考问题，仍然用行政思维看待企业经营，认为企业也应当把行政目标当成自己的经营目标。国有企业治理是国家治理体系的重要组成部分，它不仅与党政机关的治理不同，而且与科研院所、学校、医疗机构等的治理不同。这里最大的区别就是组织的绩效特征不同。

还有人把国有企业的使命职责与资产增值对立起来，强调完成使命职责和实现资产增值二者只能取其一，要使命职责就不能要资产增值，要资产增值就不能要使命职责。政府在用国有资产创建企业时，都是首先明确企业的使命职责，例如，设立银行就是为了支持实体经济发展，不能因为支持实体经济发展就不讲究资产的效率和效益。代理人的任务就是把使命、行动和绩效有机统一起来，在使命职责既定的前提下实现国有资产的保值增值。当然，这比私有企业、外商企业单纯以盈利为目的的经营要困难一些，这就要求国有企业的代理人具备更高的能力素质，监管部门应给予更高的激励。如果一个代理人不去履行政府赋予国有企业的使命职责，那就不是激励不激励的问题，而是聘任不聘任的问题。如果一个代理人很好地履行了国有企业的使命职责，而不能使企业盈利，那是他能力有问题，可以将其调整到其他岗位。

以资产保值增值作为主要考核指标也会遇到来自国有企业代理人的阻力。这不仅因为实现真正盈利难度较大，还因为企业的代理人是行政任命而不是依靠市场竞争选择的。自然垄断性企业的经营难度会小一些，竞争性企业的经营难度会大一些；自然垄断性企业盈利会容易一些，公益性企业盈利就困难得多。如果是通过市场竞争来选聘代理人，这种阻力可能就会少很多。但如果不用保值增值这一硬指标来衡量，就无法获得代理人的能力水平和勤勉程度的真实信息，对代理人无论是行政任命或是市场选聘都缺少必要的依据。

我主张用是否实现保值增值作为衡量国有资产监管好坏的主要依据，不仅因为国有企业是政府的财富仓库，放在仓库里的东西不能贬值，还因为这是以管资本为主的监管的要求。管资本与管企业是两个不同的概念。管资本主要是侧重国有资本投资进入哪个行业、哪个企业，退出哪个行业、哪个企业，这就是我讲的调整国有经济布局。成立国有资本投资、运营企业的目的就在这里。这是股东的事情，不是企业经营者的事情。国有资本退出了，买家进来成为新股东，企业照常经营运作。因此，决定国有资本进入、持有、退出的依据是企业的保值增值情况，而不仅是其所处的行业和产业。如果国有资产控制的企业一直亏损，如何说这个企业具有竞争力和控制力？

用是否实现保值增值作为衡量国有资产监管好坏的依据，意味着国有资产出资人代表机构不能把主要精力用在审批具体的经营事项上，而应用在事后的审计和评价方面，从而为国有资本的投入、持有、退出寻找依据。这就是前面所讲的为国有资产出资人代表机构界定四项权力的原因。

要实现管资本为主的监管，国有资产出资人代表机构还需要实现几个转变，即转变国有资产经营机制、转变监管模式、调整监管重点、转变监管方式等。

三、转变国有资产经营机制

为适应由管企业向管资本的转变，国有资产经营机制也应当转变。按照股东和代理人经营职能分解的理论，经营机制也应从"放权经营"转变为"委托经营"。

对国有企业来说，经营机制解决的核心问题是代理人的自主权到底有多大。按照产权界定方法，经营权应完全在代理人一方。但问题在于，目前的改革并没有做到这一点。虽然国有资产经营机制随着改革的深入在做相应调整，但与国有企业的要求似乎还有一定的差距。到目前为止，国有资产经营机制大致经历了"放权经营""承包经营""授权经营"三个阶段，但这三个阶段都只是给予了代理人部分的经营权，虽然给予的权力在逐步扩大，但并没有达到最理想的状态。

"放权经营"是改革初期确定的经营机制。当中国开启波澜壮阔的改革开放时，中国的改革设计者们开始寻找破解高度集中的计划经济体制弊端的方法和路径，以提升国有企业效率。搜寻的范围首先锁定在东欧的社会主义国家。当时，中国曾派出考察团到波兰人民共和国、匈牙利人民共和国、南斯拉夫社会主义联邦共和国等东欧社会主义国家学习考察，借鉴了这些国家"市场社会主义"改革的做法（吴敬琏、马国川，2016），提出了"政企分开、放权让利"国有企业改革方案，由此确立了"放权经营"的经营机制。在当时的政策环境下，这一改革并没有改变国有企业"国有政营"，即"国家所有，政府经营"的经营体制，给经营者下放的权力极其有限。企业经营者的收入按行政级别核定，与企业规模和经营绩效没有关系。这就决定了"放权经营"不会取得成功。虽然国有企业改革本身取得了不俗的进展，但整个经济没有太大改善，至少从常规的短期宏观指标来看确实如此。相反，由于企业如今能够保留一部分利润支撑生产投入和职工薪酬，政府税收因此减少（科斯、王宁，2012）。

"承包经营"是我国首次把所有权与经营权相分离理论运用于国有企业改革实践，目的是把经营权真正交给企业，理顺企业所有者、经营者和生产者的关系。党的十三大报告指出，"目前实行的承包、租赁等多种形式的经营责任制，是实行两权分离的有益探索，应当在实践中不断改革和完善"。当时中国的学者也发表了许多文章，阐述两权分离的必要性和对改革的重要意义。承包经营责任制在当时推进的速度很快，工业承包经营合同每个月都在翻新，不同的地方合约也截然不同（张五常，2000）。这充分印证了当时中国改革的推进力度。1988 年国务院发布的《全民所有制工业企业承包经营责任制暂行条例》，无疑是对当时情况的指导和规范。

"承包经营"比"放权经营"前进了一大步。一是承包者的经营权比之前大了许多；二是引入了契约管理的概念。但"承包经营"确立的是国家与企业之间的关系，而不是政府与承包人及其经营管理团队之间的关系。责任主体是政府和企业，从产权角度讲是"虚拟甲"对"虚拟乙"，企业剩余也是在政府与企业之间按照"包死基数、确保上交、超收多留、欠收自补"的原则进行分配。企业经营者的收入并不完全与企业规模和经营绩效挂钩，所有权和经营权相分离应有的实质内容在改革的过程中并没有充分体现。因此，"承包经营"只使一小部分企业取得了成绩，但大部分国有企业改革并不成功，而且由于契约的漏洞和缺陷，在承包经营期间还出现了承包者挥霍国家财产的情况，存在贪污腐化等不正之风。

"授权经营"的经营机制伴随着建立现代企业制度而产生，经历了管资产与管人、管事相结合的时期，党的十八大以来，国有资产出资人代表机构对国有企业的授权范围逐步扩大。2019年《关于印发〈国务院国资委授权放权清单（2019年版）〉的通知》发布，赋予国有企业四大类35项权利，企业的经营自主权进一步扩大。但"授权经营"机制仍然是资产所有权决定其他一切权力的逻辑思维，并没有贯彻股东和国有企业代理人经营职能分解的理念，在一些方面仍然束缚着国有企业代理人的手脚。

按照产权方法，代理人应享有剩余经营权，现实情况却与之相反，即国有资产出资人代表机构享有剩余经营权，国有企业代理人的经营权仍然受到诸多限制。就"放权经营""承包经营"和"授权经营"三者比较而言，虽然给予代理人的经营权逐渐增多，但还没有将经营的所有权力赋予代理人。这样做的结果是，一方面代理人的权力得不到全面保障，自主权受到了侵蚀；另一方面"国家利益在管理层中得不到清楚地反映或有效代表"（艾哲明、李睿、郭沛源等，2018）。经营机制还需要随着产权制度的改革进一步强化。

"委托经营"是我国当下落实的以管资本为主的国有资产经营机制。这一经营机制基于两个无法改变的现实：一是在企业要素中，人力资本运作物质资本，物质资本的效率是人力资本运作的结果；二是人力资本具有天然的私有性，只有充分激励、充分放权才能促使其潜能发挥到最佳。攻坚阶段的改革，国有企业的经营机制应当一步到位。"委托经营"符合资本社会化、经营专业化、代理人职业化的现代企业发展趋势。公有制是资本社会化的最高形式，对国有资产实行委托经营并不是什么发明创造，只是回归到资本的所有权与经营权相分离的本原。

"委托经营"需要国有资产出资人代表机构与代理人签订委托代理协议，界定二者各自的权力。按照产权方法，委托人享有特定权力，而代理人享有剩余权力，二者共同享有企业剩余分配。这里需要解决的问题是，在混合所有制企业，国有资产出资人代表机构是否有权力与代理人签订委托代理协议？我认为是可以的。虽然代理人管理和经营的是包括其他投资人的财产在内的整个企业资产，但国有资产占其中的大部分。因此，国有资产出资人代表机构完全可以在与其他股东协商一致的情况下，代表全体股东与代理人签订协议，这是其一。其二，按照中国通常的做法，作为唯一股东或最大股东，国有资产出资人代表机构往往有权力聘任或推荐代理人，由其与代理人签订协议，可以与其聘任或推荐的责任一致，做到责任明确，便于追究。

　　总之，从产权的角度讲，"授权经营"总会有权力授予的多与少、合适与否的问题，权力与责任难以界定清楚。"委托经营"把经营权全部给了代理人，经营业绩的好坏都由代理人负责。"委托经营"可以让国有企业具有与私有企业一样灵活的机制，而且可能会更加规范。只有这样，国有企业才能真正走进市场，成为真正的市场主体，参与国际国内的竞争。

四、创建新的监管模式

　　随着国有资产经营机制的转变，国有企业的监管模式也要随之调整。到目前为止，国有企业大致经历了两种监管模式：一是过去30多年实行的以管企业为主的多部门监管模式，可以称为"九龙治水"监管模式；二是目前正在搭建的层级监管模式。国有资产出资人代表机构—国有资本投资、运营企业—国有独资或控股的实体企业，构成三个监管层级。"九龙治水"监管模式肯定不适合当前以管资本为主的要求，而层级监管模式也并没有从根本上解决问题，因为国有资产出资人代表机构对国有资本投资、运营企业的监管与现在对国有企业的直接监管并没有太大的区别。因此，我建议采用分权监管模式，也可称为内外监管模式。

（一）"九龙治水"监管模式

　　"九龙治水"监管模式的特点是多头监管、审批为主。在这种监管模式中，政府有关部门根据各自的分工，分别履行职责。其中，国有资产出资人代表机构主要是审批对外投资、股权转让、债券融资，主导重组合并，任命组织部门管理之外的企业高级管理人员，审批薪酬和职务支出等；组织部门主要是考察任命企业的董事长、党委书记、监事长、总经理，进行个人财产申报和纪律管理等；纪委主要是监督企业的主要负责人和进行政治巡视等；审计部门主要是对企业主要负责人进行经济责任审计以及对国有资产使用情况进行审计等；财政部门履行金融企业出资人的监管职责，管理国有资产经营预算等；行业监管部门，如中国银行保险监督管理委员会（简称银保监会）主要是进行业务合规性监督，层层审批总、分、支机构，审批产品、"董监高"等高级管理人员的资格认证等；党工委主要是指导、推动、检查企业的党建、纪检工作，安排布置政治学习、党建考核、廉政考核等；工会主要是指导企业工会建设、召开职工代表大会、发放职工福利等；劳动和社会保障部门主要是核定国有企业的薪酬标准等。相比较而言，对国有企业经营管理影响极大的当属国有资产出资人代表机构、组织部门以及行业监管部门等。

与世界上许多其他国家只由出资人代表机构一家集中监管的企业相比，中国的国有企业面临着复杂的监管体系。给企业的感觉是，在中央高层吹响新时代号角的今天，它们却还在唱着过去古老的歌谣。审批仍然是监管的主要手段。在这种情况下，虽然参与监管的部门多、监管的成本高，但监管的效果并不理想。国有企业的效益指标低于其他所有制企业，国有企业的净资产收益率大约相当于外资企业的1/2、私有企业的1/3（张文魁，2017）。国有企业仍然存在一些亟待解决的突出矛盾和问题，一些企业市场主体地位尚未真正确立，现代企业制度还不健全，国有资产监管体制有待完善，国有资本运行效率需进一步提高；一些企业管理混乱，内部人控制、利益输送、国有资产流失等问题突出，国有企业办社会职能和历史遗留问题还未完全解决。为此，国务院发展研究中心企业研究所副所长张文魁（2017）建议"去监管，行股权"。

（二）层级监管模式

这是目前国有企业改革正在打造的监管模式。2015 年 8 月《中共中央、国务院关于深化国有企业改革的指导意见》（中发〔2015〕22 号）颁布以后，国有企业改革在向加速建立新的监管模式努力。"国有资产出资人代表机构—国有资本投资、运营企业—国有独资、控股企业"成为正在建立的监管新模式。在这个模式中有两个重点性的工作：一是混合所有制改革，引进战略投资、私有资本、外商资本以及员工个人资本，投资国有独资企业，把国有独资企业改造成股份有限或有限责任公司；二是成立国有资本投资、运营企业，把混合所有制改革后的国有股权划给这两类企业持有，使其成为混合所有制企业的股东，并以股东的身份参与企业治理。这种模式的核心是在政府与市场化企业之间建立一道"防火墙"（马骏、张文魁，2015）。但这并没有解决党政公共监督、国有资产出资人代表机构监管和国有资本投资、运营企业之间的治理关系问题。因此，我认为，这仍不是国有企业监管的终极模式，理由有三。

一是混合所有制改革是否"一混就灵"尚不明确。前中国建材集团董事长宋志平（2019）认为，混合所有制改革不会"一混就灵"，也不是"一混了之"，关键是改变机制。进行混合所有制改革之后，国有资本在企业中仍然占绝对控股或相对控股的地位，企业机制得不到根本转变，照样不会达到我们预想的效果。为此，他主张围绕"完善治理、强化激励、突出主业、提高效益"的要求，扎实、深入、细致地改革体制机制，确保企业充分市场化。

二是国有资本投资、运营企业能否起到"防火墙"的作用尚不明确。设立国有资本投资、运营企业是为了在行政化的监管部门和市场化的企业之间建立一道"防火墙"，阻断政府与企业之间的联系，这显然是不现实的。如果国有资本投资、运营企业是国有独资或控股企业，国有资产出资人代表机构仍有可能按以前的方式监管，行政性审批仍将会是主要的监管手段。为了与上级保持一致，资本投资、运营企业就会把这一做法直接地或变通地移植到混合所有制企业，"防火墙"就会失灵。对此，中国社会科学院工业经济研究所袁惊柱（2019）认为，国有企业混合所有制改革如果不能实现企业去行政化管理，则不能保障国有企业成为真正的市场经营主体，相当一部分进行混合所有制改革后的企业的决策与经营行为不会发生根本性改变。他主张从法律和政策方面解决这一问题。

三是在此模式下，"授权经营"是国有资产经营机制，国有资产出资人代表机构将按照不同的层级授予不同的经营权，但按照产权方法，"授权经营"

意味着代理人只被授予特定权力，而剩余权力仍归国有资产出资人代表机构所有。这与"科学界定国有资产出资人监管的边界"的要求相悖，因为"科学界定国有资产出资人监管的边界"意味着，国有资产出资人代表机构享有特定权力，而代理人享有剩余权力。只有这样，才能保证代理人能够自主运作企业资本。

鉴于以上分析，我认为，层级监管模式能否达到预想的效果还有待观察。

（三）分权监管模式

层级监管与其说是一种监管模式，倒不如说是国有资产经营体制或层级经营体系更为合适。而且，建"防火墙"这一说法并不恰当，不是攻坚应有的态度。建立一种合适的国有资产监管模式，要从分析、比较管资本和管企业之间的区别入手。

首先，出资人身份不同。以管企业为主的监管，国有资产出资人代表机构行使的是行政权力；而以管资本为主的监管则要求监管者以股东身份行使资本权力。国有资产出资人代表机构不仅要有国有资产出资人之名，更要行出资人当行之事。

其次，国有资产的作用不同。以管企业为主的监管，意味着国有资本长期占有企业，国有企业的生存是主要的，而国有资本的流动是次要的。以管资本为主的监管，意味着国有资本不一定长期控制某一企业，合并重组、择机退出以及长期控制都是国有资本的可能选项，灵活进退、合理流动将成为国有资本的常态。

最后，追求的目标不同。以管企业为主的监管追求的目标是企业做大做强；以管资本为主的监管注重的则是国有资本运行效率和效益。高质量发展将成为国有企业的新常态。这就意味着国有资产出资人代表机构的监管重点和监管方式都需要发生根本性转变。

从以管企业为主到以管资本为主，这一转换要求国有资产出资人代表机构置身于企业之外，以此有别于企业治理。产权就成为区分外部监督与内部治理的重要工具。因此，我提出以界定产权为主的国有企业分权监管模式。这里所说的分权监管模式，指的是以国有资产出资人代表机构为主的企业外部监督和以代理人内部权力制衡为主的企业治理相结合的监管模式。

国有资产出资人代表机构的外部监督，以国有资本运行质量、效率和效益为重点，以资本流动和代理人替换为手段，以国有资产保值增值为目标。企业治理则以打造企业核心竞争力为重点，以科学决策、有效制衡为手段，以企业资产保值增值为目标。这样一来，监管的重点虽各有侧重，但目标一致。而且在混合所有制企业，国有资产的目标与非公有资产的目标也达到了有机统一，有了结合的基础。

五、调整监管重点

过去40多年的改革，国有资产监管最主要的成效是对国有企业的"抓大放小"和对大中型企业的合并重组。这两项工作使得国有资本的布局结构得到一定程度的优化。不足之处在于：国有企业的效率和效益与私有企业、外资企业相比，差距没有明显缩小；政府监督缺位与企业治理不到位同时存在，虚假绩效没有得到有效治理；激励机制缺乏，多劳多得分配原则没有得到充分体现。查阅2004年到2012年党的十八大召开前夕的9年间国有资产出资人代表机构监管的相关规章制度，发现其主要有四类：一是战略规划管理类；二是股权转让、对外投资以及合并重组类；三是薪酬管理与绩效评价类；四是企业领导人管理类。马骏、张文魁（2015）对这一阶段的制度进行了分析。他们认为，国有资产出资人代表机构以股东的身份对企业进行监管，但并没有按照《中华人民共和国公司法》的有关规定全面地履行股东的职责。其具体做法是把战略规划作为监管企业的主要手段；用行政性审批监管股权转让、对外投资以及合并重组等；用行政审批实施薪酬管理；用行政性任命管理企业高级管理人员。从制度制定的依据和原则来看，这些监管措施没有以产权为依据，没有以交易费用来度量，现在回过头来看，效果并不理想。因此，国有资产出资人代表机构应当加快调整监管重点，具体来说就是由以战略规划为主要监管工具转向以产权为主要监管工具，由以经营目标为衡量经营好坏的依据转向以国有资产保值增值为衡量依据，由任命推荐高管转向对企业治理的动态评价，由审批高管薪酬转向监管国有资产保值增值与企业全员薪酬总额联动机制，工作重心由推动混合所有制改革转向促进企业自主改革创新机制。

（一）由以战略规划为主要监管工具转向以产权为主要监管工具

目前，国有资产出资人代表机构把战略规划作为监管企业的重要工具。2004—2005 年，中央及地方国有资产出资人代表机构分别制定了国有企业战略规划的管理办法，要求国有企业制定 3 ~ 5 年中期发展规划和 10 年远景规划，以指导国有企业的改革和发展，要求国有企业明确相应机构，建立战略规划制定的工作制度。其中对战略的内容做了统一的规定，包括现状与发展环境（国有企业基本情况、发展环境分析和竞争力分析等），发展战略与指导思想，发展目标，三年发展、调整重点与实施计划，规划实施的保障措施等。国有资产出资人代表机构组织专家或专业咨询机构进行审核，并及时反馈给国有企业进行修改完善。国有独资企业应当根据国资委的审核意见，对企业发展战略和规划进行修订；国有控股、国有参股企业中国资委派出的股东代表、董事，应当在企业股东会或董事会上充分表述国有资产出资人代表机构对企业发展战略和规划的审核意见。要求国有企业修改后的发展规划或战略报国有资产出资人代表机构备案，由此可以看出国有资产出资人代表机构对国有企业发展战略和规划的重视程度。虽然对国有企业发展战略规划管理在之后不断改进和完善，但始终没有达到理想的效果。

一是企业发展战略和规划不涉及实质的产权。在产权没有明晰的情况下，无法评判对与错。战略是在若干假设的前提下，对企业未来一定时期的发展和经营做出的预安排。按照要求，国有企业的发展战略是滚动修订和报送的。所谓滚动修订是每年修订一次，战略规划成为一种软约束。结果是到考核年度，战略规划基本都能实现，监管成为一种形式。

二是企业在不同的发展阶段，制定战略时使用的工具是不一样的，无法对战略的内容做统一安排。而且战略和规划在执行中随着政策、市场、产业发展等因素在不断地调整，当初批准或备案的战略规划到结束期可能已面目全非。这说明发展战略和规划作为监管工具在技术上是不可行的。

战略理论的发展为企业制定发展战略提供了多种选择。如被誉为"战略管理之父"的伊戈尔·安索夫（Igor Ansoff）首次提出了"战略管理"的概念，并提出了 PEST① 分析框架和安索夫矩阵。肯尼斯·R. 安德鲁斯（Kenneth R. Andrews）（1971）基于企业的内部优势和劣势，与外部的机会和威胁进行匹配的过程，建立了著名的 SWOT 战略分析法。小艾尔弗雷德·D. 钱德勒（Alfred D. Chandler）（1962）提出了"战略决定结构，结构跟随战略"的思想，建立了战略与结构互动的分析框架。迈克尔·E. 波特（Michael E. Porter）（1980）提出了"竞争战略"的概念，建立了五种竞争力模型，并进而提出了打造一个企业或一个国家的竞争优势的"钻石模型"和价值链分析框架，被誉为"竞争战略之父"。加里·哈默尔（Gary Hamel）、哥印拜陀·克利修那·普拉哈拉德（C. K. Prahalad）（1990）提出了核心竞争力的概念。金伟灿（W. Chan Kim）、勒妮·莫博涅（Renee Mauborgne）（2005）提出了蓝海战略。所谓"蓝海战略"，就是要求企业从传统的市场竞争里跳出来，挖掘市场需求，重建市场和产业边界，开启新市场的战略等。国有企业所处的行业不同、发展阶段不同，产品生命周期不同，面临的政策环境和市场环境不同，一个企业一个情况，我们无法对企业的发展战略和规划做出统一的规定和要求，只能由企业各自制定自己的战略和规划。同时，是运用竞争战略还是蓝海战略，是用安德鲁斯的 SWOT 战略分析法还是用钱德勒的战略与结构互动的分析框架，这些都需要视企业的具体情况而定。

信息化的快速发展和推广应用，使得企业面对的市场环境变化和技术竞争日新月异，刚制定不久的战略或规划可能还没有走完规定的程序，就面临着要根据新的变化进行修订的问题。

因此，以管资本为主的监管以战略规划为主要监管工具起不到预想的作用，必须转向以产权为主要监管工具。以产权为主要监管工具要求必须首先把权力界定清楚，做到权力、责任与收益相对应。其次要运用好"参与约束"

---

① PEST 分析指宏观环境分析，P 是政治（Politics），E 是经济（Economy），S 是社会（Society），T 是技术（Technology）。

与"激励相容"、比例分成契约，以及绩效审计与核定、监管处罚等。关于这些，本章以及后面的章节会有详细论述，这里不再赘述。以产权为主要工具的监管，应当避免下列现象。一是政府不追求经济效率而追求政治目标（钱颖一，2013）。这样就会缺乏行使产权工具的前提条件。二是监管部门不作为、监管不到位。尤其是审计绩效不认真，对薪酬不较真，对经营者以虚假信息多拿的薪酬不追回、不处理等。三是政府不兑现承诺。由于政府的权力太大，可能会缺乏信守承诺的可信度（钱颖一，2003），尤其是不兑现或少兑现经营者的薪酬等。

（二）由以经营目标为衡量经营好坏的依据转向以国有资产保值增值为衡量依据

用经营目标（计划）考核与用国有资产保值增值考核是两个截然不同的方法，科学性及合理性高低立现。经营目标是代理人及其经营管理团队自己制定的，制定目标时，确定当年实现目标利润与国有资产的多少无关；用国有资产保值增值考核，确定实现利润的多少本身就与国有资产直接挂钩，企业净资产的多少本身不是人为因素，而是一个客观的数字。

国有企业现行的绩效考核有两个基本的参照指标。一是以年度经营计划或经营目标为考核依据。也就是将实际完成值与计划或目标值进行比较，明确完成计划或目标值如何奖、超额完成如何奖、完不成如何罚等。二是以实际完成情况进行考核，也就是以实际完成情况进行提成，如规定按利润的5%提成、按销售收入的1%提成等。目前按经营目标考核的国有企业居多，这是因为它能让相关方达到多得绩效薪酬的目的。

用经营目标进行绩效考核存在诸多问题。例如，一个企业如果当年计划实现净利润为-3000万元，年终算账完成了-2900万元，那么代理人就可以拿到超额奖金，发放奖金的资金来源仍是股东的本金。再如，有的初创企业对经营绩效只考核销售收入，不考核利润。如果代理人的销售收入考核达标，而利润是负，即净资产贬值，那么代理人仍可以获得全额的绩效薪酬。股东的资本受损，代理人却获得高额绩效薪酬，这正是用经营目标考核绩效的问题所在。然而，最根本的问题在于无法度量或判定目标设定是否科学合理、是否符合实际。正是由于目标制定中存在诸多缺陷，如政策环境的变化、信息不对称、主观主义、官僚主义、缺乏理性等，往往造成目标与实际执行的结果差异较大，完不成目标就下调或减少目标值。以经营目标作为奖惩依据，激励的效用就会大大减弱。因此，应当改革用经营目标（计划）衡量经营好坏的做法。

研究发现，用国有资产保值增值作为衡量国有企业经营绩效的主要指标，是一种全新的考核体系和方法。用保值增值指标考核国有企业经营绩效，可以充分地体现国有资产的安全、质量和效率，比用净利润指标更加具有科学性和合理性。

保值和增值是两个不同的概念。保值则说明资产质量有保证，增值则意味着资产的运营有效率。增值率高则说明效率高，增值率低则说明效率低。合理的负债率、流动性以及应收账款与准备金的对应，可以说明资产的安全性高。

计算保值增值必须明确三个基础指标。一是企业净资产。保值增值是相对于净资产而不是相对于总资产而言的，这一点很重要。二是当年的贴现率或 CPI 指标，二者选其一。三是账面净利润。例如，假定一个企业的净资产为 10 亿元，当年的 CPI 为 3.21%。那么净资产应达到 103210 万元，也就是说，账面净利润达到 3210 万元才是保值；账面净利润大于 3210 万元才是增值，大于 3120 万元的部分才算企业剩余；账面净利润小于 3210 万元是贬值，贬值额是小于 3210 万元的那一部分。

用保值增值指标比用利润指标对代理人进行考核，对股东和代理人来说都更具有公平性和合理性，符合"参与约束"和"激励相容"的原则。假如用净利润作为考核指标，在上述例子中，假定企业当年实现账面净利润 3000 万元。按约定，经营管理团队按净利润提取绩效薪酬的比例为 10%，那么经营管理团队可以分得 300 万元的绩效薪酬。如果用保值增值指标考核，经营管理团队不仅不能计提绩效薪酬，还要分担 210 万元贬值额的其中一部分。显然，按账面净利润计提绩效薪酬侵占了股东的利益，与"参与约束"和"激励相容"原则相背离。

用保值增值指标考核代理人，还必须对账面净利润进行核实。一是对虚假的收入应予以剔除,如通过空转重复入账的收入等。还有应收账款、应收利息,在收回时方可计入当期的考核指标。在实际工作中,虚假的收入往往被别有用心的代理人所利用,而被监督者所忽视。经营管理团队为了追求短期利润,就有可能人为增加销售收入,同时增加应收账款等,虽然利润相应增加了,但这种利润是不真实的。如果经营管理团队据此提取绩效薪酬,就有侵占股东权益之嫌。二是准备金必须提足。为了保证利润完成,代理人惯用的方法是不计提或少计提折旧或准备金。因此,应对不计提、少计提部分进行补提,并相应增加成本。

用保值增值作为考核指标意味着经营绩效的考核以实际指标作为依据,而不再以战略规划、年度预算或经营目标作为依据,这就需要把以战略规划为主的监管调整为以产权为主的监管。但这不意味着战略规划对国有企业不重要,只不过是对国有资产监管者不重要而已。

(三) 由任命推荐高管转向对企业治理的动态评价

目前,对国有企业经营管理团队成员实行的是委派制。具体做法大致是,企业主要负责人,也就是正职,由组织部门委派或推荐,副职则由国有资产出资人代表机构考察委派。企业高管是稀缺资源,过去形成的这些对企业高管的管理办法已与党的十九大中提到的"要素自由流动"精神不一致。前文已经说过,国有资产监管需要解决的一个重要问题是把国有资产委托给谁的问题,选好、选准代理人是解决这一问题的关键。国有资产出资人代表机构要选好关键少数,经营管理团队的其他成员选择交由代理人来完成,这样才能确保经营管理团队形成一个志同道合的集体。国有资产出资人代表机构委派所有的高管团队成员则不利于这样一个集体的形成。

国有资产出资人代表机构监管什么、如何监管决定国有企业目标追求的导向,这是经营管理的指挥棒。监管的重要性可想而知。目前的监管情况差强人意,应管好的没有管得特别好,如对企业经营绩效真实性和合规性的审计核实,对国有资产效益、运行效率的监测分析,对企业治理的评价等;应放开的没有放得特别开,如对资本变更形式的审批、对高管成员的任命、对高管薪酬的审批等;该校正的没有完全校正,如对企业绩效的多目标考核没有按照中央领导的要求以国有资产的保值增值为主等。这些充分说明，国有资产出资人代表机构的监管还没有找到一个有效监管应该遵循的工作准则。只有把产权作为国有资产监管的主要工具，把提高国有资产的运行效率和效益作为监管目标，国有资产的监管才能走上正轨。

国有企业能否做大、做强、做优，关键在于人，在于关键的少数人，即经营管理代理人和监督控制代理人。选准这两个代理人很重要。其他副职、高管交给代理人去选择，因为选择什么样的人进入团队，代理人可能更关心。在这种选人用人机制下，国有资产出资人代表机构要把精力调整到对企业治理的动态监控和评价上。

第一，对选择什么样的人要进行动态监控。国有企业选人既要保证政治过硬，也要保证专业过硬，德才兼备，二者不可偏废。这一要求可能同党政机关的选人用人标准有所区别，较其更严格。在政治过硬的前提下，专业知识、专业经验、专业素养应当作为重要条件，确保"专业的人干专业的事"。国有企业的代理人必须是专业的经营管理人才，不能把选择国有企业代理人当作平衡行政机关干部人事问题的工具。

市场化选聘是选择代理人的趋势，但市场化选聘需要组织部门和国有资产出资人代表机构建立更广泛的企业家人才库，这样做工作量大，费用相当高，需要组织部门创新人才管理制度。如果在平时不掌握一定数量的经营管理人才，仅凭选拔考试、面试是很难选准人才的。因此，要建立健全市场化选聘代理人制度，明确条件和程序，确保政治过硬、具有企业管理知识和实际经验的优秀人才被选聘到合适的岗位上来；要逐步增加市场化选聘的代理人的数量；要相应减少从党政机关选派的代理人的数量；要建立和不断完善企业家人才培养、考察以及学习交流制度，把国有企业建成培养中国企业家的平台、诞生世界级企业家的摇篮，切实把国有企业代理人的选聘建立在广泛的企业家队伍和健全的经营管理人才市场的基础之上。

随着去行政化，国有企业主要负责人不再有行政级别，但可以按照企业规模的大小，分别给予不同的政治待遇。如中央企业主要负责人可以参加中共中央、国务院以及部委组织召开的有关会议；地方国有企业主要负责人可以参加省委、省政府的有关会议，阅览有关的文件，接受出国、财产申报等方面的监督等。如果需要从国有企业负责人中产生党政领导人员时也可以直接从中选拔。

第二，要解决经营管理代理人和监督控制代理人之间的权力界定问题。公司治理结构有三层含义。一是明确经营管理代理人和监督控制代理人的代表性。在权力界定时，首先要清楚谁代表股东、谁代表经营者，解决"国家利益在管理层中得不到清楚地反映或有效地代表"的问题，有针对性地赋予二者不同的权力。按照企业治理原理，监督者自然是股东的代表。至于监督者称为董事会还是监事会无关紧要。谁代表经营者，具体称为经营层还是董事会，都需要依据企业的治理结构进行匹配。与此相对应，国有资产出资人代表机构选聘的监督控制代理人是董事长还是监事长，选聘的经营管理代理人是董事长还是总经理（总裁），均需要在政策中具体明确。只有如此，权力的界定才会准确到位。二是权力的界定要确保决策执行正确、监督控制有效。权力的界定是企业治理的关键所在。由于决策权的安排和执行属于一个组织的策略和实践问题，而非代理人之间的资源交易问题，所以国有资产出资人代表机构在经营管理代理人和监督控制代理人之间分割决策权是恰当的。美国企业把经营管理权和监督控制权放在一个篮子里，不适合国有企业。遵循"经营管理代理人与监督控制代理人分设，监督控制代理人不得直接参与日常的经营管理事务"的原则，把权力分别放在两个篮子里，形成权力有效制衡的态势，可能是解决国有企业目前存在的治理问题、破解"一把手"监督难问题的有效方法和路径。三是资源整合，减少重叠摩擦，降低治理成本。党委嵌入企业治理结构中，相应地，纪委也派出机构和人员进入企业，这样就出现了党委与董事会、监事会与纪委监委、董事会与经营层之间的职责交叉重叠的问题。如决策与执行交叉频繁，监事会与纪委监委监督对象的重叠、董事会与监事会在财务审计检查方面的职能交叉重叠等，都会耗费不少的资源。这就需要在企业内部整合资源，减少交叉重叠，提高效率。

第三，强化对国有企业治理和"董监高"的评价，以此影响代理人对高管的续聘，确保高管的能力水平与企业支付的高额薪酬相匹配。评价主要是对国有企业治理以及经营管理团队成员的勤勉程度、工作能力和专业水平等进行全方位验证。建立科学的评价体系是做好评价的前提。评价指标、评价方式方法等都需要在现有做法的基础上进一步充实和完善。资产质量的提高和劳动效率的提升应是评价的核心定量指标。机会主义行为在审计中应得到充分揭露，而信息阻塞则是评价需要确认的内容。对外的信息披露和对内的信息传递是否充分、对象是否全面等是评价的主要指标。业务指导能力、专业水平、领导风格等员工感知度比较明显，是重要的定性指标；勤勉程度、忠诚度、领导能力、价值取向等也是比较重要的定性指标。当然，评价指标可以根据政策制定者的偏好确定，但核心指标不变、利于员工描述和对标比较是应当坚持的两个原则。

（四）由审批高管薪酬转向监管国有资产保值增值与企业全员薪酬总额联动机制

激励政策不够合理是国有企业改革尚未解决的难题之一，原因在于我们对制定激励政策的依据模糊不清，薪酬审批者会自觉或不自觉地将国有企业的薪酬与行政机关的薪酬做比较，心中会有一个默认的"合理水平"，结果是设定了很多的次要指标来减弱主要经营指标的激励作用。2018 年中央全面深化改革委员会（简称中央深改委）第一次会议通过关于建立国有企业薪酬总额与经济效益和劳动生产率联动机制以后，国有资产出资人代表机构监管企业薪酬的方式方法，就由过去核定审批高管的薪酬，转变为监管国有资产保值增值与企业全员薪酬总额联动机制。监管联动机制可以有多种设计，但基本的原则不能变。

从保值增值的角度讲，国有企业的经营绩效大体有三种情况：国有资产保值、增值和贬值。对增值、贬值还可以分别按增值、贬值的程度划分为高、中、低至少三个档次。在薪酬激励方面，保值增值指标可以与企业全员薪酬总额挂钩，与代理人的薪酬挂钩，与代理人长期控制权激励挂钩。具体情况如表 4-1 所示。

表 4-1 国有企业经营绩效与薪酬激励

经营结果	程度（以增长率划分）	企业全员薪酬总额	代理人基本薪酬	代理人绩效薪酬	代理人任期（三年）激励
保值	0	不超过本地区本行业本年度员工平均薪酬	不超过本企业本年度中层以下员工平均基本薪酬（或本企业最低员工基本薪酬）的 10 倍	0	根据情况确定
增值	高（>10%）	可高于本地区本行业本年度员工平均薪酬	不超过本企业本年度中层以下员工平均基本薪酬（或本企业最低员工基本薪酬）的 15 倍	按比例计提并可以兑现股权	继续聘用
	中 [5%~10%（含）]				继续聘用或视情况而定
	低 [0~5%（含）]				视情况而定
贬值	低 [-5%（含）~0]	本地区本行业员工平均工资 90% 以下	不超过本企业本年度中层以下员工平均基本薪酬（或本企业最低员工基本薪酬）的 5 倍	0	视情况而定
	中 [-10%（含）~-5%]	本地区本行业员工平均工资 80% 以下		抵扣部分抵押金或现金股权	视情况而定
	高 [<-10%]	本地区本行业员工平均工资 70% 以下		抵扣部分抵押金或现金股权	不再续聘或视情况而定

保值增值与企业全员薪酬总额挂钩。在国有资产保值的情况下，企业全员薪酬总额应当与本区域本年度同行业员工的平均薪酬水平一致，不应高于同行业员工的平均薪酬水平；在国有资产增值的情况下，企业全员薪酬总额可以高于本区域本年度同行业员工的平均薪酬水平；在国有资产贬值的情况下，按照贬值程度，企业全员薪酬总额应当低于本区域本年度同行业员工的平均薪酬水平，但不应低于国家规定的最低工资标准。企业全员薪酬总额与国有资产保值增值挂钩，与党中央、国务院关于职工薪酬总额的调整与企业经济效益和劳动生产率的提高挂钩的精神一致。

严格讲，企业经营成果的优劣与一般员工没有直接的关系，而与代理人及其高级管理团队的能力水平和努力程度关系密切。因此，对代理人的激励最为重要。那么以什么为依据来与代理人谈基本薪酬呢？我建议用亿元净资产薪酬率作为谈判依据。亿元净资产薪酬率就是运作一亿元的净资产需要支付给代理人的基本薪酬。如国有资产出资人代表机构与代理人商定基本薪酬率为5‰，那么一个运作10亿元的代理人的基本薪酬为50万元/年。代理人的基本薪酬随净资产的减少而减少，随净资产的增加而增加。

代理人的基本薪酬与员工的基本薪酬差别不宜过大，尤其是在国有资产保值和贬值的情况下更应对其进行控制。在国有资产保值增值与企业全员薪酬总额挂钩的前提下，代理人的基本薪酬可以与员工的平均薪酬或最低薪酬挂钩。假设在国有资产保值的情况下，代理人的基本薪酬不高于本企业当年最低员工基本薪酬的10倍；在国有资产增值的情况下，代理人的基本薪酬不高于本企业当年最低员工基本薪酬的15倍；在国有资产贬值的情况下，代理人的基本薪酬不高于本企业当年最低员工基本薪酬的5倍。这里比较的对象可以是本企业当年最低员工基本薪酬，还可以是中层以下员工的平均基本薪酬。当然，因企业的具体情况不同、参照的对象不同，确定的比例也应当不同。企业内部最高薪酬与最低薪酬挂钩，可以有效避免员工基本薪酬差别过大。

这样做似乎与用亿元净资产薪酬率核定代理人基本薪酬相矛盾。这要看契约所设定的前提，基本薪酬核定与前提条件相对应。上述方案设计的前提是代理人不分担亏损比例，但降低基本薪酬，如果以正激励为主，对于贬值程度较小的也可以忽略不计。如果前提是代理人分担亏损比例，则可以按亿元净资产薪酬率核定代理人的基本薪酬。如果当年实现的利润先弥补以前年度的亏损，那么应当按弥补后净资产的多少计算保值增值，并相应增加基本薪酬。总之，有很多的对应关系可考虑，这些对应关系和细节很重要。

代理人及其经营管理团队的基本薪酬应列入企业的薪酬序列，与其所肩负的责任相匹配。当然代理人的基本薪酬是企业员工基本薪酬中最高的，经营团队其他成员的基本薪酬应当根据责任大小，以代理人的基本薪酬为参照，乘以相应的系数，关于系数，过去的规定是0.6～0.9。至于薪酬差别系数，各个企业可根据情况自己确定。对于引进的特殊人才，还可以增加一定的特殊人才津贴，作为基本薪酬的一个组成部分。

国有资产保值增值与代理人的绩效薪酬挂钩。按照产权方法，对国有资产增值实行比例提成是最优契约。在这里，增值额就是企业剩余。在国有资产保值的情况下，增值额为零，代理人不计提绩效薪酬。在国有资产贬值的情况下，增值额为负，代理人也不计提绩效薪酬。只有在增值额为正的情况下，代理人才按比例计提绩效薪酬。

另外，保值增值可以与长期控制权激励挂钩。按照增值、贬值的程度划分高、中、低三个档次，来设计与代理人长期控制权激励挂钩的指标是比较恰当的。那么，高档、中档、低档分别为多少合适呢？我认为，用同行业当年增值的平均值作为中档水平是合适的。对于连续增值或三年任期平均增值且达到或高于同行业平均值的，对代理人应继续聘用；对于连续贬值或大部分年份贬值的，对代理人应予以更换，就地免职或降级。对于接手严重亏损企业的代理人，是否续聘或更换，要看他接手之后经营状况有无改善，对于经营状况持续改善的，应继续聘用，否则，考虑更换。对于长期使企业处于低程度保值状况的企业代理人，要按照其是否有利于保值增值、是否有利于提升国有企业的竞争力等具体情况来分析，并决定去留问题。

与代理人绩效薪酬挂钩的考核要防止指标泛化。企业经营的主要指标是各个次要指标综合作用的结果。次要指标是指各个专业单位需要完成的指标，如销售部门完成的销售收入、管理部门完成的 KPI 等，这些并不是代理人的指标，而是代理人及其经营管理团队对各个专业部门考核的指标。指标泛化看起来要考虑的因素很多，似乎很公平，但仔细分析往往分不清主次，存在漏洞和弊端。这是国有企业绩效考核应当避免和克服的现象。

（五）工作重心由推动混合所有制改革转向促进企业自主改革创新机制

在公有制为主体、多种所有制经济共同发展的经济制度下，各种所有制合作共赢是经济发展的必然趋势。混合所有制将成为中国企业产权的主要形式，不同所有制股权的进入、退出将成为常态。在这种情况下，负面清单管理无疑比事事审批具有更高的效率。目前国有企业混合所有制改革正如火如荼，改革的方案也各有不同。但在制定混合所有制改革的政策时，应当认识到引进战略投资者与员工持股的目的应有所不同。

引进战略投资者的目的是分散股东权力，形成股东之间的权力制衡，达到完善企业治理的效果。但在国有资本绝对控股的情况下，能否实现这一目标，就要看国有资产出资人代表机构把经营权向代理人及其经营管理团队落实的情况。号称"央企混合所有制改革第一股"的中国联通为我们提供了一个经典案例。

2017年8月16日，时任中国联通董事长王晓初在中期业绩发布会上公布混合所有制改革方案，经过一年多的努力，混合所有制改革终于尘埃落定。包括中国人寿、腾讯、百度、京东、阿里巴巴在内的14家战略投资者，认购中国联通A股股份90亿股，总交易对价约为780亿元，中国联通的持股比例约为36.67%，新引入战略投资者持股比例约为35.19%。中国联通混合所有制改革方案还包括员工持股计划，核心骨干、员工都持有股份。混合所有制改革后，中国人寿等战略投资者共拥有中国联通董事会8名非独立董事中的5个席位，形成了"股权国资占优，董事战投占优"的中国联通治理模式。由于股东会按照出资比例行使表决权，在股权结构上国有资本占优，保证了实际控制人中国联通在重要经营事项上享有"一票否决权"；由于董事会按照"一人一票"行使表决权，在董事数量上战略投资者占优，可以有效保护战略投资者和中小股东的利益，纠正对子目标的过度追求，把精力集中在保值增值主目标上（郑志刚，2018）。中国联通治理模式如果能够广泛复制推广，愿意投资国有企业的非国有股东就会越来越多，从而使混合所有制成为中国特色社会主义的基本经济形式。

员工持股主要是为了调动员工参与管理的积极性，激励业绩突出的员工，健全和完善内部的激励机制。国有企业员工持股，不是谁有钱谁就可以入股、谁钱多谁就可以多入股，而是通过绩效分配形成的，是员工干出来的。"员工的股份是自己干出来的"，应是国有企业员工持股秉持的理念。华为技术有限公司（简称华为）的员工股权激励就是突出这一理念的典型案例，国有企业应当借鉴和推广。从各地的混合所有制改革情况来看，高级管理人员和核心、骨干员工持股成为普遍的做法。山东省交通运输集团有限公司 2017 年 9 月成功完成集团层面混合所有制改革，成为山东省国有企业混合所有制改革"第一单"。四个员工持股平台出资 2.04 亿元，持股 30%，持股范围为管理层及核心、骨干员工。内部员工股权比例区分标准为岗位，职级高、责任大的岗位，对应职工可持股比例较高。

根据员工持股理念，以股权兑现绩效薪酬可以作为一项长期的股权激励政策。相比之下，以募集资金为目的的员工持股并不是不可以做，但不宜常做。

混合所有制改革在政策上要允许同股不同权。员工的股份，如果一股一票的话，就有可能影响决策效率。因为员工的利益与企业整体的利益虽在大方向上是一致的，但在具体事项上免不了有冲突。虽然国有股在企业中占控制地位，但也可能会出现员工持股达到或超过 33.4%，或员工与其他法人股东合计持股达到或超过 33.4% 的情况。因此，员工的股份最好是只有收益权，没有表决权。退一步讲，如果员工股有表决权，企业也要像华为一样，规定推举一个人作为股东代表。

混合所有制改革要允许企业股份的存在。在代理人及其经营管理团队持股的情况下，成员也会存在到龄退休、辞职、辞退、调动等情况，在政策上要明确哪些情况允许长期持股、哪些情况允许"人在股在、人退股退"。在市场化退出困难的情况下，企业回购就成为一种必然的选择。

自试点以来，混合所有制改革积累了不少的经验，改革的进展很快，但也有问题出现。有相当一部分企业进行混合所有制改革之后，经营机制并没有得到应有改善，今后的改革重心应当由推动混合所有制改革转向促进企业自主改革创新机制。如何评判企业的机制创新？产权就是评判的依据。机制创新要提升企业的劳动生产率和资产效率，在净资产收益率提高的同时，员工的薪酬要有所提高。如果企业创新的机制只保证了经营者和员工"旱涝保收"，而股东的资产没有增值反而贬值，或者股东资产增值的比例小，而经营者的薪酬却大幅提高，那么这种机制创新就是不可取的，甚至有打着创新的旗号为个人谋取私利的嫌疑。

在实行国有资产保值增值与企业全员薪酬总额联动机制之后，鼓励企业创新机制是必然的选择。在监管方面，只要创新的机制没有损害股东的利益，并形成了股东与经营者双赢的局面，这种机制创新就是可取的，从这个角度讲，产权是依据，也是底线。

六、转变监管方式

监管一般分为事前、事中和事后三个阶段。审批属于事前监管，而审计和考核评价属于事后监督。国有资产出资人代表机构要由以事前监管为主转变为以事后监督为主，而把事前和事中监管委托给监督控制代理人。这样，财务审计和治理评价就应当成为国有资产出资人代表机构监管的主要工作。

（一）财务审计

财务审计是事后监督的主要内容，其目的是对经营成果的真实性和合规性进行核实和确认。以核实、确认经营成果为目的的审计由国有资产出资人代表机构来实施，比聘请中介机构更有优势。中介机构可能局限于账面审计，它们不愿花费大量时间进行内在的逻辑分析和对比分析，很难发现隐藏在数字背后的问题和风险。除了应收账款或应收营业收入不提或少提折旧、准备金以及发放与经营绩效不匹配的高薪酬，虚列费用或费用延后也是常用的手段。薪酬，特别是职业经理人试点企业的薪酬正在成为腐败的新渠道。

国有资产出资人代表机构对经营成果的真实性和合规性审计的结果，主要用于核定企业全员薪酬总额、代理人及其团队的绩效薪酬。这与任期经济责任审计不同。任期经济责任审计是为了验证经营管理各环节是否给国有资产造成了损失，查找不当的经营决策给国有资产可能带来的风险，为是否续聘代理人提供依据。国有资产出资人代表机构的年度审计与审计部门对主要负责人的任期经济责任审计应成为事后监管的主要手段。

（二）治理评价

企业治理评价主要检验代理人及其团队的经营管理能力和水平、忠诚和担当，发现企业治理中的问题，目的是为续聘代理人及其团队提供依据，防止代理人任人唯亲，把能力较差的人安排到重要工作岗位。企业治理评价不仅是对经营管理代理人的评价，也是对监督控制代理人的评价，即防止二者在重大事情上共谋，损害股东利益，同时防止二者过度地相互否定，形不成决议，影响企业的运营效率。治理评价是每年的例行性工作，与年度审计一并进行效果可能更好。因此，国有资产出资人代表机构要加强自身的治理评价能力建设，建立完善的治理评价体系和科学合理的治理评价方法。

（三）信息监管

按照国有资产监管框架，对经营管理的过程监督或事中监督属于企业内部治理的范畴，但作为外部监督者的国有资产出资人代表机构也应当及时了解和掌握企业经营的动态。外部监督者必须及时收阅信息，尤其是对经营管理与监督控制有分歧或意见不一致的信息要特别关注。

国有资产出资人代表机构要想及时得到企业经营管理的动态信息，就必须对企业信息披露的内容做出要求。对于国有资产出资人代表机构要求了解的信息，企业不可以有所保留，所以披露的信息必须全面、真实、详细，能够充分反映企业经营管理的过程和全貌。

国有企业作为公众企业，及时、真实、准确披露信息是出资人监管、公共监督、社会监督所必需的。国有资产出资人代表机构建立信息披露网络平台，可以利用先进的信息技术进行信息筛查、比较分析，建立国有资产监管的大数据，确保掌握企业经营管理的一举一动。企业是信息披露的发布方，对信息的及时性、真实性、完整性要承担第一责任。

（四）监管处置

对责任的认定是监管处置的前提。责任的认定是一项比较复杂的工作，什么情况下警告、严重警告，什么情况下诫勉谈话、警示谈话，什么情况下退回多拿的绩效薪酬、基本薪酬，什么情况下降级、就地免职、辞退等，都需要与既成事实和违规行为一一对应，并做出明确规定。一个处置行为，起码要有 1~2 项"硬杠杠"。监管处置是确保监督有效的重要环节，缺位或不到位都会导致前面的监督措施形同虚设，劳而无功。

监管政策落实到企业，还需要针对不同的企业组织形式（U 型、M 型、H 型）、企业发展的不同阶段，以及代理人更换时的企业状况等，一企一策，有针对性地提出具体管理意见，并在股东大会上形成决议。

七、小结

要想实现由以管企业为主转变为以管资本为主，国有资产出资人代表机构就必须实现经营机制、监管模式、监管重点和监管方式的一系列转变。转变到位意味着管资本的监管框架搭建完成，也意味着股东地位和身份到位。

国有资产出资人代表机构的特性决定其在监管模式中的定位，定位决定国有资产的经营机制，经营机制决定权力边界，经营机制、权力界定以及监管模式构成了国有资产监管的框架。资本社会化、经营专业化、代理人职业化是现代企业的典型特征。资本社会化的最高形式是公有制，而代理人的专业技能具有天然的私有性。这就决定了国有企业的股东和代理人经营职能的分离也具有天然性，国有资产出资人代表机构的监管外部化是一种必然。这里暗含的意思是，国有资产出资人代表机构不会也不可能像私人股东那样参与企业的经营事务。过去的实践也已经证明了这一点。国有企业的剩余分配与国有资产出资人代表机构的工作人员无关，而私人股东的努力程度与其分配企业剩余的多少直接挂钩，所以国有资产出资人代表机构作为国有企业的外部监督者恰如其分。过去，国有资产监管与国有企业经营管理的边界是模糊不清的，国有资产出资人代表机构把自己当作私人股东，赤膊上阵，亲自操刀，效果不好。分权监管模式把二者的边界划分清楚了。

为此，我建议对国有资产实行"委托经营"。这是与现行的"授权经营"政策不一致的地方。"委托经营"本身就是股东与代理人经营职能分解的具体体现，把剩余经营权界定给代理人是最优契约。而"授权经营"并不是把剩余经营权界定给代理人的经营机制，因此不是最佳选择。我建议实行"委托经营"本身并不是什么创新，只是回归股东股权资产经营权与代理人企业资产经营权相分离的本原。

分权监管模式与国有资产"委托经营"决定了国有资产出资人代表机构的权力边界。我界定了国有资产出资人代表机构的四项特定权力。制定监管政策、治理准则，聘任或更换代理人并委托经营国有资产，信息监管以及监管处置等是其主要的监管手段和措施。监管政策是国有资产监管的出发点和落脚点，是评判和检验代理人经营管理绩效优劣的依据。

国有资产监管与行业合规监管联系紧密，二者都是为了规避企业的经营风险，但侧重点各有不同。国有资产监管的侧重点是国有资产的保值增值，以保证企业能够持续经营，长期履行自己财富创造者的使命。而行业合规监管则侧重于企业坚守主业经营、坚守法律和道德底线，避免盲目或过度竞争，不犯颠覆性错误。因此，国有资产监管必须紧紧围绕国有资产的保值增值，并把国有资产保值增值与企业全员薪酬总额挂钩、与代理人及其经营管理团队的薪酬挂钩、与代理人长期控制权激励挂钩。

国有资产的外部监督与国有企业的内部治理相结合，才能确保国有资产监管的完整性、系统性和有效性。只有外部监督而没有企业内部的权力制衡，还不足以保证把国有资产监管好、经营好。国有企业是国有资产保值增值的平台，要保证国有资产保值增值就应当注重国有企业运行的效率和效益，而保证国有企业良好运行的前提是有一个科学的企业治理结构。

完善企业治理是市场经济发挥作用的基础，但仅仅依靠企业自身是不够的，政府要科学地发挥监督职能（刘鹤，2013）。本章正是对如何强化政府监督，以及政府如何监督做了科学回答。

第五章　治理结构

——国有企业改革的核心所在

企业治理结构即权力结构。企业的外部治理体系构成了国有资产监管的基本框架，解决的是投资者（股东）的权力问题，而企业的治理结构解决的主要是企业内部经营管理代理人与监督控制代理人的权力界定问题。

一、企业发展与治理

古典资本主义企业产生于资本主义发展早期，其特点是规模小、投资主体单一，所有者与经营者集于一身，投资人即经理人，称为"企业主"。这一时期的企业治理中，股东和经营者是一体的，没有所谓的经营决策机构和监督控制机构。企业经营的一切事务均由企业主一人决策，企业主享有物质资本和人力资本所带来的一切剩余。

随着企业的发展，企业主一个人掌控一个规模越来越大的企业会感到力不从心。于是，企业主就开始选择有经营能力的人分担一部分经营管理事务，这个人就是经理人。在中国近代，经理人叫"掌柜"，而企业主叫"东家"。这一时期，企业主的部分经营权分配给了经理人，企业的经营决策机构和监督控制机构有了雏形，但由于股东单一或较少，企业的实际控制权仍在企业主手中。

对利润的无止境追求在不断地强化着企业主的投资冲动。当一个项目投资额较大，一两个投资人无法满足投资需要时，主要投资人就会召集更多的投资人前来投资。于是，世界第一家股份公司在荷兰产生，投资主体开始多元化。天长日久，股份公司这一现代企业形式迅速发展，经理人的地位也逐步得到了强化。投资人逐渐远离企业的日常经营，而经理人专门从事企业的经营管理活动。经营专业化催生经理人职业化。这就是伯利（Berle）和米恩斯（Means）提出的所有权与经营权相分离的时代背景。随着经济的发展，建立现代企业制度的前提条件越来越充分，建立现代企业制度的基础也因此越来越坚实。

股票市场的出现，导致股东的经营职责与代理人的经营职责开始分化。尤其是进入现代社会，中产阶级人数不断扩大，具有投资能力的人也越来越多，但有经营管理能力的人与财富所有者并不是同一人。有经营管理能力的人不一定有财富，而有财富的人不一定具备经营管理能力。例如，有相当一部分"富二代"对经营企业不感兴趣，并不愿意接手家族企业。有许多中产阶级并不专门从事经营管理工作，而是通过股票市场进行投资，如律师、教授、医生、科技工作者等。众多的股东在股票市场经营自己的资产，即使资产有多有少。在这种情况下，越来越多的财富拥有者聘请有经营管理能力的人，即职业经理人，通过产品或服务市场经营管理企业，财富拥有者则通过股票市场经营自己的资产。这就促成了人力资本与物质资本的合作，把企业交到贤能者的手中。

同时，职业经理人成为稀缺资源。为了获得更多的投资收益，调动职业经理人的工作积极性，股东不得不同意职业经理人参与企业的剩余分配。股权激励就是典型的例子。企业规模不断扩大，需要大量具有专业知识的职业经理人来主持或完成某一方面或领域的工作。虽然职业经理人不像代理人那么全面，但大多来自经营管理团队，他们拥有的专业知识和技能就成为产权的一部分，他们在代理人的带领下拥有企业的经营管理权。

股东经营的是资本（或股票），而代理人经营的是产品或服务。股东买卖股票发生在企业外部，即股票市场。无论股东之间如何买卖股票，企业的资产保持不变，但企业经营的效益对股票价格会产生直接的影响。这样一来，远离企业日常经营管理的股东，为了自己的资产不断升值，寄希望于代理人经营管理好企业，但代理人是否尽职尽责、是否有能力经营管理好企业、有无机会主义行为，股东自己没有精力或能力监督，于是股东就要设立一个机构对经营管理代理人进行监督。这样，企业的经营权就一分为二，变为经营管理权和监督控制权。法玛（Fama）和詹森（Jensen）把这两种权力称为经营决策权和决策控制权。经营决策权就是对资源配置提出并实施的建议权；决策控制权就是有关行动的审批权和有关经营的监督权。把这两种权力分别赋予两类不同的人，即经营管理代理人和监督控制代理人，就构成了"监督控制代理人—经营管理代理人"分权的企业基本治理结构，我们称为二元治理结构。通过分权，股东一方面希望通过权力制衡，确保代理人有能力和水平，尽职尽责，防止机会主义行为；另一方面希望确保决策正确，不出现重大的决策失误或颠覆性的经营风险，并对重大事项进行论证。股东也希望经营管理和监督控制保持一种平衡状态，不偏离企业发展的大方向，并不希望看到经营管理者和监督控制者勾结在一起或因矛盾冲突而闹得不可开交。

从交易费用经济学的角度看，二元治理结构是最节省交易成本的，其效率也是最高的。

二、企业治理模式

由于股东构成、法律环境、风俗习惯等不同，企业二元治理在不同的国家演变出不同的治理模式。具有代表性的是美国的集权治理模式和德国的垂直分权治理模式。

（一）美国的集权治理模式

美国的企业治理模式之所以是典型的集权治理模式，是因为其有两个显著的特征。一是经营职责和监督职责均由董事会承担，不设监事会。企业的一切权力应当由董事会行使或者在它的许可下行使，企业业务和事务应当在董事会的指导下开展，并且董事会只受到企业章程中的明确规定的限制和约束。二是董事长和 CEO 由一人兼任。相关资料显示，在美国，1998 年有 93% 的企业 CEO 和董事长是一个人，是一驾马车而不是两驾马车，这意味着企业经营管理的一切事务最终都由一个人裁决。美国企业治理基本结构如图 5 – 1 所示。

美国企业的董事来自两个方面：一是股东委派的内部董事；二是聘请的外部董事。外部董事一般负责执行委员会、企业治理委员会、审计委员会、董事任免委员会和薪酬委员会等各专业委员会的工作。以外部董事为主设立

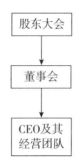

图 5 - 1　美国企业治理基本结构

的专业委员会，对经营班子具有监督作用（李维安、牛建波，2011），同时是董事长的参谋工作机构。董事长和其他内部董事以及聘请的其他高级管理人员组成经营班子，负责企业日常的经营管理事务。

关于董事的分类，美国分为外部董事和内部董事，英国分为执行董事和非执行董事，我国分为独立董事和非独立董事。这三对概念的内涵有交叉，但不完全一样（张维迎，2014）。

美国的商业圆桌会议（Business Roundtable）是企业总裁协会之一，对大企业董事会的职责描述如下。

（1）挑选并定期评估、更换 CEO（如需要），决定高层管理人员的任免、报酬与奖惩。

（2）审查审批财务计划、企业战略以及发展规划。董事会掌握着企业财务、企业战略决策与控制的实际权力。

（3）为高层管理者提供建议与咨询。通过向企业高层管理者提供建议来影响企业的具体业务。

（4）挑选董事候选人并向股东会推荐，评估董事会的工作绩效。

（5）评估企业制度与法律的适应性。确保企业章程和法律符合国家的法律规定，回避不利于本企业的法律规定等。

美国董事会不仅对企业的主要经营管理人员和重大的经营事项具有实际的控制权，而且其职责包含了无数细节，包括审批季度经营报告和下一季度的经营计划，企业长期战略目标，资本结构、债务融资、资产买卖、股息政策等（蒙克斯、米诺，2004）。

美国企业的董事会也在不断地改进和完善。一是董事会越来越重视企业治理和对经理业绩的评价。二是设立的专业委员会越来越多。一般的法律只要求一个审计委员会，但98%的企业都设立了薪酬委员会，88%设立了提名委员会、治理委员会等。三是外部董事的数量在增加。四是外部董事单独开会。外部董事开会，CEO和董事长回避已经成为惯例（张维迎，2014）。

美国企业选择集权治理模式的原因之一是其与股东利益至上的价值观密切相关。任职董事长兼CEO的人，尤其是初创企业的董事长兼CEO，一般是集创始人、投资人、经营者，甚至是技术权威于一身，他本身就是最大的股东，在创立和发展企业的过程中起到了别人无法替代的作用，做出了无人超越的贡献，取得了创业伙伴、股东、企业员工以及客户的广泛信任。这种创业的传统一直延续到今天。美国的企业治理模式毫无疑问尊重了这种传统。

选择集权治理模式还有一个原因是这种模式可以实现高效率。在以私有制为主导的产权制度下，高效率是每一个企业所追求的，尤其是在企业初创时期规模小、人员少的情况下更是如此。这种集权治理模式并没有因为企业规模的不断壮大而有所改变，企业的最高决策者还是同一个人。正是因为高度集权，企业才实现了高效率，所以即使是新进入的投资者，一般也不会改变这种治理模式。

直到21世纪初，安然公司（Enron）和世界通信公司（WorldCom）破产，管理界和法律界才对美国的集权治理模式提出了质疑。这些企业皆因高管欺诈行为以及失败的企业治理而破产，缺乏有效的监督是企业治理的主要缺陷。在美国，外部董事大多数是由董事长、CEO推荐聘用的，有相当一部分外部董事在董事会上对议案基本是"随声附和"。在集权治理模式下，董事长、CEO抵制机会主义的自觉和坚决态度，以及专业素养和经验，对企业的发展起着极其重要的作用。在这些方面的任何缺陷都会导致企业面临万劫不复的困境。所以，Chery L. Wade（2002）对日本、德国和加拿大更加接近美国企业治理模式的企业治理改革感到震惊。他建议美国企业治理改革应当借鉴日本、德国和加拿大的方法。

（二）德国的垂直分权治理模式

与美国大股东主导的企业治理结构不同，德国的企业治理结构是非常独特的。股东会、监事会和董事会三者是上下级关系。监事会之下设董事会，董事会向监事会报告工作。德国企业治理基本结构如图5-2所示。

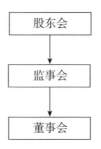

图5-2　德国企业治理基本结构

德国秉持的是共同治理的理念。大股东与工会分别推举监事共同治理企业，其中职工监事要占到1/3或半数。银行贷款和发行债权是德国企业主要的募集资金方式，所以银行、保险公司以及实体机构（包括家族企业）是德国企业的大股东。对企业持股最大的银行就是"主持银行"，"主持银行"往往主导着企业的重要机构——监事会。

监事会是企业的监督机关，主要职责如下。

（1）任免、管理企业董事会成员，决定董事的报酬。

（2）监督董事会的经营业务，向董事会提供咨询。

（3）审批重大业务，具有重大业务批准权。

（4）核实企业资产，检查企业财务。

监事会对董事会的业务活动具有广泛的审核、监督和了解的权力，有委托中介机构或咨询机构审核企业账簿、核实企业资产，并在必要时召开股东会的权力。其职责相当于美国企业的董事会。但监事会不履行具体的管理职能，不得参与执行企业业务，监察机关的职能非常明确。

有关信息也证明了监事会的上述职责。2004年9月30日《国际先驱导报》报道，53岁的艾克哈特·科德斯被监事会任命为德国奔驰的新总裁。

2012 年 12 月 13 日 PCauto（太平洋汽车网）报道，戴姆勒监事会任命唐仕凯（Hubertus Troska）为董事会新成员，专门负责中国市场业务。同时，戴姆勒监事会决定将董事会成员任施乐（Andreas Renschler）作为全球卡车业务负责人的任期延长至 2018 年 9 月 30 日。2014 年 12 月 3 日，财经杂志 Bilanz 报道，戴姆勒监事会将在 2015 年 1 月提名欧拉·凯勒纽斯（Ola Kaellenius）进入董事会，董事会将恢复到 8 名成员的组织结构。这些消息说明监事会具有任命董事会成员的权力。

2009 年 7 月 24 日汽车之家网站报道，在于 7 月 23 日举行的特别会议上，德国大众汽车集团监事会核准与保时捷共同创建一个在大众汽车集团领导下的汽车集团。大众汽车集团监事会主席费迪南德·皮耶希认为，合并的汽车集团显然正走在通往成功的道路上。这一消息说明监事会具有决定企业重大事项的权力。

2014 年 5 月 6 日据搜狐汽车消息，戴姆勒监事会当地时间 4 月 30 日选举迈克尔·布莱希特（Michael Brecht）为企业监事会副主席，接替埃里克·克莱姆（Erich Klemm）。此举可能会缓和戴姆勒的劳资关系，因为后者一向反对裁员和削减成本，这与 CEO 迪特·蔡澈（Dieter Zetsche）推行的一项成本削减计划冲突。这一消息说明监事会具有决策企业薪酬制度的权力。

德国的监事会非常重视监事的专业水准。据德国媒体报道，2014 年 4 月戴姆勒监事会换届，有三位知名经理人 Bernd Pischetsrieder、Bernd Bohr 和 Joe Kaeser 加入监事会。其中，Bernd Pischetsrieder 曾任宝马汽车公司 CEO 和大众集团 CEO，Bernd Bohr 曾在世界最大的汽车零配件企业博世公司任职，而 Joe Kaeser 则是西门子的 CEO 。这说明德国大企业监事会非常重视自身建设。

之所以说德国的企业治理模式是垂直分权治理模式，是因为以下两点：一是在德国的治理结构中，监事会主席和董事长是分设的，说明监督职责和经营职责是分开的，这与美国的董事长兼任 CEO 正好相反；二是监事会享有特定权力，其权力是有边界的，职责仅限于监察企业业务，而不得参与执行企业业务。法律严格禁止监事会参与企业的经营管理。董事会享有剩余权力，在管理决策上具有相当大的自主性和自由度，正常情况下不接受股东会的直接压力，不接受股东的指示约束。这与美国企业的一切权力应当归董事会行使或者在它的许可下行使有较大差异。

把美国和德国的企业治理模式放在一起进行比较，我们更能理解二者的内在逻辑。

德国的监事会类似于美国的董事会，对企业的重大事项有实际的监督控制权力。它们共同的权力主要体现在以下四个方面。

一是任免企业高级管理人员，决定其报酬激励事项。监督者任免高级管理人员，是保证监督的权威性和有效性的重要前提。没有这一条，监督就会软弱无力。

二是审批重大经营事项，如战略发展规划、兼并重组计划、对外投资计划、经营计划、财务预算等。审批重大经营事项是监督控制有效性的重要手段。没有重大事项的审批，就无法有效控制董事、高管人员的经营行为，但其审批的重大事项是少量的。

三是审计企业财务。这是事后监督的重要手段，是对经营成果真实性、合规性的检验。

四是向高级管理人员提供咨询，以此影响企业董事、高管的经营思路和经营策略。

上述四项权力可以保证监督机构实实在在地有效控制企业，虽然监督机构不准参与执行企业的经营事务。

德国的董事会相当于美国的 CEO 及其经营管理团队。董事会负责企业经营决策和业务执行，是企业的法定代表。虽然监事会高于董事会，董事会执行监事会的决议并向监事会报告工作，但德国奉行的仍然是董事会中心主义，企业经营管理权完全归董事会，所以企业的董事大多是企业经营管理专家、技术专家、财务专家、营销专家等。

虽然德国企业的监事会和美国企业的董事会职责类似，但美国企业经营机构与监督机构一体，董事长、CEO 由一人担任，权力相当集中；而德国企业经营机构与监督机构分设，监事长与董事长分离，监事会享有特定权力，董事会享有剩余权力，权力分开。从长期运行的效果来看，德国企业的治理结构更加稳健和高效。

许多研究企业治理的文献往往局限于股东的构成以及对企业的控制，忽视了经营者与监督者的权力制衡。虽然都是股东主导型的治理，但美国97%的企业董事长与 CEO 由一人担任，而 1992 年英国伦敦证券交易所发表的《卡德伯利报告》明确指出董事长和总经理应由二人分别担任（李维安、牛建波，2014），说明英国的企业治理结构也在向德国的经营与监督职责分离的结构转变。德国和日本都是主银行制，但德国实行的是垂直分权结构，监事会高于董会；而日本实行的是平行分权结构，董事会和监事会平行管理，互不隶属，分别对股东负责。相同的是，每个国家的企业治理都有自己国家二元治理的内在逻辑。

三、国有企业治理的探索

自 1993 年《中华人民共和国公司法》颁布以来，包括私有企业在内的我国企业和监管部门对我国企业治理的探索一直都没有停止过。

（一）三种治理模式

经过探索，国有企业的治理最终形成了三种模式。

一是国资委系统监管的以实体企业为主的治理模式（见图 5–3）。

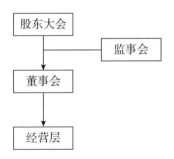

图 5–3 国资委系统监管的以实体企业为主的治理模式

这种模式的特点是，董事长兼任党委书记，董事长与总经理分设，实行外派监事会制度。要从两个层面理解这种治理模式。外部监督由国有资产出资人代表机构委派的监事会履行。监事会既有公共监督的职能，也有代表股东监督的职能。根据各个地方本级国有企业的多少，国资委一般设有几个监事会，一个监事会一般5人左右，同时监督3~5家企业。在实际工作中，监事会每年对所监督企业做一次财务检查，兼对董事、高管进行履职评价，一年的时间就过去了，其他监督工作可能也就没有时间开展了；企业内部形成董事会和经营层双层治理结构，董事会领导经营层，董事长与总经理分设，有少量的董事兼任高级管理人员。在企业内部，监督职责由董事会来履行，董事会既是决策者也是监督者。党的十九大以后，把外派监事会的职责划给审计部门，国有企业的公共监督归位，国有企业的法人治理结构就需要进一步完善。企业的内部监督职责如果继续由董事会承担，董事会的构成就需要做出相应改变，董事会的监督职权应当增强，而决策的事项则应当减少。最重要的是要明确董事会不得参与企业的日常经营管理活动。如果内设监事会，那么企业的治理结构就要进行重大调整，经营管理机构、监督控制机构以及党委等治理各方的职权如何界定仍是一个需要探讨的问题。

二是财政系统监管的以金融保险企业为主的治理模式（见图5-4）。

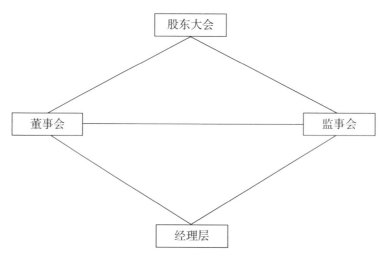

图5-4　财政系统监管的以金融保险企业为主的治理模式

国务院授权成立了中央汇金投资有限责任公司（现并入中国投资有限责任公司），代表国家依法行使对国有商业银行等重点金融企业出资人的权利和义务，由其委派董事、监事。董事长兼任党委书记，董事长与总经理（行长）分设，实行的是内设监事会制度。总经理（行长）兼任副董事长，监事长兼任党委副书记。中国工商银行、中国建设银行、中国农业银行、中国银行、交通银行等基本上都是这种模式。大银行在董事会、监事会建设方面进行了有益的探索，在设立董事会专业委员会的同时，设立了监事会专业委员会。综合来看，董事会专业委员会一般是战略发展委员会、提名委员会、薪酬与考核委员会、审计委员会、风险管理委员会、关联交易控制委员会等；监事会专业委员会一般是财务与内控委员会、履职尽责评价委员会，有的银行，如交通银行、平安银行还设有提名与考核委员会等。

三是国有独资企业的治理模式。只设总经理、党委书记，总经理和党委书记由一人担任。这种模式是过去计划经济时期企业治理的延续，只搭建了一个纯粹的经营机构，企业内部没有制衡关系。决策职能和监督职能均由国有资产出资人代表机构直接履行，但在实际执行中，国有资产出资人代表机构对经营机构授权相对比较多。

上述治理模式各具特色，这些探索对完善国有企业治理起到了一定的积极作用。但同时，国有企业治理中存在的一些共性问题没有从根本上得到解决。总体来说，经营权力与监督权力不相称，监督较弱；政治治理与专业治理不均衡，专业治理不足。我国的企业治理机构有董事会、监事会、党委会和经营层"四驾马车"，另外有纪委、监委的派驻机构，治理结构比较复杂，权力重叠交叉，治理成本较高，治理效率偏低。具体来说主要有以下几点。

首先，监督职能弱化虚化。在企业治理中设立监事会，是借鉴日本、德国的治理模式，但中国的监事会权力界定比较模糊，什么都可以监督，什么都可以不监督，对董事和管理层的约束力有限。由此，监事会被认为是中国企业治理系统中薄弱的一环，其工作也被认为是重复董事会和内部审计的工作，监督流于形式。这一问题的原因是监事会缺乏独立性、专业性和商业经验，规模较小等。

企业治理中各方的职责主要依据法律制度的安排。法律制度的缺陷是监事会职责弱化的主要原因。没有见到有哪一家国有企业对《中华人民共和国公司法》第五十三条（二）"对董事、高级管理人员执行公司职务的行为进行监督"提出明确的、可操作的具体执行方案，也没有见到司法部门有明确的司法解释。这一极有分量的条款却无法付诸实施。对检查审计出的问题如何处理、谁来处理没有明确规定。监事会如果没有权力做出处置决定，监督就没有权威。总之，监事会在完善企业治理方面起到的作用较小，很重要的一个原因是监事会往往无法可依（吴申元，2015）。

国务院国资委通报的两起国有资产重大损失案件就充分说明了监事会缺乏权威性的严重后果。2017年3月22日，国资委党委、中央纪委驻国资委纪检组召开案件通报会，对查处的中国铁路物资（集团）总公司（简称中国铁物）、中国冶金科工集团有限公司（简称中冶集团）两起国有资产重大损失案件进行通报。其中，中国铁物由于2012年下半年以来出现了部分钢材贸易企业不能及时履行合同及信用违约，相关风险在2013年又从钢材贸易延伸至钢铁生产及煤炭贸易企业，造成了2013年亏损76.51亿元（中国外汇交易中心网站2014年4月30日刊出《中国铁路物资股份有限公司2013年年度报告》）。中冶集团在未经董事会批准、未按规定对民营企业联合体唐山恒通集团进行资产评估的情况下，与该集团及1个自然人共同成立中冶恒通冷轧技术有限公司（简称中冶恒通），于2007年8月至11月，累计投入资金77.83亿元。至2012年3月国资委批复将中冶恒通全部国有产权无偿划转给中国旅游集团有限公司时，该企业净资产仅5.62亿元，形成损失72.21亿元（审计署2014年6月20日发布《中国冶金科工集团有限公司2012年度财务收支审计结果》）。"监事会没有控制权和决策权，发现问题时没有能力去制约和纠正董事或经理的违规行为"（吴申元，2015），是问题长期得不到重视和纠正的原因之一。

其次，权力过于集中。董事长兼任党委书记，把政治权力和经济权力集于一人，权力高度集中。比如按照《中华人民共和国公司法》的有关规定，董事会聘任高管团队的人员，中层以下管理人员由总经理聘任。董事长兼任党委书记后，所有干部的提拔、任命都必须要经过其同意，这样，其就拥有了企业经营决策和执行、人事、财务等各方面的绝对权力。企业内部的二元治理设计应是比较合理和高效的，但遗憾的是相关法律并没有对董事会的权力加以限制，如董事不得参与公司具体的经营事务之类，董事长实际上成为公司日常经营管理工作的主持者，位于企业权力的巅峰。内部监督严重缺位与董事长权力过大结合在一起，就成为国有企业治理的重大缺陷。"如果经济和政治权力都集中在同一个人或同一群人手中，那就必然导致专制、暴政"（米尔顿·弗里德曼等，1990）。这就导致了监督"一把手"困难。这正应了阿克顿的一句话："权力导致腐败，绝对的权力导致绝对的腐败。"

最后，总经理成为"二把手"。按照现有的企业治理模式，决策是董事会的职责，而执行是总经理的职责。决策与执行加在一起就是经营，治理机制要求决策和执行达到吻合的状态，二者有机统一才是最佳的选择。决策与执行不是一种制衡关系，而是紧密联系、不可分割的有机体，分开是不科学的。一项工作在执行过程中情况千变万化，企业无法频繁地召开董事会研究解决问题，董事长在此期间就会对一些重要事宜进行"拍板"。经营工作如果有新情况、新变化，经营层就不得不请示董事长，就有关事项调整或变更征得其同意。这种事情在实际工作中非常频繁，渐渐地形成一种习惯，董事长就会陷入日常的经营事务当中不能自拔。本应由总经理主持的日常经营工作却被董事长取代，这就导致董事长与总经理的关系很微妙。如果董事长和总经理双方都很强势，互不退让，可能在工作中冲突不断，矛盾不可调和，甚至不断升级，发展到最后难以一起共事，被迫调整；如果二者当中一弱一强，强者主导工作主基调，弱者"忍气吞声"，可能工作中有矛盾也不公开，关系基本维持，可以长期共事；如果董事长和总经理双方都很强势，但总经理选择理性退让，"搭便车"成为总经理的一种无奈选择。尤其在职业经理人市场化聘任、市场化薪酬试点政策出台后，总经理放弃部分权力，从而获得高薪酬，或"有职无权"，沦落为"会议总经理""协调总经理"，就成为与董事长的一种"交易"。即使董事长不专业，决策经常出现问题，总经理也不敢提出质疑或反对意见，关系在低效率状态下维持，总经理一有机会就有可能选择"跳槽"。在董事长高度集权的情况下，总经理的地位比较尴尬。经营工作是一个整体，把一个整体分成决策和执行两种职能，在难以界定清楚职责的同一个工作上安排两个主持人，把董事长和总经理置于不应该有的博弈关系之中，势必会导致矛盾和不必要的浪费。在博弈中，董事长自然占据上风，不断巩固日常经营工作主持者的地位，总经理却不得不退居"二线"。

（二）改进企业治理的实践

我国的现代企业制度起步较晚，从 1993 年《中华人民共和国公司法》颁布到现在不到 30 年的时间，对企业治理的理解并不特别深刻，对企业治理的探索方向也不够清晰。国有企业的治理既有与私有企业的共性，也有特殊性，需要按照国有企业的特点构建治理结构。对国有企业长期以来形成的三种治理模式，在实践中相关机构、人员一直在不断地探索，试图努力使其更加完善。到目前为止，国有企业治理实践探索的重点主要有以下三个大的方面。

第一，强化董事会职能。这方面的工作集中在两个方面：一是加强董事会的监督职能；二是国有资产出资人代表机构向董事会放权，强化董事会的决策职能。向董事会放权的工作近几年正有条不紊地推进，加强董事会监督职能方面的工作并不理想。包括私有企业在内的我国企业存在一个共性问题，就是监督虚化弱化，由此导致经营风险加剧。大股东挪用上市公司资金，侵占中小股东利益的违规风险增多，腐败案件发生，这首先引起了中国证券监督管理委员会（简称证监会）的高度关注。证监会于 2002 年 1 月 7 日发布了《上市公司治理准则》，率先在上市公司中引入独立董事制度，以强化对上市公司的监督，防范经营风险。之后，银保监会开始效仿。在引入独立董事的同时，并没有相应取消监事会。这样就形成了董事会的监督职责与监事会的监督职责交叉重叠。在董事会、监事会和经营层三个治理主体的动态博弈中，董事会和经营层由于在许多方面利益一致，很容易结合在一起成为博弈的一方，而监事会成为另一方。在现行的企业治理结构下，监事会自然处于下风。在监督无效或不认真监督的条件下，董事会成员，尤其是董事长和经理人就有动机合谋侵占国有资产（段永传、李雪梅、李学伟，2018）。加强董事会监督职责之后，将经营职责与监督职责合而为一，等于董事会自己监督自己。我国相关法律专门设立了监督机构——监事会，应该强化监事会的监督职责，而证监会的要求是强化董事会的监督职责。当然，独立董事的制度安排也在一定程度上强化了监督，但从整个治理结构上来看并不是最优的。如董事会设审计委员会是美国的做法，因为美国不设监事会，所以监督职责归董事会。这种架构并不适合国有企业。在设监事会的情况下，审计委员会设在董事会下就值得商榷。由此可见，以强化监督职责为重点的董事会建设，不仅没有提高企业的治理效率，反而加深了治理机构职责的重叠交叉，增加了治理的交易费用。

第二，党组织嵌入企业治理。在 2017 年 10 月全国国有企业党的建设工作会议之后，国资委等部门根据会议精神选择中国宝武钢铁集团有限公司等几家企业开展党组织内嵌到企业治理结构的试点工作。具体做法是董事会、监事会和经营层的主要负责人、纪委书记及其他重要管理人员在党委会"双向进入、交叉任职"，对股东会、董事会、经营层需要上会研究或决议的重大事项，实行党委会前置研究；党委会研究通过的事项，要求董事、高管在股东会、董事会、经营层等会议上贯彻党委会的意图；党委会没有通过的事项则不予上会研究决议。到目前为止，这种制度安排已经在国有企业中推广。

针对上述试点的做法，马连福、王元芳、沈小秀（2012）对党组织"双向进入、交叉任职"的治理模式进行了实证研究，认为党委书记兼任董事长不利于企业治理水平的提高；Porta R. L. 等（1999）更认为党组织嵌入企业治理会因产生更多的政治成本而降低企业绩效，对企业发展存在负面影响。

执行的实际情况也印证了上述观点。

一是"一把手"监督难的问题难以破解。国有企业存在的腐败和"一把手"监督难问题，恰恰是党委书记兼董事长个人的权力过大造成的。权力过于集中就为专权、专断、腐败行为创造了条件。

二是有人认为党领导一切就是党委会代替"三会一层"做决策，导致个别企业党委会对什么事该研究、什么事不该研究分不清楚。党委会研究的事项过多，会议过于频繁，"眉毛胡子一把抓"，许多重要的问题反而研究得不深、不透，走过场，没有体现出把方向、管大局的要求。不论大小，什么事都研究，责任都被推给了党委会。

三是党委会的集体决策与董事、监事、高级管理人员的个人责任产生了矛盾，导致责任无法追究。党委会的前置研究是集体研究讨论，而董事、监事和高级管理人员承担的是个人责任。党委会集体研究讨论承担或替代了董事、监事、高级管理人员的个人责任，是一个值得研究的问题。

这些在工作中遇到的实际问题，需要进一步研究和探讨。

第三，职业经理人制度试点。职业经理人制度试点目前有两种做法。一种是企业总经理（总裁）以下人员都实行了市场化聘任，只有董事长兼党委书记、监事长和纪委书记三人为委派人员，对市场化聘任和政府委派两类人员实行两种管理、两种待遇。据传，中央企业委派人员最高年薪为120万元，地方政府委派人员年薪不超过60万元，而市场化聘任人员薪酬却上百万元甚至几百万元不等。另一种是拿出高管副职中的一个或两个职位实行市场化聘任。这种做法不能改善企业经营管理的现状。浙江省国资委2019年对职业经理人试点进行了调研，并认为，职业经理人制度试点存在四难，即引入难、平衡难、留用难、追责难。

市场化选聘不充分导致职业经理人引入难。一是选聘范围相对狭窄。由于职业经理人市场不成熟，可选择范围受限。再者，充分考虑到职业经理人的政治背景以及适应性问题，进一步压缩了可选范围。二是选聘程序相对冗长。从调研情况看，职业经理人选聘环节较多，背景调查严格，部分候选人因招聘时间过长而放弃。三是选聘手段相对被动。好的人才需要主动"抢"，对比国有企业与民营企业招聘模式，前者必须按照拟定好的招聘方案去选人，遇到特殊情况无法及时应变，后者能够根据实际情况随时调整，手段更为灵活。

体制内外身份差异导致企业内部平衡难。一是职业经理人内部转换通道未打开。浙江省大部分试点侧重从外部引进，并规定内部人员不得参与，堵死了内部人员转化为职业经理人的通道。二是两套体系打击体制内员工积极性。职业经理人薪酬标准高，激励力度大，薪酬差异容易造成内部员工心理落差，且职业经理人作为"空降兵"，影响了内部员工的成长阶梯。三是出现体制内优秀人才流失现象。随着职业经理人制度的推行，出现体制内人才流失现象。据了解，薪酬问题是员工离职的主要原因，这从一个方面反映出省属企业在激励机制、人力资本投入以及人才选拔机制上的不足。

体制机制不完善导致职业经理人留用难。一是治理运行结构不完善，经营自主权受限。职业经理人制度的前提是企业所有权和经营权有效分离，部分国有企业法人治理结构不够完善，距建立权责对等、运作协调、有效制衡的决策机制还有一段距离。二是体制内外环境存在差异，水土不服现象普遍。

一方面，职业经理人短时间内可能较难适应国有企业氛围；另一方面，当国有企业内部配套资源不足时，职业经理人发挥的作用就大打折扣。三是薪酬低于市场人才定价，激励机制不充分。人才定价方面，职业经理人薪酬总体情况仍与市场价位存在差距；激励机制方面，由于注重短期激励，可能导致经理人忽视长远发展。

约束机制不到位导致职业经理人追责难。一是重选聘机制、轻风险控制，风控意识有待加强。浙江省推进试点时，通过与职业经理人签订"三书一办法"来规范管理，合同条款相对简单，难以起到真正的约束作用。二是"能上不能下""能进不能出"，退出机制仍需完善。在实际操作中，鉴于《中华人民共和国劳动法》规定和公司声誉，职业经理人"下"和"出"往往是个问题。另外，对于职业经理人因年龄问题退休缺乏相应考虑。三是未能形成实质上的法律约束，事后追责困难。经营效果有滞后效应，建立职业经理人有效追责追溯机制通常被忽略。

由于职业经理人市场建设不完全、企业治理的生态环境不够好、企业内部管理的基础条件不够完备，如契约管理、绩效考核、能力甄别、权力界定等不清晰，职业经理人试点并没有太多可以总结的经验。无论哪一种试点都没有改变董事长兼党委书记这一个人肩负第一责任的事实；与其他所有制企业相比，也没有出现绩效明显改善的情况，反而加大了不公平性，产生了问题和摩擦。如把企业高管人员分为行政人员和经营人员，委派人员和市场化聘用人员，并主张实行差别化薪酬待遇。这把作为一个整体的高管团队人为地分为两类人，对他们实行两种待遇，让他们承担两种责任。这种做法不利于国有企业的治理。企业的经营出了问题，市场化聘用人员提前就可以辞职走人，他们并不对自己造成的问题负责，这也会使得事后清算非常困难。董事长是委派人员，其所肩负的重大决策责任与其行政人员的薪酬不匹配。监事长作为监督者，在现有的制度安排下，一般不会对经营有直接的影响，但他们也要承担因经营不善而连带的监督责任。由此可见，对国有企业部分高管岗位实行职业经理人制度不是国有企业改革的方向。

总之，之前部分国有企业治理的实践探索，由于没有引入产权和交易费用，不仅没有解决企业治理固有的问题，反而越改革企业治理越复杂，越改革权力越不清晰，越改革治理成本越高。

（三）症结的根源

造成上述问题的原因主要有以下几个方面。

第一，《中华人民共和国公司法》不够完善。按照其搭建企业治理结构难以落地执行。企业治理权力的界定是以财产所有权和经营权为基础来划分的，其中财产所有权中的一部分，即除了收益权和股权退出之外的权力，转化为监督权。但《中华人民共和国公司法》是按照决策、执行和监督来界定权力的，这就让人难以理解，因为找不到这三种权力的边界，更找不到分别衡量这三种权力行使效果的标准和尺度。我们看《中华人民共和国公司法》就可以发现，其对董事会、经营层的职责界定比较清晰具体，而对监事会的职权规定就比较模糊，难以操作。决策权统一划归董事会，对于监事会发现的董事或董事会的问题，如果董事会决议不纠正或不处理，监事会一点办法也没有，制衡机制就会失效。对此，2017 年，亚洲公司治理协会对外国机构投资者进行了问卷调查，仅有 10% 的被调查者表示他们可以理解中国的企业治理体系，1/3 的被调查者表示部分理解，而将近 60% 的被调查者承认他们并不理解。我国国有企业现行的治理制度，不仅别人不明白，就连我们自己也觉得难以理解。

第二，企业治理偏离了经营与监督相互制衡的基本原理。《中华人民共和国公司法》规定的法人治理结构是董事会和监事会并存的"双会制"。但在国有企业的实践当中，董事会的决策权被国有资产出资人代表机构侵占，由于相关法律对监事会的监督权规定比较笼统，起不到有效监督的作用。经营与监督相互制衡的企业治理的基本原理在国有企业中没有得到充分体现。国有企业的董事长实际上是企业经营的日常主持者，监督机构实际上是国有资产出资人代表机构。企业内部经营与监督的制衡机制实际上变成了外部的政府监管部门对企业的制衡机制，监事会也由国有资产出资人代表机构派驻。政府的外部监管权力很大，但仅靠事后的审计检查并不能完全了解真相，加上有些监管部门人员是由行政人员转岗而来，缺少经营管理专业知识，其实际起到的作用有限；而企业内部的监督由于缺乏必要的权威性和独立性，也起不到应有的作用。

第三，国有企业治理与其经济基础和资本组织形式的特点不符。我国的企业治理结构是在英、美、德、日等国企业治理结构的基础上形成的。股东大会同时选举董事会和监事会成员，是借鉴日本的做法；监事会里有职工代表显然是德国的做法；董事会和经营层分设是英国和美国的做法（李维安、牛建波，2014）。英、美、德、日等国家企业治理的内在逻辑是建立在财产私有制的基础上的，财产私有制可以和股东个人的人力资本连为一体，也就是说，股东自己可以拥有经营权。而我国的国有企业是建立在财产公有制的基础上的，国有资产出资人代表机构是政府指定的监督管理机构，不可以拥有经营权。这就需要按照国有企业的特点界定财产所有权拥有者和人力资本所有权拥有者的权力。

企业治理应当建立在资本组织形式的基础之上。如日本的企业治理是建立在法人股东相互参股和主银行制基础上的；美国的企业治理则是建立在股权高度分散基础上的。我国国有企业的资本组织形式与这些国家的都不一样。

一方面，大股东权力突出。国有资产出资人代表机构的行政权力和资本权力结合在一起，甚至是行政权力超过资本权力，这就意味着国有资产出资人代表机构等监管部门的权力很大，具有权威性。

另一方面，债权在企业资产中占有重要地位。银行贷款占总资产的比例较大，平均70%左右。复旦大学的张军教授（2015）在推荐奥利弗·威廉姆森的《治理机制》一书时表示，威廉姆森认为债务和股权不仅是一种融资工具，也是治理工具。在中国，银行基本由国家独资或控股，国有企业的经营风险会成为银行信贷风险，二者紧密联系、不可分割。防范金融风险必须从防范企业风险入手，银行应成为企业治理的重要一方，但没有。

第四，行政权力支配经济权力的现象仍存在。在国有资产出资人监管机构印发的国有企业改革的有关文件中，不止一次提出要加强董事会建设，强化董事会对企业经营管理的自主决策职能。其本意是将国有资产出资人代表机构不应有的审批权限归还给董事会。党的十八大以来，中央多次简政放权，要求国有资产出资人代表机构制定权力负面清单，这使得董事会的权力得到明显改善，但其与企业经营所需要的还有一定差距。可以说，行政权力仍然支配着经济权力。

企业主要负责人是行政的产物，不是市场的产物。与我国的国有企业相比，美国企业董事会的决策质量要好很多。这是因为美国有相当一部分企业的董事长，集企业创始人、投资者、经营者、技术权威或公认的杰出贡献者于一身，企业是在其领导下发展起来的。而国有企业的董事长有些既不是企业的创始人、投资者、技术权威或公认的杰出贡献者，也不是董事会自主选举的懂经营、会管理的专业人士，而是国有资产出资人代表机构选定的，有一部分是过去与企业鲜有接触的政府工作人员，由此产生的国有企业的董事长可能毫无商业经验，在短短的任期内，不足以充分理解并适应需要管理的业务。

国有企业董事的产生也与此类似，有的是监管部门委派的，有的是大国有企业（控股母公司）委派到小国有企业（控股子公司）的。在实际工作中，董事会成员，尤其是独立董事和股东董事信息不对称，除了文字修改意见，可能提不出太多有价值的意见或建议，"随声附和"的可能性更大。独立董事虽然推荐人不同，但最后都必须经由董事长同意，对董事会的决议，固然个别的独立董事能够发表独立意见，但许多独立董事或正面评价一番或提出一些不痛不痒的意见。还有一些独立董事因为缺乏对业务、市场以及所在企业运营情况的深入了解，很难就重大决策提出独立且权威的意见。在这种非专业、非市场、非选举的情况下产生的董事组成的董事会，其决策质量和效率就不言而喻了。董事会建设的要义是确保决策正确，执行有力，避免或减少不确定性，但在行政权力占支配地位的情况下，要做到这一点比较困难。

四、国有企业治理的内在逻辑

企业治理的内在逻辑与一个国家的政治治理逻辑密切相关。德国经济领域的企业治理共同决定制度与政治领域中被称为社团主义的政治制度相辅相成；日本劳动力市场与组织领域的终身雇佣制、金融交易领域的主银行制曾以互补性结构存在，本质上是与江户时期共同体规则类似的社会规范的部分延续（青木昌彦，2017）。毫不例外，中国的企业治理也应当适应中国的政治经济制度，并与核心利益相关方相结合。

（一）监督与经营的制衡

分权是重要的治理逻辑，也称为产权逻辑。监督与经营的制衡是所有企业共有的治理原则和逻辑，国有企业也不例外，必须遵循和坚持。张维迎（2015）认为，经营权是代理人职责所赋予的，不是从所有权中分离出来的。对于代理人来说，承担经营风险是一种责任，从事经营管理是一种权力，取得经营收入则是一种利益。股东和代理人比较，股东的所有权与经营权并没有分离，投哪一个企业、投多少是股东的事，是从企业退出还是继续持有也是股东的选择；代理人经营的是企业的财产，股东的资本退出或持有不影响企业财产总量的变化，至于说股东是甲或是乙，对代理人来说都一样。但企业的财产是由股东投入的，影响股东的资产价格，股东一定会对经营活动进行监督。

经营权的分解，把股东的经营权和代理人的经营权说清楚了。由此，研究企业治理的一些文献，大多是从股东构成的角度，重点研究股东如何治理企业，也就比较容易理解了。如美国是股东主导制，主要股东对企业的治理起决定性作用；德国是主银行制，银行对企业的治理起主导作用；日本是主银行和企业相互参股相结合，银行和参股机构主导企业的治理。在我国的国有企业中，国有资本占据突出地位，国有资产出资人代表机构自然对国有企业的治理起主导作用。国有企业的治理结构如何搭建，基本取决于国有资产出资人代表机构的制度安排。因此，国有企业治理的好坏、效率高低，关键在于国有资产出资人代表机构。但股东在企业之外，如果企业内部没有监督控制代理人，就不能很好地监督企业。现有的国有企业治理存在的问题，与国有资产出资人代表机构把重大经营权界定给自己，而对企业内部治理制度的供给不足有直接关系。

经营权在股东和代理人之间的分解也能够解释，为什么在企业中代理人的经营权越来越大。企业治理的发展趋势是，知识和专业技能在企业治理中占有越来越重要的地位，财产所有权让位于经营权，类似于 AB 股的"同股不同权"已获得许多国家的法律许可。"同股不同权"导致股权的重要性相对下降，股东逐渐远离企业治理核心，越来越边缘化、外部化，而经营者的经营权在企业治理中的重要性则相对上升。在阿里巴巴，第一大股东日本软银集团，只委派一名没有表决权的观察员（郑志刚，2018）。这一典型案例告诉我们，企业治理正在向分权治理模式发展，经营管理机构与监督控制机构这两大治理主体的权力界定是企业治理的关键所在。国有资产出资人代表机构把企业经营权界定给经营管理代理人是大势所趋，不应再拖延和犹豫。

在经营者的经营权完全落实的情况下，对经营者的监督权也必须与之匹配。除了上述国有资产出资人代表机构委派监督控制代理人代表国有资产所有者行使监督权，还有几个方面必须考虑。一是债权所有者。在中国，国有商业银行是企业的最大债权人，其贷款风险与国有资产出资人代表机构的股权风险是一致的，而且股本和信贷资金是分属两个不同经营主体的国有资产，所以银行也应当像国有资产出资人代表机构一样直接监督经营者。二是行业监管部门。在股权高度分散、资本高度社会化的情况下，政府监督就是风险控制的最后一道防线，退无可退。由此，证监会、银保监会应改变目前的间接监管模式，实行负面清单管理，但要强化一线监督，做到贴近监督。

（二）政治与专业的相互促进

党的领导是中国特色社会主义制度的最大优势。在这一原则之下，对不同的组织，党的领导的方式可能有所不同。党委会嵌入企业治理使国有企业的治理格局发生了重大变化，"政治治理—专业治理"成为又一个治理维度，与"监督者—经营者"制衡关系构成"双二元"治理结构。这就是中国特色的现代企业治理结构。我可以用一个简单的图把这一关系构建出来（见图5-5）。

治理关系方

政治治理（党委会）—专业治理（经营管理代理人）

监督者（监督控制代理人）—经营者（经营管理代理人）

图5-5 "双二元"治理结构

权力是分设的，责任是具体的。谁"拍板"，谁负责。

企业与军队非常相似。大型国有企业大多有几万人、十几万人，员工众多，规模之大，分布之广，与军队相比有过之而无不及。

企业与军队一样具有层次分明的管理层级，自上而下都有明确的授权体系，军队以命令指挥军事行动，企业则以指令指挥生产经营。

企业与军队一样，决策和执行的效果立竿见影。军队的决策正确与否以及执行力如何，体现在一个个战役的胜负上；企业的决策正确与否以及执行力如何，体现在每一个年度的经营绩效上。

与经营和监督相互制衡的关系不同，政治治理与专业治理更多是相互促进。政治治理的目的是更好促进专业的创新创造，提高资本效率和劳动生产率。企业的党建和政治思想工作是为了保证国有资产保值增值，增强国有企业的竞争力。而专业的运用是为了实现"以人民为中心的发展"这一目标，大方向不能变。当然，政治治理与专业治理有相互监督的作用，就像政治组织对军事组织具有监督作用一样，企业的党委会对企业的主要经营管理人员和经营事项具有监督作用。党的领导具体体现在监督上可能是最佳形式，监督就是领导。这里需要强调的是，党领导的效果也要用生产的或技术的经营指标作为衡量标尺之一。如果党委会的政治监督在许多事情上没有硬性的指标度量，把握不好就可能走向没有抓手的空虚化、脱离实际唱高调。因此，把党委会的监督与经营者的监督结合在一起，可能是最佳的选择。

五、国有企业治理模式选择

无论从企业治理的基本原理、资本构成、股东特性还是内在逻辑，国有企业治理结构都应回归二元治理模式。美国和英国的治理结构、德国和日本的治理结构都是二元治理模式的典型范式。但美国的集权治理模式不适合国有企业，因为我国国有企业的治理问题恰恰是高度集权所致。我国国有企业的高度集权不仅表现为经营权与监督权集中，而且表现为政治权力与资本权力集中。因此，在垂直式的分权治理结构或平行式的分权治理结构中进行选择可能比较合适。

(一) 基本治理结构

我国有专门管理国有资产的机构，具有选择代理人及委托经营国有资产的权力，所以经营管理代理人和监督控制代理人必须要由国有资产出资人代表机构推荐或选聘，这是我国国有企业治理比较独特的地方。由此，平行式分权治理结构就成为国有企业治理结构比较恰当的选择。

按照"监督者—经营者"二元治理的基本原理，在股东大会下设经营管理委员会和监督控制委员会。基本治理结构如图 5 – 6 所示。

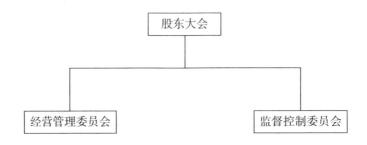

图 5 – 6　基本治理结构

经营管理委员会，即董事会，是企业的经营机构。董事长兼任 CEO。这里的董事会不再有监督的职责，但对下属的管理职责必须强化。现行董事会的监督职责移交给监事会。董事会聚焦于决策和执行。决策正确和减少不确定性是董事会的建设方向。

监督控制委员会，即监事会，是企业的监督机构。由于对"董监高"的政治监督和廉政监督主要由纪委、监委负责，监事会的主要职责是对事前、事中的重大经营事项进行监督，事后监督如审计、考核评价由国有资产出资人代表机构履行，这个前面已经讲过了。有效控制防范经营风险和合规风险成为监事会的重点工作，而监督的权威性、专业性和独立性则是监事会建设的方向。

在现有职责的基础上，重新调整和界定二者的权力和责任，界定清楚股东大会、监事会的权力边界，把剩余权力界定给董事会。这样股东大会、董事会和监事会就形成了稳定的"正三角"结构。

（二）党委嵌入企业治理

党委嵌入企业治理应建立在上述"正三角"结构的基础之上。为了减少交易费用，有必要把"政治治理—专业治理"和"监督者—经营者"合并在一起。经营者就是专业治理者，决策与执行本身就是不可分割的整体；监督者与政治治理者合并在一起就成了不二的选择。这就形成了新的国有企业"双二元"治理结构，其具有以下几个要点。

一是党委书记和董事长由两个人分别担任，做到了政治权力与经济权力分离，解决了权力过于集中和"一把手"监督难的问题。

二是决策与执行合而为一，即董事长和总经理由一人担任，解决了决策和执行的碰撞和摩擦，有利于提高工作效率。

三是监事会和党委会的监督职能合在一起，既对"董监高"个人监督，又对重大经营事项监督，实现了全面监督、全方位监督的格局。党委书记和监事长可由一人担任，便于协调监督工作。

四是仍以董事会为中心。这就要求党委、监事会以及监事不参与企业的具体经营管理事务，至少不得越过经营层成员直接对下"发号施令"。

"政治治理—专业治理"和"监督者—经营者"的治理结构合并在一起，弥补了过去国有企业治理的不足，实现了经营管理权和监督控制权的基本均衡。这样构建公司治理结构，不仅能令经营管理更加专业，党的领导也会得到加强。

首先，强化了党建。党委作为企业治理的重要一方，加强党的建设和政治领导，是我国国有企业治理的一大优势。董事长和党委书记分设之后，党委书记就会有更多的时间抓党建，这必然会使党建得到加强。强化了党建，党的各项方针政策就能够在国有企业中得到贯彻落实，企业也可以更好地坚守政府所赋予的使命，承担更多的政治责任和社会责任。

其次，强化了把关作用。党委的把关作用主要体现在对干部的决定、考察和评价三个方面。这样，党委对干部的管理和监事会对董事、高管的评价自然地结合在一起。不论应由谁动议或提名，凡是重要干部，如高级管理人员和重要的中层管理人员，均由党委研究决定；凡是招聘有一定职务以及晋升、晋级的人员，党委都要进行认真考察。对于考察通过的人员，准予聘用；对考察不合格的人员，则不予聘用。除此之外，党委拥有对有问题的干部的处置权，包括撤职、辞退、降级、降薪等。

最后，强化了监督。党委的监督和监事会的监督形成了合力。在党委强化对董事、监事、高级管理人员监督的同时，监事会可以将主要精力集中于经营事项的监督方面，强化经营事项的制度把关和过程监督。

（三）现有治理模式的完善改进

在遵循"经营者—监督者""政治治理—专业治理"的基础上，对国有企业现有的治理模式可以做如下完善。

一是国资委监管的以实体企业为主的企业，在现有模式的基础上可以明确党委会是政治领导机构，董事会是监督控制机构。董事长兼党委书记，董事长与总经理分设，董事和党委书记不参与具体的经营事务。

二是国有独资企业现有的模式，将党委书记和总经理分开，由两个人分别担任。党委会是领导和监督机构，经营层是经营管理机构。党委书记不参与具体的经营事务。

完善后的治理模式同样存在一个共同的缺陷，那就是与国际接轨有一定的困难，对企业在国外上市融资有一定影响。相比较而言，我建议的基本治理模式既符合中国国情，又与国际接轨；既节省了交易费用，又确保了治理的效率，是比较适合我国国有企业的治理模式。

（四）国有独资企业的治理

有人认为，国有独资企业不应设董事会和监事会，这是不正确的。无论是独资还是股份制企业，董事会和监事会都是必不可少的治理主体和责任主体。国有独资企业现行的治理结构是设党委会和经营层，党委书记兼总经理。这种结构的缺陷有三个：一是决策系统比较封闭，缺少专家参与，不利于正确决策和减少不确定性；二是党委书记兼总经理，监督机构与经营机构没有分设，权力比较集中；三是由于没有股东会，国有资产出资人代表机构容易越权越位。因此，我认为，国有独资企业同样需要将经营管理职责与监督控制职责分开，相应地也应设经营管理机构和监督控制机构。

需要提醒的是，二元治理结构容易出现"消极的权力制衡"和"积极的权力制衡"两种极端现象。这两种极端现象都有可能对企业造成严重的危害。"消极的权力制衡"指的是掌握经营管理权与监督控制权的两人相互勾结，合谋侵占国有资产，机会主义行为难以避免和克服；"积极的权力制衡"指的是掌握经营管理权与监督控制权的两人相互排斥，形不成决议，影响企业的经营和发展。能否有效避免这两种极端现象的出现，国有资产出资人代表机构的监督是关键。国有资产出资人代表机构可以通过对经营管理代理人和监督控制代理人评价、任免、调整等手段，让经营管理权和监督控制权的制衡保持"平衡"状态，既保持有利于企业经营和发展的合作，又保证重大事项、重要原则不出现颠覆性的错误。

六、国有企业董监事的选择

权力界定是产权方法在国有企业改革中的重要体现。而权力界定的前提是弄清楚权力分解的合适对象。然后，决定哪一方适合进入董事会，哪一方适合进入监事会，并做出一个合理的制度安排。威廉姆森（2016）认为，企业治理应当由那些向企业提供专用资产或者为专用资产提供资金的人掌握。这些人就是国有企业治理的核心利益相关方。

（一）核心利益相关方

1. 财产所有权人

股权结构是决定企业治理结构最重要也是最基本的因素。按照威廉姆森（2016）的说法，股权具有决策的专断权。古典资本主义企业绝对地按股权比例来界定权力，没有其他。资本主义之所以叫资本主义，就是因为信奉财产（资本）权力决定一切。虽然现代企业制度对古典资本主义企业制度提出了挑战，高度分散的股权使得一个大股东或几个较大的股东均无法达到控制企业所需的股权比例，但这些大股东，尤其是创始股东，以稀释自己的股权为代价，凭借在企业初创和发展的过程中公认的贡献、经营能力和业绩仍然牢牢地控制着企业。"同股不同权"的制度安排，虽然进一步确立了人力资本对企业的控制地位，但股东作为一个整体，仍然对企业的重大决策起决定性的作用（威廉姆森）。"同股不同权"使得一些股东失去了推荐董事或监事的机会，但股东委派的董事和监事仍是企业经营管理团队的重要组成部分，在一人一票制的董事会或监事会表决议程中仍有较为重要的话语权。

2. 债权人

股权和债权不仅是一种融资方式，而且是一种治理结构（威廉姆森，2016）。债权大致分为两种。一种是短期债权。这种债权的债权人就没有必要进入企业的治理结构中。另一种是长期债权。长期债权通常会要求企业用耐用资产作抵押，使债权人享有优先索取权。还有很多债权人要求企业以股权作抵押才给贷款。"债权人的贷款风险越大，债权人就越关注企业经营决策与战略规划的细节：因为资产负债率越高，债权人就越像股东，经营者与其主要债权人就越要依靠协商来解决问题。遇到这种情况，银行就有理由把自己的代表派进企业的董事会，并享有投票权"（威廉姆森）。中国的国有企业负债率大都在70%左右，其中长期借款占有相当大的比重。为了获取更多的信息，强化与债权人的协调，有必要吸收债权人参与企业治理。在这方面，可以借鉴日本、德国主银行制的做法。虽然威廉姆森提出了"债股权"的概念，但在实际操作中，债权人还无法像股东那样参加股东会、参与企业重大事项的决策，但债权人可以向企业委派董事或监事，参与企业的经营管理事项，从而对自己的债权进行监督。

3. 经营者

经营者即人力资本所有者，人力资本与物质资本一样，都是企业的重要构成要素，所以人力资本所有者完全可以参与企业治理。人力资本参与企业治理的最好方法就是建立经营管理团队，既要与物质资本平等地参与企业成果的分配，又要有代表进入董事会。威廉姆森也支持经营者进入董事会的做法。他认为经营者进入董事会有以下三个方面的好处。

一是董事会能随时观察决策过程以及结果并作出评价。由此，董事会就掌握了有关经营者能力的第一手资料，这有助于避免犯下用人不当的错误，即使用错了人也能很快地纠正过来。

二是董事会必须从互有短长的投资方案中作出选择。如果有经营者参与，其提供的信息要比董事会只在形式上介入企业决策所得到的信息更多、更深入。

三是经营者进入董事会有助于保护经营者与企业之间的雇用关系——这对评价正式申诉程序的规定是否得当具有重要作用。

经营者进入董事会面临的挑战是，在现有的制度安排下，董事会的监督作用大打折扣，经营者"迟早也要暴露出自抬身价或别有用心的马脚"（威廉姆森）。这就需要对董事会和监事会的职责进行重新定位，以确保对经营者的这些行为进行监督。

4. 行业监管部门

对国有企业来说，行业监管部门如证监会、银保监会等，其职责主要是监督企业经营业务的合规性。而事实上，它们的监管内容已大大超出业务合规监管的范畴，如经营风险的管理就成为目前行业监管的重点。这就涉及资本金（偿付能力）、企业治理、业务经营、流动性等方方面面的事项，行业监管与股东监管高度重合。行业监管部门现行的监管手段和方式主要是事后检查，或接到举报后进行专项检查，仍属于外部监管，效果并不是很好。由单纯的外部监管方式向内外监管相结合的方式转变应是今后行业监管发展的方向。行业监管部门派代表进入国有企业治理结构是实现这一目标的重要途径。参与的最佳方式是进入监事会。这样不仅可以让行业监管部门获得更多的企业内部信息，还可以增强整个监事会监督的权威性。

5. 行业专家

行业专家以专业知识和对行业发展趋势以及前瞻性的研究，对企业的技术研发和科学决策具有极为重要的作用，是确保对重大事项决策正确的重要力量。据姚云、于换军（2019）引述 Hermalin 和 Weisbach（2003）的研究，在美国，更高的外部董事比例并没有和更高的企业绩效相关，而是和更好的决策相关，比如收购、管理层薪酬和 CEO 更替等。由此可见，行业专家也是企业治理的核心利益相关方。

有人认为，员工也是企业治理的核心利益相关方。我认为，员工是企业发展的贡献者，与企业利益密切相关，但这与企业治理的核心利益相关方不是一个概念。企业发展的好坏直接关系着员工的就业和生活，员工选举代表参与企业治理却是另一回事。员工参与企业治理并不是最佳选择,理由如下。首先,员工的利益与企业的利益并不总是一致的。如西方企业的工会在维护员工利益稳定或增长的时候,并不考虑企业经营绩效的周期性波动。员工不断增长薪酬的要求与企业发展的周期性波动总是矛盾的。在企业经营不景气的情况下,辞退员工或降低员工工资将会遭到工会强烈的反对。而对企业的管理者而言,辞退部分员工或减少员工的薪酬而减少的成本可能会让企业"缓过一口气",为走出困境赢得时间。其次,企业员工的知识水平和对信息的把握能力可能相对较低,进入企业治理层并不一定能起到积极的效果。国有企业现行的做法是,员工中进入董事会或监事会的人员中,中层部门负责人居多,但即使是这样,他们对企业重大事项决策的实际作用也非常有限,充当投票机器的占大多数。最后,企业高管是否侵占了员工的利益、是否尽到了社会责任,由企业党委监督更加有力。国有资产出资人代表机构以及其他外部监督者做最后评判,可能比员工进入董事会或监事会效果更好。

(二)董监事的组合选择

1. 董事的最佳搭配

根据决策与执行二合一的制度安排,我们应把董事分为两类:一类类似于执行董事,组成企业的经营团队;另一类是专家董事,由聘请的有关专家组成。对董事会决议的表决仍然实行一人一票制。这样对董事的知识结构和专业素养等各方面的要求与现行的做法就有所不同。董事主要应包括以下四类。

一是股权董事。股权董事是天然的企业剩余索取者(威廉姆森,2016)。股权董事的重要性并不体现在数量上,而是董事长人选要从中产生。相反,相较于现行的董事结构,股权董事的数量要相应减少,为经营者董事等预留出空间。

二是债权董事。在几个贷款银行中,由长期贷款(三年以上)最多的银行推荐一名董事,代表债权人参与企业重大事项决策。

三是经营者董事。应当由经营层成员集体选举产生或推荐。

四是参谋董事。其以强化决策正确为己任,为企业的高级参谋。因此,参谋董事必须独立于股权董事、债权董事以及经营者董事，是从第三方选聘的行业技术专家、经营管理专家、法律事务专家、人力资源专家以及财务专家等。参谋董事不仅可以保证决策正确，而且可以减少股权董事为争夺自身利益而进行的事后讨价还价（威廉姆森，2016）。因此，参谋董事的数量在董事会中应占多数。

2. 监事的最佳选择

监事会建设以强化监督权威、有效制衡为目标，主要目的是减少经营风险和合规风险。所以监事会建设的方向是强化监事的专业水平，以及对监督的权威性和独立性做出制度安排。因此，监事应包括以下几类。

一是股权监事。股权监事是所有股东的代表，其代表股东对企业的经营事项进行监督，以维护股东的利益为主要目标。大股东委派的监事应是监事会主席（监事长）的人选。

二是债权监事。债权监事由提供长期贷款较多的一家银行推荐，可以是推荐董事的银行，也可以是其他银行。如果银行推荐了董事，可以不再推荐监事。

三是合规监事。合规监事由行业监管部门推荐，主要负责合规风险的监督，如证监会、银保监会等向企业推荐监事，把行业监管部门的外部监督向内部监督延伸。合规监事成为专职监事可能比兼职监事的效果更好。

四是专职监事。监事会也可以根据需要设立专职监事。专职监事应具备注册会计师或高级会计师的资格，应成为监事会的主要工作人员。

在监事的构成中，股权监事、合规监事和专职监事应是必不可少的中坚力量。把行业监管部门引入监事会，监督的权威性就会大大加强。如果党委书记兼任监事会主席成为制度安排，监督的权威性将会史无前例地提升，就可以有效地解决"一把手"监督难的顽症。

七、治理主体的权力界定

在国有企业，股东会、监事会、董事会、党委会成为不可或缺的治理主体。按照产权方法，在界定治理主体的权力时，要把股东会的权力边界界定清楚，股东会享有特定权力。在界定监事会、董事会的权力时，监事会享有特定权力，而董事会享有剩余权力。只要把监事会的权力边界界定清楚，董事会的权力自然就清楚了。

（一）股东会的权力

现行《中华人民共和国公司法》里规定的股东会的职责有十一项。国有企业新的治理结构要求经营权力或近似经营性的权力应当委托给代理人，如企业的经营方针和投资计划、年度预算和决算方案等。股东会应掌握核心的权力。我认为国有企业的股东会有以下几项权力比较合适。

一是选聘或更换董事长、监事长（监事会主席），选聘董事和监事；决定薪酬激励制度；确保权力制衡、高效运作的企业治理结构。这是选择代理人并激励代理人的权力。

二是界定企业党委会、董事会、监事会的权力，明确决策程序，等等。这是制定和修改企业章程，也就是制定企业基本大法的权力。

三是审议批准董事会的报告、监事会的报告。这是监督代理人及其经营团队的权力。

四是决定企业合并、分立、增资、减资、退出、解散、清算或变更。这是对重大经营事项决策的权力。

五是决定企业分红或弥补亏损方案。这是享有经营成果的权力。

有人认为应增加"企业章程规定的其他职权"，这样比较严谨。我认为，"其他"涵盖的范围比较宽泛，在存在强势股东的情况下，增加这一条不利于限制股东会的权力。如果在执行中有需要增加某项权力，直接修订企业章程即可。

（二）监事会的权力

监事会的职责是监督与控制。在财务审计和对董事、高管等进行评价由国有资产出资人代表机构负责，廉洁经营的监督由纪委、监委负责的情况下，监事会监督什么、控制什么？把这个问题搞清楚，监事会建设就有的放矢了。国有资产出资人代表机构的审计评价是事后监督，那么监事会的监督就应该是事前监督或事中监督，这样监督才能形成一个完整的体系。纪委、监委的监督是对人的监督。为了不与纪委、监委的监督职责交叉重叠，监事会的监督重点应该是对重大经营事项的监督。这对监事会进行了准确的定位，即对重大经营事项的事前监督和事中监督。在新的"双会制"治理结构下，监事会的职责应当做实。我认为，监事会的主要职责应包括以下几项。

第一，评估企业战略发展规划和年度经营计划，并提供咨询建议。

第二，评估企业运营模式，并提供咨询建议。

第三，评估企业组织架构设立方案，并提供咨询建议。

第四，审查企业年度预算和决算。

第五，审查企业薪酬激励、业务、财务等基本制度，纠正涉嫌侵占产权的规定等。

第六，检查企业财务，纠正违规行为和事项。

第七，审查企业合并重组、分立变更、增资减资、贷款融资、债券发行、项目投资、对外担保、解散清算等方案。

第八，执行股东会决议，向股东会报告工作。

监事会的权力集中在三项咨询和四项审查方面，而对"董监高"的监督职能交由纪委、监委履行。由此，监事会对企业的经营风险控制负责，有权对企业的各项经营管理活动以及有可能损害股东利益或存在经营风险的事项进行专项检查、专项调查；有权查阅企业的各种规章制度、会议记录等一切信息资料；有权对不配合检查、调查，拒绝提供信息资料的董事、高管以及有关人员进行法律诉讼；有权对董事会的提案、议案等研究事项提出质疑或意见；有权聘请中介机构帮助工作。监事会对上述第四到第七项有否决权，但不得参与企业的具体业务执行活动。监事会应当有独立的工作机构。工作机构可以将审计或风控部门合署。

（三）董事会的权力

董事会即企业的经营管理委员会，是企业治理和运营的核心，对完成企业发展目标和经营目标负责，向股东会报告工作。其具有制定各种规章制度、设计组织架构和运营模式、制订各种工作计划和方案、组织各类经营活动等职权。除了需要监事会审核通过的有关事项，董事会可以决定集决策与执行于一体的其他事项，具有充分的经营自主权。由于董事会享有剩余权力，对其职责没有必要逐条罗列。

为了更好履行上述职责，董事会、监事会可以成立专业委员会。董事会可以设立战略投资委员会、执行委员会、社会责任与诚信委员会、薪酬提名委员会等；监事会可以设立制度审查委员会、风险控制委员会、薪酬提名委员会等。如果国有资产出资人代表机构将财务审计和对董事、高管的评价两项权力交给内设监事会的话，监事会还可以设审计委员会和履职评价委员会。

（四）党委会的权力

按照党章的有关规定，企业党委会的职责可以具体到以下几个方面。

一是领导企业贯彻执行党的方针政策、国家的法律法规、上级党委及同级党委的决议；监督企业按照政府确定的使命、职责和任务从事各项经营管理活动。党委会对违反党的方针政策、国家的法律法规和党委决议的事项有否决权。

二是领导企业学习马克思列宁主义、毛泽东思想、邓小平理论和"三个代表"重要思想、科学发展观、习近平新时代中国特色社会主义思想，组织开展思想政治教育，增强"四个意识"、坚定"四个自信"、做到"两个维护"，不断提高政治品格。学习科学文化知识和专业知识，按照德才兼备的要求培养员工。

三是领导企业贯彻执行"一岗双责"，抓好党风廉政建设，以及党的纪律检查工作和行政监察工作；监督企业各级管理人员廉洁从业、合规经营，做到对腐败行为"零"容忍，做出对违纪违法人员的处理决定。

四是领导企业履行社会责任，贯彻"创新、协调、绿色、开放、共享"的新发展理念；积极推进供给侧结构性改革和高质量发展；监督企业和员工遵守道德规范、诚信经营，杜绝欺瞒哄骗行为；保护生态环境，坚持绿色发展。党委会对违反诚信经营、规避社会责任和不符合绿色发展理念的经营行为有否决权。

五是支持董事会、监事会依法履行职责，协同做好经营管理的各项工作。主持解决董事会、监事会之间的分歧，并形成党委会决议供各方执行，或上报上级监管部门裁决后执行，促进经营管理各项重大目标任务的完成，不参与企业具体经营活动。

六是领导基层组织建设。对党员进行教育、管理、监督和服务，提高党员素质，坚定理想信念；对要求入党的积极分子进行教育和培养，做好组织建设工作。组织开展基层党组织，工会、共青团、妇联等社团组织的各项活动，不断增强党组织的凝聚力和战斗力。

七是任命党委委员、纪委委员，及其他政治、党群工作机构负责人，组织领导对拟提拔、晋升、调整管理人员的考察工作，严格把关。对党组织考察未通过的人员，不得聘任聘用。建立本企业干部人才库，抓好干部人才队伍建设。

八是领导企业贯彻民主集中制，开展批评和自我批评，走群众路线。组织开好年度民主生活会，开好年度职工代表大会，开展民主决策、民主协商、民主监督，保障员工利益。对侵害员工利益的行为有否决权。

九是领导企业的文化、文明和道德建设工作，倡导和凝聚企业正能量。

十是上级党组织安排的其他工作。

这里要特别强调党委会在干部聘任、任免、调整、晋升方面的把关作用。董事长或监事长分别提出动议，应当以书面形式向党委会做出报告，请求党委会考察，当党委会以正式文件确认人员通过考察后，分别由董事长、监事长等聘任。对重大经营事项，党委会主要研究董事会和监事会有异议的重大事项或基本制度等，国有资产出资人代表机构在对"董监高"进行财务审计和履职评价时，企业党委会负责牵头组织，当事人要回避。这样，党委会把方向、管大局的职责就得到了充分体现。当然，每一个企业，可以按照党章、党规的原则要求，根据企业自己的技术特点、组织特征具体细化党组织的职责，做到政治思想工作更有针对性、有效性。

这样对股东会、监事会、董事会和党委会的权力界定，加强了党的建设、组织把关和政治领导作用，增强了监事会的监督作用，强化了董事会的经营中心地位。

八、国有资产出资人代表机构、董事长和监事长的特别权力

国有资产出资人代表机构（控股股东）是治理主体之一是国有企业治理结构的特色，是中国国有企业治理有别于其他国家的地方，因此必须界定其职责边界。为了让各方更好地履行职责，根据前文构建国有资产监管体系的有关内容，我认为国有资产出资人代表机构、董事长、监事长应有一定的特别权力。

（一）国有资产出资人代表机构的特别权力

一是制定国有资产监管政策。制定国有资产的宏观监管政策是国有资产出资人代表机构的重要职责。

二是提名董事长、监事长拟任人选。这是行使控股股东选择企业代理人的权力。

三是审计企业财务，确保经营成果的合规性和真实性。

四是对董事、监事、高级管理人员进行履职情况评价，提出调整、撤换、续聘的意见或建议，确保权力有效制衡、高效运行的企业治理结构。

五是对企业信息披露进行监督，及时提出意见或建议。

六是对违规事项提出监管处理意见并经股东会决议后监督实施。

（二）董事长的特别权力

董事长的特别权力要突出其是企业的法人代表、是企业经营管理者的代表，以及对企业资产保值增值负责。董事长兼任 CEO，明确以下特别权力比较合适。

一是主持召开董事会会议。

二是主持企业日常经营管理工作。主要是主持召开经营管理会议，组织各项经营管理活动。

三是提名董事及其他高级管理人员拟任人选。

四是签发企业规章制度、信息披露公告、董事会会议决议或纪要。

五是签署企业股权证明、企业债券等。

六是企业章程规定的其他权力。

（三）监事长的特别权力

监事长同为企业的主要负责人，其特别权力要突出其股东代表的身份和地位，所以把主持股东大会、主持拟定企业章程界定为监事长的特别权力，保持权力与身份相匹配。

一是主持股东大会。

二是主持拟定、修改企业章程。

三是主持监事会会议、签署监事会会议决议等文件。

四是列席董事会，并对董事会的决策事项及时提出质疑或意见。

五是提名监事拟任人选。

九、H 型、M 型企业治理

前文的治理结构（图 3 - 6）为我们描述了治理层面的企业权力结构，而企业往往呈现出不同的组织形式。按组织形式分，最典型的有集权型组织（U 型组织）、母子公司制组织（H 型组织）和事业部制组织（M 型组织）。图 3 - 6 描述的是 U 型组织权力关系，以此为基础，H 型组织则是通过投资对财产所有权进行了分解，母公司成为子公司的控股股东，以资本权力形成对子公司的控制，而 M 型组织则是通过内部的经营权分配，形成自上而下的授权体系。权力的运行由 U 型组织横向分权体系变为纵向分权体系。这种变化虽然并不影响企业治理的基本结构，但随着纵向分权体系的建立而对治理的深度产生重要影响。

威廉姆森认为，由于资产专用性投资会对交易费用产生较大的影响，对于对外采购还是纵向一体化整合，不同的选择就会产生不同的治理结构。治理就是对组织而言的，离开组织谈治理等于"空中楼阁"。

由于不同的组织形式对权力分配和契约结构有直接的影响，企业组织形式是企业治理机制设计需要考虑的重要因素。在治理目标完全相同的前提下，企业有不同的组织形式就会有不同的权力分配和契约结构。

U 型组织是单一层级的治理结构。结构简单，权力集中，所以也叫集权型组织。由"董监高"组成的决策层，由部门组成的执行层，以及由基层员工组成的操作层，三个层级层次分明、契约结构清晰；研发、生产、销售等业务管理部门，以及人事、财务、行政等基础管理部门"一"字形横向摆开，分工明确，职能交叉重叠的现象比较少见。U 型组织是我们分析 H 型组织和M 型组织的基础。

H 型组织通常是母公司对子公司的投资获得绝对控股或相对控股地位，母公司拥有对子公司的实际控制权而形成的一种企业组织形式。每个子公司又按自身的股权结构建立自己的法人治理结构，成为独立的经营主体和市场主体。

合理搭建公司层级是 H 型组织治理的重要方面。H 型组织的母公司和子公司都是独立法人，资本则是把这些不同的法人实体联结起来的纽带。母公司实际上就是子公司的控股股东。对二级、三级及以下子公司，母公司是其间接控股股东。目前的做法是，母公司将这些直接或间接控股的子公司统称为一个"集团"，按财务规定进行财务报表合并。母公司意欲将自己的理念和意图自然地向各级子公司延伸，在实际工作中其实难以做到。因为随着层级的增多，母公司距离利润中心就会越来越远，信息传递的准确性就会递减，而发生失控风险的机会相应递增，交易成本就会随之加大。U 型组织只支付一个层级的治理成本，而 H 型组织有几级公司就必须支付几级的治理成本。这还是单线条纵向而言，如果一个层级有 2~3 个甚至更多的子公司，支付的成本将会成倍地增加。虽然母公司通过控股，控制了其他资本，但在等额资本条件下，远不及 U 型组织节省交易成本。但 H 型组织是多元化发展的必然选择，要想在这种组织结构下更好地节省交易成本，产业集群的一体化和组织的扁平化可能是比较恰当的选择。

贯彻母公司的战略意图，形成整体联动的"航母编队"效应，应是 H 型组织长期追求但难以实现的治理目标。H 型组织的治理结构并不是 U 型组织的简单叠加。在资本这一显性纽带的表象下，还贯穿着实现母公司整体战略的意图。这就需要母公司加强对各级子公司的战略控制。作为子公司的股东，母公司对子公司的权力界定实质上类似于股东和代理人之间的权力界定，这与国有资产出资人代表机构作为股东和代理人之间的权力界定非常相似。母公司的董事会并不管理下一级的董事会，但监督权可以自上而下贯穿起来，因为监事会是股东的代表。股东和代理人之间的权力界定，以及监督权上下贯穿，可能是 H 型组织治理的方向所在。

防止风险和不合规问题下移是 H 型组织监督的难点。不合规的费用通过一定的途径向下转移，子公司的资源上调，以及利用母子公司之间的资本关系，通过关联交易掩盖经营风险或虚假实收资本等机会主义行为，都是 H 型组织固有的问题。

M 型组织的特点是在总公司下，按产品、按市场、按客户等划分成若干个事业部。每个事业部虽不是独立法人，但拥有较大的经营自主权。银行、保险企业是典型的按区域划分的 M 型组织。

M 型组织是一个分权型企业组织，一般分为三个层级。总公司一般是战略管理中心、控制中心、研发中心，中间层一般是监管中心、市场推广中心等，而事业部一般是生产中心、营销中心、服务中心和利润中心等。通过授权，各个事业部在资源支配方面具有相当大的自主权。也就是说，M 型组织的基础管理部门一般在总公司层面，是横向"一"字形架构，而业务运作、监管和运营则是纵向"1"字形架构。组织架构对交易费用影响很大。如何设计一个科学的组织架构，并保证高效运转，是 M 型组织治理的一个突出问题。M 型组织具有"雁阵效应"，头雁引领而群雁依次紧随，通过授权体系将"头雁"的一些权力下移到分支机构，而且经营业务主要在分支机构。监督如何紧贴经营，防范风险和不合规问题下移等，是 M 型组织需要解决的问题。

十、小结

"监督者—经营者"二元治理基本结构的具体形式可以多种多样，其中，"董事会—监事会"的"双会制"结构是基本形式。"董事会—CEO"，董事会充当监督者，CEO 是经营者，不设监事会。不管采取什么样的形式，也不管监督者具体叫什么，经营者具体叫什么，只要坚持"监督者—经营者"二元治理的基本原理和权力界定的基本方法，就会搭建出有效的企业治理结构。即使界定的权力有所差别，只要基本的权力不变，不完全一样也是可以的，这就是治理机制设计需要灵活的原因。但无论如何变化，有效制衡、依法有效监督的原则是必须坚守的底线。

经营权是天然的个人权力，受司法的调节和约束。公司治理权应当界定到具体的个人，相应地，责任也要落实到个人，激励也要落实到个人。在委托经营的情况下，董事长兼 CEO、党委书记兼监事会主席的这两个人，分别履行着经营管理代理人和监督控制代理人的职责，是企业治理的关键角色。

我认为国有独资企业不设董事会和监事会的做法是值得商榷的。董事会和监事会不是股权多元化的产物，而是具有不同权力的企业治理机构。但在国有独资企业，董事和监事如何产生是关键。过去完全从企业内部产生董事和监事的做法确实效果不佳，如果聘请经营管理专家、财务管理专家和法律事务专家等来担任董事、监事，情况可能就会有所不同。所以我坚信无论是股份制企业或是独资企业，以董事会和监事会为主的二元治理结构是最好的选择。

董事会、监事会和党委会的工作机构必须在企业组织架构中充分体现。没有工作机构的治理，起不到应有的作用。

第六章　激励机制

——强化国有企业机制改革的关键

　　2004年国资委推行国有企业负责人年薪制试点，我国国有企业才真正开始激励机制的探索。国资委颁发了中央企业负责人的薪酬管理和绩效考核办法，地方国资委也相继颁布了对地方国有企业负责人的薪酬管理和绩效考核办法。年薪制在各层级企业中迅速推行，对提高企业负责人的积极性起到了一定作用。不少企业根据各自的特点实行了多种绩效和责任挂钩的激励办法，例如对项目投资实行责任人个人跟进投资的办法，如企业投资1000万元，各责任人个人必须跟投10万元，盈利共享，风险共担。年薪制的推行曾在国有企业负责人中掀起了一股创业激情，但也有问题出现。

　　一是薪酬标准和激励依据不明确、不清晰。各个企业自行制定工资制度，结构、标准、依据五花八门，比较混乱。二是基础数据没有认真审核，弄虚作假、虚增绩效等机会主义行为出现。这两点导致相当一部分企业高管薪酬居高不下。国有控股上市企业高管薪酬均值从2012年的68.61万元增至2015年的142.69万元，年均增长27.64%[①]。证券、地产行业的薪酬更高，同花顺的数据显示，2014年，方正证券股份有限公司时任董事长薪酬722.47万元，华远地产股份有限公司时任董事长薪酬877.13万元。国资委对代理人及其经营管理团队的薪酬核定倒是严格认真，但管住了高管管不住员工，管住了总部管不住子公司。企业效益并没有明显改善，高管们的工资却大幅上涨。

　　与绩效不匹配的高薪酬，引起了社会的不满。于是，2014年中央出台了

---

　　① 高明华，张惠琳，等．中国公司治理分类指数报告 No.15（2016）［M］．上海：东方出版中心，2016．

对国有企业负责人的"限薪令"。国家国资委和地方国资委于 2014 年、2015 年分别修改了国有企业负责人的薪酬标准。国有企业负责人的基本薪酬为同级企业在岗职工平均工资的倍数，由过去的 10 倍、8 倍、6 倍不等，下调到 4 倍、3 倍甚至是 2 倍不等，下降幅度明显。

"限薪令"解决了负责人的高薪问题，但相应引发了国有企业的人才流失。有一部分高管跳槽到外资企业或民营企业，还有的不愿意在总部而申请到子公司工作。于是，2018 年 5 月 25 日，《国务院关于改革国有企业工资决定机制的意见》（国发〔2018〕16 号）正式发布。其中提出建立健全与劳动力市场基本适应、与国有企业经济效益和劳动生产率挂钩的工资决定和正常增长机制，明确提出企业经济效益增长的，当年工资总额增长幅度可在不超过经济效益增长幅度范围内确定；企业经济效益下降的，除受政策调整等非经营性因素影响外，当年工资总额原则上相应下降。

建立工资总额增长与企业经济效益增长联动机制是总原则、总方针。但应当考虑两个方面。一是现在的经济效益和工资总额基础的关系。一个亏损企业的经济效益增长会很高，而一个盈利的企业，在原有基础上增长可能会很难，最起码增长率没有前者高。二是国有企业作为一个层级制的经济组织，应当考虑岗位序列，薪酬与职权、责任相匹配，企业负责人的薪酬制度是由出资人代表机构制定还是下放给企业制定，有待进一步明确。2019 年，有一些省（市）已经开始研究对企业负责人新的激励政策问题。

一、薪酬激励存在的问题

研究对企业负责人的薪酬激励问题，首先必须弄清楚当前企业负责人薪酬激励的症结在哪里。目前，国有企业薪酬激励制度存在两个主要问题：一是薪酬激励依据标准不清；二是绩效指标宽泛。这些问题就是绩效与薪酬不匹配的原因所在。

（一）依据标准不清

现行的薪酬制度规定的核定基本薪酬的主要依据是，企业经营规模、经营管理难度、社会贡献程度、所处行业薪酬水平和本级企业在岗职工平均工资、本企业在岗职工平均工资等因素。运用这些因素，建立了基本薪酬计算的数学模型：

$$W = W_0 \times L \times R$$

其中：W 为企业法定代表人基本年薪；W_0 为上一年度本级企业在岗职工平均工资的 4 倍；L 为综合测评系数；R 为其他调节系数。W_0 是关键指标，各地规定不一，差别较大。如有的省规定的是 3 倍，有的是 2 倍。一个大型国有企业的负责人，基本薪酬只有上一年度本级企业在岗职工平均工资的 3 倍或 2 倍。这个标准是如何确定的，是否合适，合理性在哪里，没有人解释得清楚。

$$L = G \times 60\% + M \times 40\%$$

其中：G 为规模系数，M 为工资调节系数，由国有资产出资人代表机构确定。

$$G = Z \times 20\% + X \times 20\% + J \times 30\% + Y \times 30\%$$

其中：Z 为总资产规模系数；X 为主营业务收入规模系数；J 为净资产规模系数；Y 为利润总额规模系数。

其他调节系数 R，主要考虑企业经营难度、行业特点以及净资产收益率、资产保值增值率、测评误差等因素，由国有资产出资人代表机构确定。

薪酬制度看起来考虑的因素很多，但只要稍加分析，就不难发现其中的问题。

首先，有些指标企业没有办法确定。这里有两个部分企业无法计算，必须由国有资产出资人代表机构核定。一是 Z、X、J、Y 的回归方程式参数由国有资产出资人代表机构根据需要加以核定。这个"需要"是什么？不知道。二是其他调节系数 R 由国有资产出资人代表机构确定。也就是说，这个制度企业自身是无法计算执行的，必须由国有资产出资人代表机构核定，但对这些指标的取值是否合理无法验证。

其次，这里的一个重要指标 W_0，是以本级企业在岗职工平均工资作为基本因素确定的，并没有体现出"多劳多得"的分配原则。如果按照"多劳多得"的分配原则，G 应作为重要因素。但这里仅仅把 G 作为调节因素而不是重要因素。

再次，总资产中的负债部分是易变的，而且容易"根据需要"人为操作。为此，总资产规模系数作为一个因素是不合适的。

最后，在有关规定中，对企业经营难度的解释是："经营难度系数根据企业资产总额、营业收入、净资产收益率、业绩利润、职工平均人数等因素加权计算，分类确定。"如果这些指标都可以作为确定企业经营难度系数的话，那么技术工艺的复杂程度、产品的复杂程度、企业层级多少等是否更应该作为衡量经营难度的因素呢？

如果企业的薪酬制度企业自己无法计算执行，必须由国有资产出资人代表机构审批核定后企业才能实施，那么这个制度的客观性就可能丧失了。部分业界人士认为，现行的薪酬激励制度给人的感觉好像不是激励而是限制。

（二）绩效指标宽泛

绩效指标宽泛，远离以结果为导向的客观绩效，对什么是高级管理人员的经营绩效，没有一个统一的说法。不同的部门或不同的企业，对经营绩效的认定也不一致。如有的地方国有资产出资人代表机构把国有企业高级管理人员业绩指标设定为财务考核指标和工作考核指标。

财务考核指标包括利润总额、净资产收益率、经济增加值、成本费用利润率、融资成本节约率、成本费用总额、单位成本费用等。

工作考核指标包括承担政府重大建设任务（项目）情况，政府特定区域投资建设与开发项目完成情况，战略性新兴产业先导性投入和培育情况，节能减排指标完成情况，设施建设的进度、质量、安全性，提供公共服务产品的数量、品质、满意度，等等。还有的甚至把领导能力、价值观、工作态度、责任心等当作绩效指标来考核。

可以看出，国有资产出资人代表机构意图把政府要求的各项指标列入绩效考核的范畴。这种做法恰恰混淆了绩效和非绩效。

绩效指标宽泛使得众多的子目标成为考核的对象，其危害是为机会主义行为的发生提供了合法的外衣。"非官方报酬、经理专断和子目标追求是机会主义、道德风险、责任规避、代理成本之类术语在组织理论中的对应"（威廉姆森，2016）。进一步来说，"一个组织单位的成员倾向于仅仅依据子目标来评价行动，甚至这些子目标与较大组织的目标相冲突时，会导致目标扭曲、讨价还价和联盟形成"（威廉姆森，2016）。还有，如果企业没有利润，或利润较少，以销售收入、市场占有率、市值等作为绩效，并以此发放绩效工资的话，就等于用股东的股本发放，这就坐实了侵占国有资产或股东利益的嫌疑。把工作任务作为绩效考核指标，以及把领导能力、工作态度、责任心等当作绩效考核指标，更为绩效考核增添了虚假的成分，并为以个人喜好调整绩效指标留下人为操作的空间。工作指标不一定产生绩效，或不一定在短期内产生绩效。工作是过程，绩效是结果。有些工作不仅不能产生绩效，而且会增加运营成本；有些工作耗费了大量的人力物力，到头来可能是无用功，甚至影响经营主绩效的实现。所以，精明的代理人或职业经理人非常愿意把这些指标纳入考核范围，从而减少利润指标在考核中的分量。新古典企业理论由于没有考虑产权的因素，也就没有去界定产权和收益，所以经营者利用薪酬激励制度侵占国有资产或股东利益的现象普遍存在。这应当引起国有资产出资人代表机构的高度重视。

薪酬激励机制是国有企业产权改革的重点。产权改革是否到位，关键在于激励机制是否到位。在私有企业，老板自己可以给自己确定薪酬，也可以给职业经理人确定薪酬。与其不一样的是，国有企业是公众企业，代理人薪酬的确定必须要有明确的标准和依据，只有这样才能对政府有个交代、对全民有个交代。因此，这个标准和依据我们一定要说清楚、讲明白，并以制度的形式确定下来，这是国有企业薪酬激励制度改革的内在要求。

二、薪酬总额的确定

薪酬总额的确定是薪酬激励监管的依据。对于国有资产出资人代表机构监管企业的薪酬激励的合规性，薪酬总额是一个比较好衡量的指标。

对于持续经营的企业，以前并没有实行薪酬总额与经营绩效联动机制，如果不确定一个基础年，在现有基础上联动，就会出现谁的薪酬基数大谁沾光的情况，所以实行联动机制必须有一个起始时间。我认为，联动的基础年选在实行联动机制的前一年比较合适。不过，无论选哪一年，对基础数据的调整都是必做的工作。要在认真审计的基础上，核定基础年是保值、增值或贬值。对于增值或贬值的情况，应根据增值或贬值的幅度具体确定基本薪酬增长或下降的幅度。

薪酬总额核定对新建企业来说是一个重要环节。因为新建企业刚开始经营，资本金不增不减。一般情况下，第一年会亏损，第二年所有者权益（资本金）会有所减少；股东对代理人的真实能力和水平不是特别了解，尚属于观察期；人员不一定满员。所以第一年的薪酬总额可以按照保值的情况核定。以后各年可以分别按保值、增值、贬值三种情况，按照薪酬总额与经营绩效联动机制做出相应调整。

在薪酬总额与经营绩效联动的情况下，企业应有一个完整的薪酬序列，从最高到最低，各个岗位无一缺位。国有资产出资人代表机构监管的重点不再是对企业负责人薪酬的审批，而是对薪酬总额的审计把控。即使不实行委派与市场化聘任两种薪酬的企业，对企业聘请特殊人才，可以增设特殊人才津贴。这种行为已不再是一种强制行为，而是一种企业的自愿行为。通过实践验证，对于能力和水平与同级别其他高管差不多的特聘人才，其薪酬可以拉平；能力和水平高的特聘人才则可以继续享受特殊人才津贴。

经营绩效与薪酬总额联动的监管与企业内部按分工序列确定薪酬形式存在矛盾。薪酬总额是按照企业总绩效核定的。在企业总绩效亏损的情况下，总会有一部分生产、销售人员完成或超额完成目标任务，获得绩效薪酬，这样就会出现企业实际的薪酬总额总是高于核定的薪酬总额的情况。

三、基本薪酬的核定

制定国有企业代理人薪酬制度，依据和标准是极重要的两个因素，不可以"拍脑袋"决定。一般来讲，代理人的薪酬与企业规模成正比。有四个指标可以表示企业规模：一是总资产；二是企业市值；三是净资产；四是销售（营业）收入。那么，用哪一个指标比较合适呢？

总资产包括负债。资产负债率是衡量一个企业资产安全性的一个重要指标。一般来讲，一个企业的资产负债率超过70%预示着企业处于不安全状态。所以，用总资产作为与薪酬挂钩的指标，企业就会有高负债的激励。而且，如果把总资产作为核定基本薪酬的指标，代理人就会有动机在期末增加负债。

显然，总资产不适合作为核定基本薪酬的指标。

企业市值表示的是企业的资产价格，其会受诸多因素影响而上下波动。西方一些企业实行企业市值与代理人薪酬挂钩的制度，导致了代理人严重的机会主义行为。代理人及其团队用本企业的资金大量回购自身的股票，带动本企业的股价大幅上涨，结果是代理人及其团队获得了高额的薪酬，而企业的效益并没有得到改善。经验告诉我们，企业市值作为核定代理人基本薪酬的指标也不合适。

净资产和销售（营业）收入作为核定代理人基本薪酬的指标比较合适。二者相比，用净资产作为核定代理人基本薪酬的依据比用销售（营业）收入更为合适，但这并不是绝对的，要视企业的情况而定。例如，对经营年限比较长的企业，对净资产质量的验证有时可能会比较麻烦。如一个金融类企业，成立时净资产 10 亿元，经营三年下来，货币存款和可转让金融资产合计为 5 亿多元，其他为应收账款，坏账准备或固定资产折旧未必足额提取。假如所有者权益不变，净资产的质量肯定是下降了。如果企业不更换代理人，可以继续按净资产核定基本薪酬，坏账来年必定会暴露出来，并反映在账务报表上，代理人的基本薪酬肯定会下降。如果企业更换代理人，如何核定净资产？因为应收账款中有一部分坏账，但具体金额多少并不明确。在这种情况下用净资产核定新任代理人的基本薪酬，讨价还价的费用可能较高，但也能够达成协议，如果用实现的销售（营业）收入核定基本薪酬，双方可能均没有争议，节省讨价还价的费用。

（一）净资产核定法

如果用净资产核定基本薪酬，净资产规模越大，基本薪酬就越多，这符合按劳分配的社会主义分配原则，多劳多得。

假如在同一个地方，出资人代表机构与代理人商定，每亿元的净资产支付给代理人 5 万元/年的基本薪酬，那么，有 10 亿元净资产的 A 企业，核定的代理人基本薪酬应为 50 万元/年；而有 20 亿元净资产的 B 企业核定的代理人基本薪酬应为 100 万元/年。如果出资人代表机构与代理人商定，每亿元的净资产支付给代理人 8 万元/年的基本薪酬，那么，一个有 10 亿元净资产的企业核定的代理人基本薪酬应为 80 万元/年；而一个有 20 亿元净资产的企业核定的代理人基本薪酬应为 160 万元/年。

如果说每亿元的净资产支付给代理人的基本薪酬为 5 万元/年。经过一年的经营，A 企业亏损，净资产减少到 9 亿元，那么代理人的基本薪酬应相应调整为 45 万元；而 B 企业盈利，所有者权益增加了 1 亿元，净资产达到 21 亿元，那么在同样的标准下，代理人的基本薪酬应相应调整为 105 万元。

如果以净资产为代理人基本薪酬的核定标准，从上面的例子中可以得到一个值，即 "净资产基本薪酬率"，就是每亿元支付的基本薪酬标准。如果每亿元的净资产支付给代理人 5 万元/年的基本薪酬，那么净资产基本薪酬率为 5‰；如果每亿元的净资产支付给代理人 8 万元/年的基本薪酬，那么净资产基本薪酬率为 8‰。净资产基本薪酬率由出资人代表机构与代理人协商确定。

这样一来，代理人的年基本薪酬 = 净资产额 × 净资产基本薪酬率。代理人的基本薪酬随净资产的增加而增加，随净资产的减少而减少。

（二）销售（营业）收入核定法

销售（营业）收入核定法与净资产核定法基本相同，首先由国有资产出资人代表机构与代理人协商确定一个销售（营业）收入基本报酬率，然后用实现（货款实际到账）的销售（营业）收入乘以销售收入（营业）基本报酬率，所得之数就是代理人的基本薪酬。同样，代理人的基本薪酬随销售（营业）收入的增加而增加，随销售（营业）收入的减少而减少。

（三）三个局限条件

在国有企业的基本薪酬等级中，代理人的基本薪酬应是最高的，这是由其肩负的责任及较高的知识和能力水平决定的。国有企业多是大型或超大型企业，如果一个企业净资产达到 1000 亿元，按 5‰的基本薪酬率核定代理人的基本薪酬，那么其年基本薪酬就高达 5000 万元。支付这么多基本薪酬的前提条件是，代理人必须保证股东投入的资本金（或所有者权益）实现保值。只有满足了股东的参与条件，股东才会同意代理人拿走如此高的基本薪酬。

为了防范机会主义风险，股东会考虑对薪酬设定局限条件。前面章节中的表 4-1 显示了国有资产出资人代表机构按照保值、增值和贬值的情况核定企业薪酬总额的一种情况。企业全员薪酬总额是核定基本薪酬的第一个局限条件。国有资产出资人代表机构按照保值、增值和贬值三种情况，确定基本薪酬总额。在基本薪酬总额一定的情况下，代理人就必须认真做预算，确定一个合理的、员工和社会都能够接受的薪酬标准。

第二个局限条件就是基本薪酬与资产保值相对应的承诺。按照净资产或销售（营业）收入计算的基本薪酬，只有在净资产保值的情况下才能得到。如果不能实现净资产保值，计算出的基本薪酬代理人就拿不到。在净资产贬值的情况下，代理人的基本薪酬应该如何核定？可以按照前文的案例核定；也可以在按照净资产或销售（营业）收入计算的基本薪酬数额的基础上按比例减少；股东也可以规定其他的基本薪酬核定办法。总之，选项不止一种。

第三个局限条件是企业员工最高基本薪酬与最低基本薪酬的倍数。一般来讲，企业的薪酬结构是"基本薪酬 + 绩效薪酬"，以绩效薪酬为主。除了要规定基本薪酬与企业资产保值、增值和贬值情况挂钩，还应当规定企业员工最高基本薪酬与最低基本薪酬的倍数，避免员工之间的基本薪酬差别过大。在表 4-1 中，国有资产出资人代表机构按照保值、增值和贬值情况提出的员工最高基本薪酬与最低基本薪酬的倍数，这完全可以借鉴。至于企业最高基本薪酬与最低基本薪酬的倍数多少合适，原则上由企业自行确定。我认为不要超过企业本部薪级比较合适。如一个企业本部的薪级为 27 级，那么最高基本薪酬不应高于最低基本薪酬 27 倍，在 27 倍以内的任何数都可以是最高基本薪酬与最低基本薪酬的倍数。

对于新建企业，初始基本薪酬、最高基本薪酬与最低基本薪酬的倍数应当按照保值的情况核定。

局限条件可以保证按净资产或销售（营业）收入计算的代理人基本薪酬在净资产保值或增值的情况下才能兑现，这就给了代理人以及企业员工一个明确的导向。国有资产出资人代表机构等监管部门的监管也不再聚焦于负责人的薪酬审批，而是集中在国有企业整体的薪酬总额与绩效的联动效应方面，确保了监管的有效性。同时，监管政策为企业结合自己的行业特点制定薪酬制度留出了空间。

（四）母子公司代理人基本薪酬的核定

H 型组织的基本薪酬核定与 U 型、M 型组织有明显不同。H 型组织通过向子公司投资，对资本金进行了层层分解，母公司成为股东之一，或控股、或参股。纵向投资的子公司越多，分解的层级就越多，距离利润中心就越远。在这种情况下，母公司代理人的基本薪酬就不能简单地按净资产或销售（营业）收入核定。例如像中国铁路集团这样净资产达到几万亿元的超级大型公司，如果完全按照净资产核定基本薪酬，代理人的基本薪酬将会大大超出人们可接受的范围。还有一些公司，子公司达到几级甚至十几级，母公司成为纯粹的管理型公司，在这样的情况下，母公司代理人的薪酬应如何核定呢？

H 型组织中，母子公司都是独立的法人机构，按合并的销售收入核定母公司代理人的基本薪酬显然是不合适的。目前，对母公司代理人基本薪酬的核定有两种意见：一种意见认为以合并净资产和合并账面净利润为依据进行核定；另一种意见认为以归属母公司净资产和归属母公司净利润为依据进行核定。这两种意见都不是最佳的选择。无论是合并还是归属，都有相当一部分净资产或利润不是自己的经营成果。如果按照与 U 型和 M 型组织代理人那样核定基本薪酬，显然有失公允。

母子公司的特点是有几级公司就有几级独立法人，也就有几级治理主体。这是其与 U 型、M 型组织只有一级法人、一级代理人最大的区别。这就导致了 H 型组织代理成本大幅增加。

不妨让我用一个例子来说明。假如一个拥有 10 亿元资产的母公司，通过股权投资，形成二、三两级子公司。为了简化分析，我假定该公司为一个纯粹的投资公司，母公司二级子公司没有自营业务，三级子公司为基本的业务单位，即利润中心。通过投资形成的集团架构如图 6 - 1 所示。

在这个由三级公司组成的集团中，合并报表总资产为 34.8 亿元，如果基本薪酬率为 5‰，则最高母公司代理人的薪酬为 174 万元；如果每一个独立法人公司都按 5‰ 的基本薪酬率计算，那么，10 个独立法人公司代理人的基本薪酬合计总额为 296.5 万元。这说明，母子公司架构的层级越多，代理成本

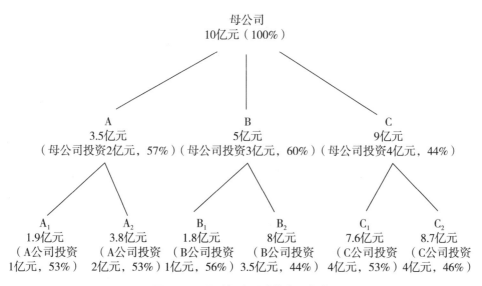

图6-1　通过投资形成的集团架构

就越大。如果再加上整个团队的基本薪酬，那么代理成本就更大了。但是，为了企业的一体化发展，提高企业供应链紧密程度，我们不得不与原供应商或技术方等合作设立子公司。从交易费用方面考虑，我们要避免的是层级多，中间层子公司也像母公司一样成为纯粹的管理型公司。所以，减少管理层级是母子公司追求的重要管理目标。基本薪酬核定的方法要有利于母公司减少对中间层子公司的激励，从而实现组织的扁平化。

　　我建议基本薪酬核定的方法是，以基本生产单位为基础，实行层级加权平均法。在图6-1中，三级公司有六个，分别是 A_1、A_2、B_1、B_2、C_1、C_2，按5‰的基本薪酬率计算，其代理人的基本薪酬分别为9.5万元、19万元、9万元、40万元、38万元、43.5万元，合计为159万元。按加权平均法计算，中间层子公司 A、B、C 代理人的薪酬分别为14.25万元、24.5万元、40.75万元，与按归属母公司净资产和基本薪酬率计算的薪酬相比，分别减少了3.25万元、0.5万元、4.25万元。再将 A、B、C 三个二级子公司代理人基本薪酬加权平均计算，母公司代理人的薪酬为26.5万元，比按归属母公司净资产和基本薪酬率计算的50万元薪酬减少了23.5万元。最高工资确定以后，整个公司的基本薪酬总额就会相应减少，也就是代理成本大幅减少。

按照层级加权平均法核定基本薪酬的理论依据是，母公司通过投资，把一部分资本的经营权让渡给了控股子公司代理人，那么经营权相对应的收益权也随之而让渡。因此，与按归属母公司净资产和基本薪酬率核定的基本薪酬相比，母公司代理人的基本薪酬一定是减少的。而且随着层级的增多，经营权让渡得也越多，所以最高母公司代理人的薪酬减少得也就越多。如果只有两级公司，那么 A、B、C 三个子公司代理人的基本薪酬分别是 17.5 万元、25 万元、45 万元，加权平均法计算母公司代理人的基本薪酬约为 29.2 万元，比三级架构的基本薪酬要高。这样，总公司作为战略管理中心，就会千方百计地压缩中间层，减少代理费用，通过薪酬制度的设计实现绩效的提高。

然而，实体企业往往是自营业务和控股企业混合的组织模式，有相当一部分企业自营业务的比重较大。对这种类型组织的代理人，基本薪酬核定可以采取基本薪酬率和层级加权平均相结合的方法。对于股权投资占比较小的企业，也可以对这一因素忽略不计，完全使用基本薪酬率计算。

当然，核定 H 型组织基本薪酬的方法很多。在净资产规模作为基本依据的基础上，有利于减少管理层级是设计方法时需要掌握的基本原则。

基本薪酬无论是与能力，与净资产规模，或是与其他什么因素挂钩，都必须找到客观的、具体的标准，基本薪酬的变动要与这个因素的变化相匹配。如与净资产挂钩，基本薪酬要随着净资产的增加而增加，随着净资产的减少而减少，无论净资产的增加是利润转增资本还是增资募股，或是并购重组，也无论净资产的减少是亏损还是减资、划转。因此，与基本薪酬挂钩的因素不宜过多，最好是关键的一个，这样最好衡量。

四、绩效薪酬的核定

企业与企业之间的薪酬制度差别较大，账面利润、营业收入（销售收入）、企业价值（市值）、市场占有率等都被视作经营的绩效指标。国有企业薪酬制度所对应的绩效指标应当统一。前面已经讨论过，最合适的国有企业绩效指标是净资产保值增值额。当前需要做的工作，就是核定基础数据，确定分成方式和比例。

（一）基础数据的核定

如何调整绩效基础数据，以体现经营绩效的真实信息，并作为奖励的合理依据？目前我国的薪酬制度对此并没有明确的规定。这是薪酬制度的一个缺陷。因此，对基础数据的核定是核定绩效薪酬很重要的一项基础工作。

在核定基础数据时，应重点关注以下内容。

1. 虚增收入

虚增收入必然导致虚增利润，使企业经营绩效整体虚增。企业为了完成年度经营考核目标，弄虚作假虚增收入的现象时有出现。

据《每日经济新闻》报道：2017 年 6 月 23 日，审计署披露了对 20 家央企的审计情况，其中 18 家采取虚构业务、人为增加交易环节、调节报表等方式，近年累计虚增收入 2001.6 亿元、利润 202.95 亿元。涉及虚增收入的企业达到九成。常见的方式主要有以下几种。

一是违规开展购销。多家央企通过此法扮靓业绩。

2015 年，中国中钢集团有限公司旗下中钢钢铁有限公司等两家企业违规开展购销业务，虚增收入 3 亿元、成本 2.87 亿元。

2012—2013 年，中国通用技术（集团）控股有限责任公司旗下中国邮电器材华北有限公司违规开展购销业务，虚增收入 24.82 亿元、成本 24.5 亿元、利润 3200 万元。

2012—2014 年，中国五矿集团有限公司旗下五矿有色金属股份有限公司违规开展购销业务，虚增收入和成本各 23.49 亿元。

2008 年 7 月—2015 年年底，中国华能集团有限公司旗下华能能源交通产业控股有限公司及其下属两家企业违规开展货物购销业务，虚增收入、成本各 154.02 亿元，其中 2015 年虚增收入、成本各 42.46 亿元。

二是虚构业务。

2013 年 11 月—2016 年 11 月，中国电力建设集团有限公司旗下中国水电建设集团新能源开发有限责任公司通过虚构风机购销等，虚增收入和成本，其中 2015 年虚增收入 1.47 亿元、成本 1.45 亿元。

2015 年，东风汽车集团有限公司旗下东风标致雪铁龙汽车销售有限责任公司等两家企业通过虚构销售业务等方式，虚增当年收入 3.99 亿元、成本 3.4 亿元，多计利润 5894.54 万元；旗下神龙汽车有限公司提前确认销售收入 2.27 亿元，结转成本 2.17 亿元。

三是央企旗下企业通过开展无实物流转的购销业务、介入其他企业已达成的交易业务、签订虚假劳务协议、开具虚假发票、合并报表范围不完整等方式实现虚增收入。

为什么这些企业要弄虚作假？国有企业改革专家祝波善表示，虚增收入与业务考核目标的完成密切相关，这直接关系到企业员工的收入情况，以及经营层的收入和职位。

2. 少计提坏账准备或减值准备

投资失败或亏损对企业绩效的影响有两个方面：一是亏损是否计入当年的绩效核算；二是是否计提坏账准备或减值准备（对应收货款提取坏账准备）。有的企业计提坏账准备或减值准备，有的企业不计提；有的企业按规定计提坏账准备或减值准备，有的企业少计提。如审计署抽查的 20 家央企的 155 项境外业务中，因投资决策和管理制度不完善、调研论证不充分、风险应对不到位等，有 61 项形成风险 384.91 亿元。但报道中只有中国五矿集团有限公司 2007 年至 2012 年收购了 3 个涉及金额 93.04 亿元的境外项目，并于 2015 年年底计提减值准备 41.71 亿元，其他的企业均没有是否计提减值准备的信息。① 如果它们没有计提减值准备，那么就有虚增利润的嫌疑。

3. 应收账款或应收收入

大部分企业对应收收入是不计入当年的经营绩效考核的，因为收入没有真正实现，相当于营销活动还没有结束。如果一个企业当年的营业收入为 100 亿元，其中有 20% 的应收账款，以 100 亿元计算利润时，也应当有 20% 的利润是虚假的。如果按 100 亿元计算代理人的绩效薪酬，那么，代理人也就多领取 20% 的绩效薪酬。正确的做法是在计算绩效基础数据时，把这 20% 的应

---

① 审计署：18 家央企弄虚作假　为通过考核虚构业务 [EB/OL]. (2017-06-26) [2021-07-17]. https://www.163.com/news/article/CNRE7FDN00018AOR.html. （引用时有微调）

收账款减掉，以此计算利润，然后根据调整后的利润计算保值增值额。明确当年的应收账款，以后哪一年收回，计入哪一年的收入进行考核，这样做对股东和代理人都比较公平。

（二）分成方式的确定

人力资本与物质资本对增值额的分成方式，即对企业剩余的分成方式主要有以下两种。

一是定额分成。在产权（投资）界定清楚的情况下，不论企业盈利状况如何，股东都要收取固定数额的红利，其余全部归代理人所有。如股东和代理人商定，股东每年按净资产的 8% 收取固定红利，不论企业是盈利还是亏损；股东以后不再追加新的投资，今后企业是否增资由代理人自行决定，并且代理人需自行募集。定额分成也是租赁契约，交够租金后，其余是代理人的。

二是比例分成。在产权（投资）界定清楚的情况下，对当年的增值部分按事先约定的比例，在股东与代理人之间进行分成。如股东和代理人事前商定，对增值部分股东与代理人按 7∶3 的比例分成。那么，如果某年的增值部分为 100 万元，那么代理人及其经营管理团队将分得 30 万元的绩效薪酬；如果企业亏损，代理人可以用抵押金或是其他方式补偿，这部分通过协商确定。

绩效薪酬设计的一个重要原则就是保证股东追求的目标与代理人及其团队追求的目标相一致。把经营绩效与代理人及其团队的绩效薪酬紧密挂钩就是贯彻这一原则的具体体现。如果代理人及其团队的绩效薪酬不与增值额挂钩，无论报酬高低都对企业经营绩效的改善作用有限或根本起不到作用。对国有企业而言，如果不论企业资产是否增值，国家每年收取固定的净资产增值额，代理人的压力就会很大，因为风险全在代理人一边。相比之下，采用比例分成的方式，对代理人绩效薪酬的核定比较适合，但这种方式会让股东的监管成本大大增加，这也正是国有资产出资人代表机构需要强化的监管内容。

（三）分成比例的确定

分成比例应在国有资产出资人代表机构聘任代理人时，由双方事先协商确定。不过，国有资产出资人代表机构应当在协商之前确定一个相对合理的参考区间。需要建立一个数学模型，在对国有企业分类测算的基础上确定这个参考区间。刘汉民等（2018）在股权和控制权非对等配置条件下国有股或非国有股占比最优区间的测算，可以作为股权（物质资本）和企业财产经营权（人力资本）对增值额分配的参考依据。其通过数学模型测算出的在前五大股东中，国有股或非国有股股权占比10%～30%为最优区间，可以作为与拟聘任代理人协商确定增值额分成比例的参考。也就是说，假设代理人对企业剩余有10%～30%的分配权，这与股份占比在分配上的作用是一样的。有些案例也可以证明这一比例的可靠性。哈佛大学和美国国民经济研究局的一些研究成果显示，20世纪80年代以来，经理报酬与企业业绩之间的相关度要比人们原以为的高得多。把股票期权带来的收益考虑进来，人们发现，在一个代表性的企业中，经理报酬与企业业绩之间的弹性系数，已经从1980年的1.2提高到了3.9，即提高了两倍多。这就意味着，若企业的市值提高100%，经理人的报酬就会提高30%（张维迎，2014）。这也可以理解为市值增值100%，经营者的报酬增加30%。

众多的研究表明，最高经营者的薪酬与销售收入和资产规模也有一定的弹性关系。科斯图克（1989）在1969—1981年对美国73家大公司数据分析的基础上得出的结论是，经理每年的基本薪酬加绩效薪酬对于销售额的弹性系数在0.2～0.25。他从1937—1939年的数据研究的结果中发现，收入与资产的弹性系数为0.3，接近采用1967—1971年的弹性系数0.25的估算水平。科什（1975）对英国1969—1971年的数据进行估计得出的资产弹性系数为0.26，这明显接近科斯图克的研究结果。巴罗（1990）发现，20世纪80年代美国商业银行CEO的资产弹性系数为0.32，略高于制造业的水平。

这些数据看起来有点牵强，但都指向了30%这个数值。我认为，30%可以作为核定代理人及其经营管理团队绩效薪酬的最高控制数据。

也可以把比例分成分为固定比例分成和动态比例分成两种。上面讲到的是固定比例分成。动态比例分成也可以是多种多样的，如累进制比例分成，增值额越大，比例越高；增值额越小，比例越低。总之，有很多种方法可以选择。

（四）母公司代理人绩效薪酬的核定

在母子公司，如果母公司是一个纯粹的管理型公司，那么其收入主要来自两个方面，即红利和股权转让收入。对于母公司来说，虽然红利计入所有者权益，但并不是真正的利润，因为在没有其他收入的情况下，母公司的各项费用还必须予以列支。因此，有许多母子公司，集团合并报表是盈利的，而母公司是亏损的，所以在计算母公司代理人绩效薪酬时，必须把母公司自身的费用考虑进去。股权转让往往在投资许多年后才会发生。股权转让一旦发生，在计算代理人的绩效薪酬时，首先应当计算出投资的现值，然后用转让收入减去投资现值，计算出增值或是贬值。

如 A 公司投资 A_1 公司 1.9 亿元，第七年从 A_1 公司退出，实现股权转让收入 3 亿元，七年累计用于该项目的管理费用为 2600 万元。假如每年的贴现率均为 2.4%。代理人绩效薪酬计提比例为 10%。在这种情况下，代理人应计提多少绩效薪酬？用现值公式计算投资的现值为 $1.9 \times (1 + 2.4\%)^6 = 2.19$（亿元），合计投资成本为 2.45 亿元。那么投资增值额为 $3 - 2.45 = 0.55$（亿元），应计提绩效薪酬 550 万元。如果不计算投资的现值，那么增值额为 $3 - 1.9 - 0.26 = 0.84$（亿元），应提绩效薪酬 840 万元。两个算法计算结果相差较大。

如果一个企业当年有红利，也有自营收入，还有股权转让收入，那就分别计算出增值额，然后计算绩效薪酬。

如果一个企业是中间层公司，那么其既是子公司的母公司，又是母公司的子公司，在计算增值额时，还要减去分出的红利，增加分入的红利。

对转增资本部分，有些企业也作为增值部分计提绩效薪酬，这是不正确的。在股权没有转让变现之前，资产价格每年都会有变化。即使没有变化，股权转让时的价格与账面价格也会不一致。所以在不转让股权的情况下，收入和盈利并没有得到实现，也就无法计提绩效薪酬。但转增资本确实增加了净资产，正确的做法是相应增加基本薪酬。

五、股权激励

股权激励的形式五花八门，但可以让企业普遍采用的只能是比较规范的少数。前面已经论及，干股赠予、影子股票、股票期权等现行的股权激励方式用于国有企业可能会引起争议，但并不是绝对不可采用，只是需要将契约签订清晰。

我认为，适合国有企业股权激励的方式主要有三种：一是股份认购；二是股权奖励；三是股份期权。这里我重点讲一下股权奖励。绩效薪酬以股权方式兑现比较适合国有企业的股权激励安排，一般不会产生争议。因为在转为股权时，资产价格与股东的转增价格是一致的。

以股权奖励兑现绩效薪酬是每年都有可能发生的，但不是每一个企业都通过市场发行股票或转让股权，所以以市场价格确定股权奖励多少对于非上市企业来说就不太可能了。同时，如果因为代理人及其经营管理团队的股权奖励每年进行一次资产评估，就导致成本太大，得不偿失了。绩效薪酬以股权形式兑现与对股东转增资本的价格是一致的，每股多少净资产，代理人绩效薪酬就按这一数值折算股票。但在没有股东转增资本的情况下，可以确定以下两种折算股票数的方法。

一是当年有增资扩股、对外发行股票或股权转让的，以发行或转让的市场价格为折算依据。用公式表示：

股票数 = 绩效薪酬额/发行或转让的每股价格

二是当年没有增资扩股、对外发行股票或股权转让的，首先计算出折算价格：

折算价格 = 所有者权益/净资产

然后以此计算出股票数。用公式表示：

股票数 = 绩效薪酬额/折算价格

这种股权激励方式是否可以扩展到员工？答案是肯定的。股权激励的范围完全可以扩展到骨干员工等，只要不违背股权激励的基本原则。同时，在员工自愿的情况下，企业还可以推行所有员工认购股权计划，把国有企业建成企业与员工利益共同体。企业在进行全员持股改革时，必须聘请中介机构按照有关规定进行规范的资产评估，并以此作为定价依据。

六、长期控制权激励

有的国有资产出资人代表机构规定，代理人及其经营管理团队成员在一个企业连续任职不得超过三届（每届三年）。这并不是正确的做法。正确的做法是把代理人及其经营管理团队作为职业经理人，就像工程师、会计师、医师一样推行终身制。这不仅是国有企业发展的需要，更是市场经济发展的客观要求。而现行的规定和做法恰恰相反，把代理人及其经营管理团队当成行政机关的干部一样定期调整轮岗。企业经营管理团队成员与行政机关的班子成员不同，轮岗对企业经营管理团队成员并不是最佳的管理方式。前面我已经论证过，长期控制权对企业持续发展的重要性在于其能够在一定程度上解决收益权延后问题。但并不是所有的企业都能够真正解决收益权延后问题，因为有的收益权延后是因为代理人决策不当而导致的经营损失延后。不仅如此，长期控制权还有利于代理人熟悉和掌握企业经营管理的规律和行业特点，提高代理人对企业经营规律和行业发展趋势判断的准确性。那么，应给予哪些代理人长期控制权呢？这需要对代理人进行考核评价和能力甄别。这就需要建立一套完整的科学考核评价体系。

长期控制权激励，从某个角度讲就是考核评价是否续聘。当然，这里还包括延迟退休。对于经营持续向好的企业代理人，可以在本人自愿的前提下，在年满 60 岁时继续聘任三届，延迟到 70 岁左右退休。

这里需要特别强调的是，长期控制权激励与绩效薪酬（分配增值额）的核定完全不同。一是考核的时间不同。长期控制权激励一般在一届任期（三年）结束，而绩效薪酬的核定一般在一个经营年度结束。二是考核的指标不同。考核长期控制权激励的指标要能够全面反映代理人及其团队成员的能力和水平，也可以说是企业竞争能力的整体提升程度。如反映企业发展速度的指标，包括销售收入增长率、市场占有率、利润增长率、净资产（或所有者权益）增长率、经营净现金流增长率等；反映劳动效率提升的指标，包括人均销售收入、人均利润、每百元人力成本销售收入、每百元人力成本利润、费用利润率、收入利润率；反映资产质量的指标，包括资产负债率、流动比率、速动比率、货币存款和可变现资产变化情况、人力资源结构变化情况等；反映执行力的指标，包括五年发展战略完成率或三年发展规划完成率、预算执行情况、重点工作落地情况等；反映创新和可持续发展的指标，包括研发投入、新产品推广速度（新产品销售收入增长速度）、新产品储备、新项目储备、新项目投资、新的运营模式等；反映社会责任的指标，包括合同履约率、客户投诉率、员工收入增长与企业效益增长速度比率等，还有反映忠诚和勤勉的指标。当然这只是列举的例子，真正运用起来还需要仔细设计。由于企业的情况不同，对每一个企业代理人的长期控制权激励的考核指标也应有差别，但经营绩效持续改善情况、资产质量持续改善情况、企业效率持续改善情况、发展潜力和后劲等反映企业基本面的指标是不可或缺的。核定绩效薪酬的指标是增值额。

要培养中国的企业家队伍也必须从制度设计上鼓励代理人及其经营管理团队成员长期扎根企业。从世界范围来看，一个优秀的企业家没有十几年甚至几十年在一个企业长期工作的经历，是产生不出来的。在中国进入新时代的今天，国有企业能否培养出一大批世界一流的企业家，应是衡量国有企业改革是否有效的重要标准，也是检验国有企业改革是否成功的重要标志。

七、正激励和负激励

在实际工作中，我们强调正激励，但负激励也是不可或缺的。正激励是落实对代理人及其经营管理团队的产权，负激励则是对代理人及其经营管理团队经营过失造成股东产权缺失的惩罚。正激励可以有效提高员工的工作积极性，激发员工自愿自觉工作；负激励能够对员工形成有效的工作压力，促使员工学习上进，不断提高工作效率。如果只有正激励没有负激励，随着时间的推移，正激励的效应就会逐渐递减；但如果缺少正激励或正激励不充分、不公正，负激励就有可能导致员工普遍消极怠工，或有能力的员工纷纷离职跳槽。因此，正激励和负激励不可偏废、缺一不可。

缺少负激励是国有企业激励制度的缺陷。在某种情况下，负激励可能比正激励的作用还要大。日本企业的高层经理与普通工人的报酬差别相对较小。据1979年的统计，雇员超过3000人的日本企业，其高层经理的年薪一般为普通工人的5倍（税前），而同时期美国为35倍，到20世纪90年代增长到120倍。然而，日本经理人员的努力程度和工作效率与美国相比毫不逊色，为什么？日本著名经济学家长谷川庆太郎认为，关键在于日本企业经理要以个人的财产为企业贷款承担连带责任。一旦企业破产，经理可能要用他的所有私人财产还贷。

负激励的形式也很多。罚款、降薪、降职、劝退、辞退、开除、移交司法机关等是基本的负激励形式。企业必须有明确的条件规定，让代理人胸中有数，避免踩踏红线。除此之外，还有以下几种负激励形式。

（一）缴纳风险抵押金

代理人入职必须缴纳一定数量的风险抵押金，这在西方国家已成为一种惯例。这一做法在国内也有应用。横店集团的管理总纲规定，所有企业经理都必须向集团缴纳风险抵押金（财产或现金），其中承包制企业经理预交年工资额的 10 倍，租赁制企业经理预交全部承租资产的 10%。风险抵押金主要用于赔偿企业亏损。管理总纲同时规定，工厂亏损，厂长赔偿亏损总额的 10%；子公司亏损，子公司经理赔偿亏损总额的 5%；集团公司亏损，集团公司经理赔偿亏损总额的 3%。而集团公司经理的奖金按税后利润的 1.2% 提取。亏损企业一般员工的奖金为零，而经理为负（赔偿亏损额的 5%～10%）（周其仁）。国有企业大多没有实行这种制度。基本上，企业亏损由股东承担，企业盈利了，向代理人及其团队成员发放绩效薪酬。

（二）追究个人责任

西方国家的企业都对追究管理层个人的责任作出了明确的规定。例如加拿大对企业经理追究个人责任，赔偿资不抵债的企业雇员的利益，最基本的就是用于补发拖欠雇员的工资和福利（Cheryl L. Wade）。上面我已经提到，日本管理层要以个人的财产为企业贷款承担连带责任，一旦企业破产，经理要把他的私人财产交给债权人。

（三）薪酬追回

《中共中央　国务院关于完善国有金融资本管理的指导意见》明确提出建立高管人员责任追究和薪酬追回制度，把绩效工资的发放形式由现行的"一次核定，分期兑现"的现金发放形式，改为"一次核定，一次兑现"的股权形式，也便于建立这一制度。因为在以现金形式兑现时，个人所得税、社保基金已经扣除缴纳，再退回非常麻烦。

以上这些负激励，都可以使用。但最好的负激励是与比例分成的正激励相对应，怎么奖，就怎么罚。如增值了，分成30%；减值了也应承担30%。但这较难实现。

这里还需要提醒的是，按照《企业财务通则》的有关规定，企业当年实现的利润，必须要先弥补以前年度的亏损，有余额再计算增值额，没有余额就不计算增值额。对代理人的激励要与《企业财务通则》规定的利润分配秩序相一致。对代理人来说，弥补亏损，资本金得到修复，相应增加了基本薪酬；对股东来说，利润弥补了之前的亏损也是一件好事。按《企业财务通则》做出的分配安排，两全其美。

八、小结

企业制度属于微观治理的范畴，与宏观治理相比应当更加注重细节。细节决定成败，薪酬激励制度正是体现这种成败细节的重点领域。目前的薪酬激励机制设计是粗放的、偏向的，没有起到应有的作用。按照产权理论，基本薪酬、绩效薪酬、股权激励和长期控制权激励全面运用，才是最佳的激励模式，但标准和依据的确定是最重要的前提。基本薪酬、绩效薪酬、股权激励是按照标准和依据计算出来的，而长期控制权激励是对代理人及其经营管理团队全面评价的结果，可能更为重要。从目前国有资产出资人代表机构的工作状况来看，它们现在并没有意识到这一点。在本章我讲了许多的细节问题，但只是案例，只能给大家一点启发。实际的情况要复杂得多，但可变化的地方也多，好的做法也不少，具有研究和总结的广阔空间。薪酬激励机制的核心是不能侵占和扭曲产权，这是底线，无论其如何变化都不能逾越这个底线。

第七章　企业内部的产权界定

——企业内部的市场化契约

在企业内部实行市场化契约，对层级制的传统企业理论是一个挑战。在企业内部，对产权的界定一直可以延伸到企业的每一个层级、每一个员工。但由于企业的组织形式不同，以及技术工艺、价值链、高管人员的偏好等多重因素的影响，企业内部的产权界定随着层级的增多而变得相对复杂。企业管理通常遇到的问题是，纵向的或横向的产权边界难以清楚地界定。对于国有资产出资人代表机构来说，了解企业内部产权界定的情况，是评价企业治理效率以及评判代理人能力和专业水平的重要依据；对企业来说，合理界定产权是提高劳动生产率、奖勤罚懒、甄别员工能力的重要基础。无论从哪个方面说，企业内部的产权界定都是无法绕开的问题。企业内部的产权界定是股东与代理人产权界定向企业内部的延伸，对企业来说，产权界定一脉相承。因此，最好的企业制度是保值增值指标按照层级逐级向下分解，直到每一个员工。但由于企业的组织架构、费用分担以及职务序列等方面的差别，这一最好的制度在实际工作中并不能得到普遍贯彻执行。建立保值增值逐级分解直到员工的制度是我们今后需要努力的方向。

一、一个案例

为了更好理解企业内部的产权界定，我先从一个案例说起。某个美发店是一个结构简单的 U 型小微企业，其在产权的界定方面却非常清晰。

（一）基本情况

美发店的老板是唯一的投资人，他也是一个美发师、技术行家。他投入了房屋租金，以及家具、电脑等固定资产。洗发水、染发剂和其他必要的低值易耗品，以及水电费、卫生费等费用性支出也都由老板一个人支付。老板还兼任店长，负责美发店的日常经营管理工作。他聘请了5位美发师和5位助理。按照美发师的技术水平，分别给予美发师教育总监、艺术总监、技术总监和设计师等不同的职称。美发师自带剪刀、推子、剃刀等理发工具。助理是美发师的助手，听从美发师的安排做一些简单的工作，如洗头、涂抹染发剂、打扫卫生等。助理边干边学，由教育总监培训，被要求在三年内达到设计师的水平。

美发店的收入主要有以下几种：一是理、烫、染服务收入；二是销售洗发水、染发剂等产品收入；三是销售VIP（贵宾）卡的收入等。对于这些收入，老板与美发师协商制定了收费标准（见表7-1），并按照职务的高低明确了收入分成比例（见表7-2）。

表 7-1 美发价目 单位：元

项目 职务	剪发设计	造型	烫染设计	健康洗发	健康和洗	皇室和洗
店长	400	60	800~1680			
教育总监	260	30	580~980			
艺术总监	126	20	380~880			
技术总监	86	10	280~580			
设计师	58	10	180~380			
助理				30	88	188

表 7-2 服务销售收入分成比例

职务 项目	教育总监	艺术总监	技术总监	设计师	助理
理、烫、染	40%	35%	30%	30%	
销售产品					30%
VIP卡分成	新客户8%，老客户5%				

美发店的管理制度比较简单，共有以下六条。

（1）美发师与助理来去自由。

（2）收入一月一结算，一月一兑现。

（3）收费价格与分成比例由老板与美发师协商确定。

（4）尊重顾客对美发师的选择。

（5）因理、烫、染而与顾客发生纠纷，由美发师自行处理。发生的对顾客的伤害赔偿或顾客拒付的服务费，由美发师或助理自行承担，美发店不予负责。

（6）对 VIP 客户的预存款项，店长有打 5 折的权限，美发师等有打 6.8 折的权限。

从管理制度的内容来看，这完全是一个市场化的契约。

（二）权力界定

从以上的案例中可以分析出美发店老板（兼店长）与员工的权力是如何界定的。

1. 老板的权力

第一，老板决定做什么。他租赁的店面，可以开超市、饭店、面包店、鲜花店、服装店等，但他选择了开美发店，因为这是他的专业。

第二，决定投资多少，并承担投资风险。如果美发店亏损或倒闭，损失由老板一人承担，而美发师和助理可以到其他美发店应聘再就业。

第三，招聘员工。

第四，制定基本的激励制度。内容包括收费价格、提成比例、美发师和助理的服务及收费范围等。

第五，选择契约形式。老板可以在收入提成、固定工资、基本薪酬加提成等多种契约中选择一种。案例中的老板选择了无底薪加收入提成，并与每一个人协商确定提成比例，企业剩余归老板所有。

第六，绩效考核和监督。一月一算账，向员工支付收入提成，老板享有企业剩余。

第七，负责美发店的日常管理、活动安排等行政性事务。

2. 员工的权力

第一，决定如何为顾客提供理、烫、染服务。在服务之前，他有权向顾客提供咨询建议。

第二，决定用多少洗发水或染发剂。在使用之前，他有权向顾客推荐几种洗发水或染发剂，并提出自己的建议。一个顾客用什么、用多少洗发水或染发剂老板一概不问。

第三，负责操作层面的一切工作，并要承担一切操作风险。

第四，拥有收入提成的权力。

（三）可以说明的内容

一是员工与老板是市场契约关系。现代企业制度的关键是把各方的权力界定清楚，国有企业也不例外。虽然，美发店老板与员工同在一个微型企业内，老板投资为员工搭建了一个发挥个人技能的平台，员工只要有理发、美发的技能，就可以到店里工作。但员工和老板没有依附关系，彼此相互独立，员工可自由选择工作，不满意可以辞职另找他家。签订契约容易，终止契约也不难。政府出资组建的国有企业，何尝不是为代理人及其高级管理团队、员工搭建发挥才能的平台？

二是以绩效薪酬为主，比例分成是主要收益分配形式。美发店老板与员工实行的是营业收入比例分成。分成比例是老板与员工共同商定的。当然，分成比例并不是一成不变的。如果一个员工技术高、服务态度好，顾客很多，收入很高，他也会向老板提出提高分成比例的要求，老板也可能欣然接受；如果一个员工技术一般，顾客很少，老板会向其提出降低分成比例的要求，员工如果接受就按新合同执行，如果不接受，可以走人。

与此相同的经营模式还有大型商场（张五常）。商场从经销商销售收入中按比例提出一部分作为租金。商场和经销商彼此都是要素完全的企业，都有各自独立的资产和员工，有各自的收入、成本和利润，彼此之间都不知道对方的利润是多少。商场的股东享有商场的企业剩余，而经销商享有自己经营的剩余。国有企业对营销、服务等序列一般实行的也是收入分成，也有的实行销售毛利润分成，经营成果的核算是透明的、可验证的。

比例分成是收益分配的主要形式，但比例分成容易出现"敲竹杠"的问题。技术好、顾客多的美发师往往会向老板要求提高分成比例，技术差、顾客少的美发师老板会降低他的分成比例。因为老板与员工就分成比例达不成一致意见，所以这个美发店三年更替了两批员工，其中一次是集体辞职。"敲竹杠"是比例分成契约的难点之一。

三是企业内部的权力按绩效特征界定到部门和员工个人。企业内部层级之间的权力界定以绩效特征为依据，以收益为起始点。所谓绩效特征，就是不同部门有不同的绩效，如销售部门是销售额，生产部门是生产合规产品的数量，售后服务是服务的及时性或服务收入，管理部门是有效的重点工作等。高级管理人员会把这些指标层层分解到部门（车间）、班组以及每一个岗位的员工。就像美发店的老板对员工的考核以及确定分成比例一样，对营销系统的权力界定，不同的产品可能确定不同的分成比例、不同的价格优惠权限、不同的费用率等。无论如何确定，只要确定清楚，双方无争议即可。对于老板来说，员工的收入都是其费用的一部分，而对员工来说这则是激励。

四是上下级权力的界定，一般是下级的收益权是特定的，上级享有剩余收益权；上级的操作权是特定的，而下级享有剩余操作权。收益权界定是所有权力界定的基础。美发店是一个微型企业，技术链简单，管理层级单一，权力的界定比较容易。大型企业的管理就比较复杂，企业内部管理层级多，技术链条就会比较长，权力界定起来就比较麻烦。尤其对管理部门和服务部门的权力界定标准难以确定，许多事项不得不模糊处理。在这个案例中，老板与员工的关系和股东与经营者的关系类似，股东享有企业剩余，而员工享有经营剩余。

本案例揭示的内容说明，传统企业的老板与员工的指令性关系，已经变成企业内部的市场化契约关系，企业内部的契约性质发生了根本性改变。这一改变给企业尤其是国有企业的管理带来了挑战。如果不理解这一点，仍把国有企业视为计划经济时代的企业，无论是国有资产出资人代表机构还是国有资产经营代理人都不可能把国有企业的改革和发展工作做好。因此，如何把管理精英、技术精英等变成企业的主人，把企业变成"百年老店"，就成为企业制度理论研究的重要课题。

二、U 型企业内部的产权界定

美发店是一个简单的微型企业，用它说明问题比较直观，容易理解。但人们日常接触的企业要比美发店复杂得多。一般来说，一个 U 型组织常见的纵向权力结构有三个层级，即高级决策层、中间管理层和基础操作层。横向权力结构则是按专业职能划分的，如人力资源、财务会计、行政管理等基础管理部门，生产管理、质量管理、市场管理等业务管理部门，以及审计监察、风险控制等监督部门。研发、销售、生产和售后服务等利润创造部门，构成了企业价值链的主体。

由于部门的绩效特征不同，产权界定的依据和方法也不相同。我们知道，"基本薪酬＋绩效提成"已成为中国企业的基本激励制度，其中绩效提成也叫绩效薪酬或绩效工资。但对绩效的界定，不同的部门具有不同的依据和标准。股东对代理人及其经营管理团队一般是把纯利润作为绩效，而在企业内部，代理人对各个部门员工却以部门的主要业务工作完成情况作为主绩效。

（一）研发部门员工的产权界定

企业的研发部门一般负责应用研发，其中新产品开发是主要的研究方向。其产权可以界定到个人或至少可以界定到研发小组。研发费用一般由企业投入，而个人投入的是知识和精力、时间等人力资本，科研成果自然应由科研人员和企业共同拥有。烟台远华对新产品产权界定的做法是，新产品投放市场前五年实行收益比例分成，收益的 15% 归科研人员所有，其余归企业。上海电气集团股份有限公司通过将科研产品或知识产权按一次性转让、作价入股、销售提成等不同方式实现科研人员的产权，具体采取哪种形式，根据产品或知识产权的情况而定。这些做法极大地调动了科研人员的积极性。当然其他企业可能还有好的做法。而这两个实例已经说明了产权在科研部门界定的必要性和可行性。当然，企业、产品、技术难度等不同，是按利润还是销售收入分成、分成的比例以及分成的期限等，都可以由企业和科研人员协商后形成制度。企业与研发人员至少有以下四种契约。

一是"基本薪酬＋一次性奖励"。企业给科研人员安排科研项目和经费，待科研成果完成并成功投入生产之后，企业再发放科研人员一定数额的奖金。奖金也可以是企业一次性支付的专利转让费用。奖金按直接参与科研工作的人员的贡献大小进行分配。

二是"基本薪酬＋作价入股"。对科研成果进行评估作价，作为科研人员的股份，再按贡献大小把股份分配给直接科研人员。采用这种契约的一定是一个独立核算的企业或一个独立核算的产品，否则就是不恰当的。因为股份分配的是利润，不是独立核算的企业或独立核算的产品，作价入股后确定利润多少就比较麻烦。

三是"基本薪酬＋一定期限的销售提成"。这种契约可以具体到一个产品，销售收入一般会按产品品种进行明细核算，不需要另行增加成本。从新产品投放市场开始到提成期限结束，按销售情况提成有利于科研人员参与新产品的推广，促进产品尽快打开销路。

四是固定高额薪酬。企业给予科研人员高额薪酬，科研人员按企业要求完成一定量的科研任务。

以上四种契约，企业可以根据情况灵活运用。

（二）销售部门员工的产权界定

对销售人员的产权界定也有多种形式。使用较多的形式是固定的基本薪酬，加销售收入提成。基本薪酬是按营销部门的职务大小确定的。销售收入是营销部门的主绩效，所以销售人员的绩效提成是按销售收入的一定比例计算的。在部门经理和一般员工之间确定不同的提成比例，通常是一般员工的比例较高，而部门经理的比例较低，因为部门经理的销售收入是整个部门所有员工之和。还有一种采用较多的方法是，销售人员的基本薪酬也是按销售收入的高低进行排列的，如销售收入最高的员工其基本薪酬也是最高的，相反，销售收入最低的员工，其基本薪酬也是最低的。除此之外，再按销售收入提成。相应地，对销售费用的使用、销售优惠的发放等，也是根据销售人员创造销售收入的多少明确的。有的特别优秀的销售人员，代理人还授予其特别的权限。也就是说，销售人员的产权是按销售收入的多少界定的。对销售人员的职级，不同的企业有不同的标准，如有的企业按钻石级经理、宝石级经理、金牌级经理、银牌级经理划分，有的企业按资深经理、高级经理、经理划分，有的企业干脆用1、2、3等数字划分。不管如何划分，都是按销售收入的多少界定产权。在界定产权的同时，企业对销售人员的一般权力都做出了明确的规定，如销售收入均按实际到账的销售收入进行计算。销售收入的提成也是多种多样，如有固定基数（如预算或目标）加超额提成，有累进提成，也有累退提成等。

当然，按销售收入对销售人员进行考核并不是最优的，尤其像银行和保险这种以销售服务为主要业务的企业。除了"敲竹杠"，销售费用也会随着销售规模和市场占有率的提高而大幅增加，其结果大多是销售规模扩大了或市场占有率提高了，企业却亏损了。如果以销售收入或市场占有率作为考核指标，必须核定销售费用占销售收入的比率，即每百元销售收入的费用率。销售费用最优的产权界定是用销售毛利润对销售人员进行考核，这里的销售费用指的是该销售人员直接支出的费用。有些企业把一些间接费用，如保险的准备金、再保险支出等分解到销售人员。我认为没有这个必要，因为这些费用并不是一个销售人员可以左右的，保险购买多少是经营层决定的事情，与一般销售人员无关。

实际的情况还要复杂得多。按销售收入、销售量、销售利润、销售收入增长率，或者其中两个甚至三个指标结合考核的情况都有，具体使用哪些指标，企业可以根据情况自行确定。需要注意的是，考核方法应在原有的基础上修订完善，一般不可以做颠覆式改变，除非原有的制度办法不符合产权界定的一般原理，或不具有激励作用了。总之，这里需要注意的是，企业内部产权界定的方法以有利于调动员工的积极性为出发点，这可以从销售收入的增长、市场占有率等指标的变化中反映出来。

（三）生产部门员工的产权界定

生产合格产品是生产部门的任务，所以对生产人员一般按合格产品的产量计算绩效薪酬。与界定销售部门员工的产权一样，生产部门员工的产权界定在实际工作中也是多种多样的，尤其是制造业，涉及的工种比较多，不同的产品、不同的工艺、不同的生产自动化程度等，都是影响员工产权界定的重要因素。如技术不同的焊工，年薪有几万元、十几万元、几十万元甚至上百万元之差。还有工作量的问题，如造一艘轮船，焊工的工作量是一定的，焊工的工作完成了，其他工序的工作没有完成，焊工即使闲着也应当有工资。虽然产量、费用成本、废品率等都是可考核的指标，但界定生产员工的产权仍是十分复杂的工作。

不过，随着生产自动化程度越来越高，对生产员工产权的界定也趋向简单。一条生产线甚至几条生产线只由一个人或者几个人监控，产品生产高度标准化。如牛奶的生产，一开始由人负责原料奶的质量检测，进入储奶罐后一直到成品奶的包装的各道工序全部由自动生产线完成。产品质量、成本费用等与生产员工关系不大。与此相同的还有石油开采，几个人在控制室就可以监控方圆几公里的油井。像这样的生产方式越来越多，如自动装配生产线等。人工智能的应用将改变以人工为主的生产方式。在这种情况下，确定生产员工的薪酬就适合用计时工资制。生产费用相对稳定，对企业利润的影响很小，企业的利润主要产生于市场价格的变动和管理费用、财务费用、销售费用的变化。在这种情况下，生产人员的绩效薪酬核定发放方式越来越类似管理人员。随着生产自动化的发展和广泛应用，生产部门员工的产权越来越难以界定，用工作时间来确定薪酬可能成为主流。

研发、销售和生产部门是企业的收入和利润中心，是一个企业的核心部门。部门越重要，对企业内部市场化程度的要求就越高。因为如果不对这些部门的员工实行市场化契约，清楚界定产权，他们就会跳槽，在市场上追寻自己权益的最大化。近几年来，研发人员和销售人员跳槽的现象越来越多，其中有相当一部分人是由科研单位跳槽到企业，因企业之间相互挖角跳槽的也不少。企业要持续向好发展，就必须首先界定清楚研发、销售和生产部门员工的产权。"大锅饭养懒汉"的体制已经进入"死胡同"。对员工的产权界定是否科学、合理，标准是否明确，对应关系是否清晰，是检验一个企业精细化管理程度的关键所在。企业精细化管理做好了，企业管理的效率就会不断提高。

（四）管理部门员工的产权界定

管理部门员工的产权是最难界定的，因为管理部门员工的业绩没有一个明晰的指标性信号。所以职级、薪级就成为管理部门界定员工产权的通常做法。

按照纵向的管理层级，企业一般划分为高级决策层、中间管理层和基础操作层。在每一层级内又有一个按职级排列的授权体系。高层可以划分为总经理、副总经理、总监（或总经理助理）三个职级；中层即部门经理，也可以划分为部门经理、部门副经理、部门经理助理三个职级；基层员工也可以划分为一级（资深）主管、二级（高级）主管、三级主管。助理也可以分为一、二、三级等。这样在管理部门就形成了层次分明的管理层级，而每一个管理层级又可以划分为至少三个薪级，形成了一个完整的体系。当然实际的情况并不完全是这样，各个企业有自己不同的职级设置，如有的在高层和中层两个层级只设正职和副职两个职级。总而言之，层级的设置以节省交易费用为前提，应当是越少越好。扁平化应是最理想的状态。

管理部门基本薪酬严格按职级和薪级核定。对于管理部门的绩效薪酬，大部分企业的做法是，在实现一定利润的情况下，按销售、生产部门同级别员工的平均绩效薪酬核定；在没有利润的情况下，管理部门一般没有绩效薪酬，这与代理人及其经营管理团队成员是一样的。管理部门也有考核，但不是经营绩效考核，而是工作绩效考核，大部分企业实行的是 KPI 考核。根据考核结果和所在职级，再把绩效薪酬提成分配到每一个员工。这与科研、销售部门的绩效薪酬核定完全不同。在科研部门，哪怕你是刚参加工作的新人，只要研发成功一个产品，就可以按规定获得数量不菲的提成。

为什么在没有利润的情况下管理部门不应计提绩效薪酬？其一，管理部门是制定企业制度的部门，如果制度不能充分调动利润创造部门的积极性，收入不能有效持续增长，导致企业亏损，管理部门必须承担责任；其二，在收入持续增长的前提下，如果制度不能有效控制费用，致使企业"跑冒滴漏"严重，尤其是管理费用居高不下，导致企业亏损，管理部门也有不可推卸的责任。企业经营效益不佳不外乎这两条，所以管理部门要负最终责任。尤其是代理人及其经营管理团队作为决策者，对企业的亏损更要承担责任。因此，以利润或增值分成为绩效薪酬的高层管理者更不能计提绩效薪酬，也无法计提绩效薪酬。

与生产部门正好相反，对管理部门员工实行市场化契约的趋势越发明显。企业管理日趋复杂、科技创新步伐加快、企业国际化发展等，对企业体制机制创新的要求越来越高，企业迫切需要高素质的管理人员进行顶层设计。起初，企业以协议高薪聘请高级管理人员为主，现在这一形式正逐步向中层人员延伸，并有进一步扩大的趋势，但他们工作绩效的模糊性并没有大的改变。在签订契约时，他们的薪酬如何确定，是确定一个固定的年薪还是实行"基本薪酬＋绩效薪酬"？如果是后者，如何确定基本薪酬与绩效薪酬？这是需要在契约谈判中明确的问题。

从上述员工产权的界定来看，市场化契约已成为企业内部员工产权界定的主要形式。按劳动成果、销售收入或产品数量计提一定比例的绩效薪酬，这种契约在其他所有制企业已非常普遍。这种发展趋势是与我国的市场经济体制一致的，这大概就是国有企业体制机制创新的方向。员工的绩效提成确定为多大的比例才能表示员工的产权得到了充分的尊重和落实？包括农民工在内的我国大部分产业工人能否依靠劳动收入成为中产阶级？员工的收入与企业的效率和效益在多大比例的范围内比较合适？这些都是值得研究的制度性问题。

三、M 型企业内部的产权界定

H 型企业组织内部员工的产权界定，与 U 型企业组织内部员工的产权界定基本是一样的，所以这里不再重复阐述。这里将重点阐述 M 型企业组织内部员工的产权界定问题，目的是揭示企业内部员工"权力、责任与激励"的对应关系。

与 H 型企业组织相比，M 型企业组织是联邦制分权型组织（德鲁克），也称为事业部制。这一组织形式正好与我探讨的产权界定这一主线相吻合。一般来讲，三个层级的 M 型企业组织，即"总公司—分公司—支公司"的架构最为理想。

由于所处的行业不同，管理理念不同等，总、分、支公司的分权也不相同，甚至差异很大。在实体企业，纯粹的比较规范的"总公司—分公司—支公司"架构并不多，大部分是母子公司或母子公司与总、分、支公司混合型。比较规范的总、分、支架构当属商业银行和保险公司。我就以保险公司为例来说明要说明的问题。

传统的保险公司的组织架构是按条线设置的，总公司有什么部门机构，分公司和支公司也相应有什么部门机构。产品研发、产品营销、风险管理、服务理赔构成保险的核心业务链条，承保、核保、查勘定损、核赔、理赔等工作分工组成业务条线。财务、人力资源、行政、合规、审计、信息等更是强调上下对口。从总公司到营业部，条线的机构设置带来了层层重复的工作，浪费大量的人力物力，内部交易费用居高不下。近十几年来，保险公司的组织架构发生了重大变化，大部分保险公司把核保、核赔、客户服务等重复性的工作集中在总部，成立了后援中心。这一变化相应带来总、分、支各层级的职责大调整。以直接保险商为例，各支公司的主要职能转变为一个区域市场（如一个县或一个市）的专业营销服务代理（称为内部代理商），属于公司的基本业务单位。每一个支公司都是公司的收入和利润中心；分公司相应转变为一个大区域市场（如一个省或一个直辖市）的市场拓展、协调中心，推动辖区内各支公司开展营销活动，或者是一个大区域市场的监管中心，成为中间管理层，而战略管理、监管控制、产品研发、资产运作则是总公司的主要职责。

为了叙述方便，我撇开保险公司通过中介的渠道业务，简单介绍保险公司在重塑上述组织架构时，如何在人事、收入、管理费用、理赔、销售产品等方面在总、分、支三级公司之间界定产权。总公司对分公司和支公司如何授权、授什么权，决定着分公司和支公司的考核指标和核定绩效薪酬的依据，从而决定着企业与内部员工契约的结构。

总公司有两个选择。一是把支公司作为事业部，经营一个区域市场。支公司作为内部代理商，是一个相对独立的业务单位，有权进行人事管理、使用经费、根据当地资源选择销售产品、确定营销方式和渠道、查勘定损和建议理赔等，可以把销售收入、费用、毛利润等经营指标分解到每一个员工，也可以由经理一人掌握、灵活处置。二是总公司把省（直辖市）分公司作为一个事业部，把上述权力授给分公司。当然，也有其他的划分方法。如何选择，要看总公司的管控能力、管理精细化程度以及决策者的偏好。不同的保险公司对分公司和支公司的管理方式差别较大。把分公司作为事业部还是把支公司作为事业部，这种管理模式的差别就决定了总公司对分、支公司考核指标的不同，从而决定了企业内部对契约权力的界定不同。

如收入费用预算，以分公司作为事业部的保险公司把收入费用预算编制到省分公司就可以了。分公司根据总公司的预算，考虑本省各支公司的情况，再对各个支公司下达分配预算。在这种情况下，总公司对分公司考核毛利润比较合适。因为收入和费用的分配授权给了分公司。赔付支出虽然集中在总公司，但分支公司有初勘权和赔付建议权。

以支公司作为事业部的保险公司，总公司可以把收支预算编制到每一个支公司，直接对支公司进行收支核算。分公司作为总公司职能延伸的中间管理层，只编制本级的预算。在这种情况下，考核分公司的销售收入比较合适，因为分公司没有权力分配支公司的收入和费用预算。核保核赔的权力、收入费用预算的权力、定损赔付的权力等都在总公司，分公司无权决定支公司的费用、赔付支出等事项。

两种不同的授权方式相应产生了两种不同的考核指标，即两种不同的权力、责任和激励的对应关系。在前一种情况下，总公司对分公司的考核指标是毛利润，可以按毛利润对分公司经营管理团队计提一定比例的绩效薪酬，而对支公司的经理也可以按毛利润的一定比例计算绩效薪酬。在后一种情况下，总公司对分公司经营管理团队的考核指标是销售收入，按销售收入的一定比例计提绩效薪酬，而对支公司经理则可以按毛利润的一定比例计提绩效薪酬。

这样设置考核指标的最大问题是，对分公司和支公司的考核指标不一致，容易在工作方向上产生摩擦和矛盾，所以最好的制度是统一用毛利润进行考核。

有不少企业经营管理者对这种权力、责任和激励的对应关系并不在意，所以他们在制定管理制度时比较侧重程序性的东西，考核的指标比较多，这反而影响了企业运行效率，偏离了企业经营的主要目标。而制度化管理和精细化管理的企业非常重视这种对应关系，它们的运行效率非常高。

当然，这只是一个简单的例子。为了能够说明企业内部产权的界定，以及权力、责任和激励的对应关系，我在举例时剔除了许多复杂的因素，实际的产权界定要更复杂一些。虽然这些因素都可以找到对应关系，但有些因素本身的对应关系对经营绩效的信号并不清晰。如保险产品的营销，也必须在总、分、支公司之间进行产权界定。产品营销可以分解为以下要素：市场调研、产品研发、市场选择（试销）、推广宣传（促销活动）、市场拓展、渠道建立、营销方式确定、签约收费、售后服务、客户黏性建立、信息反馈等。我们大致可以这样界定这些要素，如将市场调研、产品研发以及对上述各要素组成的整个体系的管理界定给总公司，而把营销方式确定、推广宣传、签约收费、售后服务、客户黏性建立、信息反馈等界定给支公司，其他界定给分公司。但实际的执行往往边界模糊，每一个要素和环节都不是由一个层级单独完成的，需要总、分、支公司的协同。在研发新产品的同时，对目标客户、营销渠道和方式、价格等可能也都设计好了。对促销活动也是如此，有些促销活动可能分公司组织更节省成本，效果更好，有些可能是总公司组织最好。如果针对某一层级的公司设计的考核指标无法落地执行，就只能选择一两个信号明确的指标进行考核。这样可以有效避免员工考核指标的泛化问题。

四、小结

企业内部的产权界定是一项复杂的体系，要解决的问题是一句员工经常说的话，"这事跟我有什么关系？为什么要考核我呀？"即权力、责任和激励的对应关系。这一问题之所以重要，是因为市场经济体制决定资源要素必须自由流动。人力资本作为企业的第一要素，自由流动已成为一种常态，编制、档案等都已无法阻挡。2020 年中国科学院合肥物质科学研究院核能安全技术研究所的 90 多人集体辞职事件，已充分说明了这一问题。企业，尤其是国有企业顺应市场化潮流，科学、合理地界定企业内部员工的产权，按照权力、责任和激励的对应关系改革企业现有的机制，是大势所趋。如果企业内部不界定员工的产权，有一技之长的优秀员工就会到市场上去实现自己的产权。因此，越是重要的岗位越需要界定清楚员工的产权，越需要市场化的契约。

企业内部各层级之间的产权界定，可能会因企业所在的行业、产品、技术的特性，以及组织架构的不同而各具特色，要想找到一个统一的模式可能非常困难。但界定企业内部产权的路径是清晰的，那就是先界定利润创造部门员工的产权，科研、销售和生产等就属于这种部门，然后顺延到管理部门。

科研、销售和生产等利润创造部门，具有明晰的经营指标信号，而管理部门却没有，所以管理部门的绩效薪酬只能在参考利润创造部门的绩效、企业当年经营总绩效以及员工职级和薪级的基础上核定。如果企业没有利润，管理部门是不应发放绩效薪酬的。

本章对企业内部产权界定的阐述只是初步的、粗浅的，要把这个问题说清楚，需要收集研究大量的企业内部契约，但这往往是企业的商业机密，收集起来难度很大。企业之间的情况千差万别，因此要把企业内部的产权说清楚是一件困难的事。

虽然如此，企业内部产权的界定不能仅仅理解为企业高管的事，它也是监管部门评价一个企业经营管理好坏的重要内容。如果"基本薪酬＋绩效薪酬"成为企业的基本制度，将是国有企业制度的一个进步。国有资产出资人代表机构对代理人及其经营管理团队按净资产增值额实行比例分成，企业内部员工按销售收入或合格产品产量的一定比例分成，在企业盈利的情况下管理人员按一线员工的平均分成额提成，应成为国有企业的基本分配制度。这个制度不仅促进企业追求效率和效益，而且保护了一线员工的利益不受侵犯。一线员工按销售额和合格产品的产量分成一定比例的绩效薪酬，不与企业盈亏挂钩，这就避免了因经营管理不善导致企业亏损而给一线员工的收益带来的影响，维护了按劳分配的社会主义分配制度。更重要的是如果这些分成能够以股权的形式兑现，企业将有相当一部分员工拥有越来越多的企业股份，这将极大地调动员工的积极性。如果企业上市，也将有相当一部分员工享受资本市场价格带来的收益。如果这个制度先由国有企业创立，再逐步复制到私有和外资企业，成为中国企业的一个基本企业制度，将对缩小贫富差距、增加居民收入、扩大中产阶层起到重要作用。

第八章 产权、契约和交易成本
——国有企业监管的主要工具

流行的经典经济理论把企业理论划分为新古典企业理论和以新制度经济学为基础的现代企业理论。我认为这样的划分值得商榷。新古典企业理论中有许多新的理论也是以现代企业发展为研究对象的，研究的也是现代企业的问题，所以把企业理论这样划分至少是不严谨的。我把企业理论划分为企业经营理论和企业制度理论。企业经营理论就是我们常说的新古典企业理论，其研究的重点是物与物之间的关系，即如何以最小的投入实现最大的产出这一问题，因此其关注的是如何经营企业的问题。战略规划、经营目标或预算、人力资源管理、营销管理、对标管理等是企业经营理论的重要工具。企业制度理论以新制度经济学为基础，研究的重点是人与人之间的关系，交易费用、产权、契约是其主要工具，研究为什么国有企业、私有企业和外资企业具有不一样的制度，在同一个行业中为什么这个企业与那个企业的制度不一样等问题。

作为知识体系，企业经营理论和企业制度理论是一个整体，企业的经营管理者和国有资产的监管者都应当全面掌握。

一、企业经营理论与企业制度理论

20 世纪 30 年代以来，企业经营理论始终占据理论研究的主导地位，并呈现出三大特征。一是理论研究按功能模块深入展开。在战略管理、营销管理、质量管理、流程管理、物流管理、财务管理、人力资源管理、知识管理等方面的研究取得了丰硕的成果。二是把统计学、物理学、运筹学等方面的知识运用到管理科学的研究当中，建立模型成为分析研究的主要工具。三是组织理论、基础理论相互融合，极大地丰富了研究成果。现在的工商管理教科书基本上都是按照这些内容编写的。

然而，企业经营理论并没有涉及产权、契约等问题，因为企业的经营者不会考虑企业的财产从哪里来，其关心的是企业的财产是多少，给他什么权力以及如何激励等问题。因此，研究企业经营理论，其假设和前提就是产权是清晰的、信息是对称的、市场是无摩擦的，企业不存在机会主义和不确定性问题，所以其也就无法回答为什么企业还需要监管、监管什么以及如何监管的问题。

20 世纪 60 年代以来，企业制度理论迅猛发展。其以交易费用为出发点，以产权、契约为工具，研究企业激励、治理等制度问题。企业制度理论虽然还在不断完善和发展当中，但其理论框架已经成型。

企业经营理论和企业制度理论在内容上有较大的区别，其应用的领域和对象也应有所不同，二者的区别如下。

（一）对企业的理解不同

关于什么是企业，企业经营理论和企业制度理论分别给予了不同的定义。

企业经营理论认为，企业是一个生产函数。企业经营理论是建立在明确界定的产权、完备的信息和无摩擦交易（林毅夫）的假设基础之上的，重视的是投入产出比，研究的问题是如何以最小的投入获得最大的产出，实现最大的利润，即利润最大化假设。企业经营理论更重视技术因素，把技术视为提高投入产出比的关键。但它的假设前提显然是不真实的，也是做不到的，所以它无法告诉人们同样的投入为什么在不同的企业产出却不一样等一系列的现实问题。

组织理论认为，企业是以盈利为目的的经济组织。组织理论对企业的定义指出了企业的特性，道出了企业与政治组织（如各党派、议会等）、行政组织（政府机关）、教育组织（如各类学校）、医疗组织（如各类医院）、科研组织、社会组织（如各种协会、俱乐部等）等的本质区别。在我国，党政机关是国家机器的组成部分，是国家治理者和制度实施者，其各项支出由国家预算来保障。教育和医疗组织是非营利组织，属公益事业范畴，其经费除用自己的收入支付以外，还有政府补贴。只有企业是营利组织，依靠自身的经营取得收入、创造财富。组织的性质决定了国家治理应根据不同组织的绩效特征，设计出不同的治理模式和激励机制。如果忽视企业的组织特性，而与其他组织进行一样的治理、考核、激励，效果是不会好的。从交易费用的角度讲，成本最小化则是各种组织管理的共同目标。这为企业监管者提供了一个新思路，那就是评判一个企业经营的好坏并不是看是否利润最大化，而是看是否成本最小化。

企业制度理论认为企业是一系列契约的集合（张维迎，2015）。与企业经营理论强调物与物之间（投入与产出）的关系不同，企业制度理论强调的是人与人之间的关系（张维迎，2014）。为什么会有企业？科斯的研究就回答了这一问题，简单地说就是市场交易存在交易费用。如一个生产圆珠笔的个体生产者，必须在市场上挨个购买笔芯、笔头、笔帽、笔杆等配件，这就需要信息费用、比较选择的费用、鉴定质量的费用、谈判的费用等。当从市场上购买的成本大于自己生产的成本时，他就会选择自己生产。这时，企业就产生了。而张五常却不同意这一观点，他认为企业是一种类型的契约代替另一种类型的契约。契约也由市场契约转变为企业契约。与之相应，由谈判后自主履约转变为谈判后自愿接受指令履约。大量的短期契约变为长期契约，相应地大量的完全契约变为不完全契约。但不管怎样，人与人之间的平等关系并没有改变。虽然企业是一个层级制的机构，但无论员工在企业的什么位置，都是双方自愿的选择。后来的变化，无论是新员工加入还是老员工退出，无论是晋升还是降级，也都是双方的自愿选择。契约使一个人人平等的市场自愿选择进入一个层级制的自愿选择之中。在这种前提下，为了保证在一个层级制的企业中人与人之间能够有效合作，就必须界定清楚每个人的权力、责任和利益，并以契约的形式规定下来。因此，企业制度理论如果不把人力资本提高到与物质资本同样的地位，就不可能很好地完成自己的使命。

威廉姆森把交易成本理论和组织理论结合起来研究，认为企业是一个治理结构。企业和市场都是治理上的备择模式。对企业来说，企业的组织功能就是把各个具有专用性的资产匹配起来，形成一体化生产。还是生产圆珠笔的例子，如果这个生产者自己生产所有配件，并且生产每种配件的设备都是专用的，那么他就必须把这些专用设备匹配起来形成一体化的生产线。不同的组织形式就会形成不同的组织架构，从而形成不同的治理结构。一个治理结构就是一个制度框架，分别规定和制约着各自架构的运作和秩序。U 型、H 型、M 型三类企业的基本组织形式极具代表性。采用同样的制度来治理具有不同的组织架构的企业，就有可能导致企业运营混乱和无序。

由于对企业的理解不同，对企业组成要素的认识也不一样。企业经营理论认为，物质资本、技术、劳动力是构成企业的三要素，其中技术决定组织结构；而企业制度理论则认为物质资本、人力资本、制度为企业的三要素，突出了制度的重要性。

有人认为技术仍应是企业的要素之一，即物质资本、人力资本、技术、制度构成企业四要素。我认为，技术也是人力资本的组成部分。制度规范的主体是人，即一个岗位上的人有什么权力，怎样使用权力以及权力使用的结果。正因如此，"交易成本经济学承认，技术与资产所有权都很重要，但无论这两个因素单独起作用还是共同起作用，对经济组织来说都不是决定性的因素。相反，要研究经济组织，就必须超出技术与所有权的范围，进而考察激励问题和治理问题"（威廉姆森）。为此，物质资本、人力资本、制度作为企业的三要素是合适的。

（二）适用的对象不同

企业经营理论以企业财产权为基础，基本上是探讨在企业内部"如何正确经营"的问题。它无法描述企业签约后，未来将要发生什么，以及发生变化后的状态，更不能在契约中明确为应对这些变化将要采取的行动计划。因此，其理论对不同的企业、不同的对象、不同的时期，有时适应有时不适应，在推广复制的过程中并不具有普适性。但它更强调过程的管理，注重随情况的变化而变化。因此，这一关于如何经营的理论，是经营者组织经营活动日常运用的理论。

而企业制度理论则以交易费用和产权为基础，注重事前的规划设计和事后的审计核实、评价考核。它可以在产权界定方面明确特定权力归谁、剩余权力归谁，使人员各负其责，减少了不断变化过程中频繁决策所带来的麻烦。

更重要的是，它可以不去理会经营管理过程，而直接对经营结果进行审计核实、评价考核。由此可见，企业制度理论是股东或监管者运用较多的理论。

经营虽无常，监管却有宗。经营需要随情况的变化而变化，随环境的变化而变化。只要根据"以最小的投入获得最大的产出"这一目的，在合法的范围内，无论经营如何变化都是应该允许的。灵活应对是经营的法则，但始终以结果为导向、以产权为标准是监管的恒定准则。没有产权，监管就会成为无根浮萍、无源之水。

（三）所起的作用不同

企业制度理论注重规划设计和制度比较，这如同搭台唱戏。把企业的制度制定好、把企业的框架设计好，就像是在搭建一个表演的舞台，而交易费用、治理结构、激励机制、契约管理是这个舞台的四大支柱，交易费用的高低则是比较优劣和选择的依据。虽然"测度交易成本着实是一件难于上青天的事情"（威廉姆森，2016），但就一个企业的收入和费用比较，预算费用可能比预算收入要相对准确（也可以说追求成本最小化比追求利润最大化更容易把握）。对于一个企业来说，为什么采取这种组织形式，而不采取那种组织形式；为什么随着企业的发展，要从这种形式转变为那种形式，这些都不是以收入多少，而是以费用多少来比较的。搭建舞台就是人们现在常说的顶层设计。决定舞台如何搭建是股东的事情，而国有企业的舞台搭建则是政府的事情。

舞台搭建好之后，决定如何"唱戏"则是代理人的事情。企业经营理论无局限的行为假设，为代理人创新和发挥才能提供了广阔的空间。就像一个演员在舞台上表演不同的剧种有不同的唱法、不同的动作、不同的舞台设计，同一剧种不同的演员也有不同的唱法，如同京剧有梅、程、荀、尚等流派一样。对企业来说，"唱戏"就是日常性的经营管理，其要"唱好戏"，就必须有充分的经营管理自主权，就必须清晰地界定国有资产出资人代表机构与代理人之间的权力边界。也就是说，代理人是划分党政监管部门和国有资产出资人代表机构外部监督职能和企业内部经营管理职能的边界。代理人对上要与国有资产出资人代表机构签订契约，对国有资产的保值增值负责，接受党政监管部门和国有资产出资人代表机构的监督、考核和评价；对下要与企业内部的员工签订契约，做好国有企业的经营管理工作。

通过比较能清楚地认识到，运用企业经营理论对国有企业进行改革、对国有资产进行监管注定是低效率或无效率的，而运用企业制度理论设计实施国有资产监管和国有企业改革则是可行的。要想保证企业有一个良好的发展，就必须把企业制度设计好。

二、交易费用

交易费用也称交易成本。科斯在 1937 年发表的论文《企业的性质》中首次提出了交易存在费用的观点。1960 年，科斯在他发表的《社会成本问题》一文中，首次使用了交易费用的概念。自此，交易费用成为新制度经济学的理论基础。"产权的界定是市场交易必不可少的前提"被誉为著名的"科斯定理"。这是经济学界对科斯在产权理论开创性研究的充分肯定。只有把产权界定清楚，才能从根本上减少交易时的各种费用。产权理论对中国的经济学家和政策制定者而言意义尤为重大。产权经济学这一基本思路为中国的市场经济提供了一条便捷的通道，公有制结构也因此得以保全。中国攻坚阶段改革的成果应当是定型中国的经济制度，关键的路径就是按照社会主义经济体制的要求和原则，重新界定政府、代理人以及员工的产权，从而改变计划经济延续至今的产权结构。产权理论是企业制度理论的核心，产权如何界定，决定着企业治理和激励的效果。而治理和激励必须在法律层面和政府层面解决问题，只有这样，才能提高国有企业的治理效率，最大限度地节省交易费用。

对如何界定产权的研究，哈特做出了重要贡献。哈特提出把不完全契约界定为特定权力和剩余权力，这一方法简单适用，有可能成为常用的产权界定方法。

张五常则对不同交易情况下的合约安排进行了研究，他撰写的《佃农理论》一书提出的分成契约，可能成为今天企业的主要分配形式。他提出，在工资契约、定额契约（租赁契约）和分成契约三者之中，分成契约的交易费用相对来说是最高的，因为分成契约需要度量和监督的费用。而在公有财产权和私有经营权的契约结构下，监督和度量的费用是无论如何也少不了的，即使是前两种契约也必须花费监督的费用，这是因为个人对公有财产可能产生一种"不占白不占"的心理，动机决定行动，多报销费用和虚增利润都是这些人常用的手段。多报销费用可以多套取企业资产，虚增利润则可以多获得绩效薪酬。因此，公有财产制度离不开公共监督，审计经营成果的真实性就是度量经营成果。这是工商企业契约与农业契约之间的不同点。既然工商企业的契约无论如何也少不了监管费用，强化监督和制衡就是分成契约条件下的最优选择。

威廉姆森在交易成本理论的框架下深入研究了组织治理的有关问题，形成了著名的治理"三部曲"，他以有限理性和机会主义的行为假设，视企业为一种治理结构。由于资产的专用性，交易才会发生。交易促成生产一体化，不同形式的一体化会产生不同的契约，从而决定着不同的治理结构。他认为，交易成本经济学的核心就是研究如何节省交易成本的问题。

（一）交易成本及其构成

关于交易成本，目前并没有一个准确的定义。诺思认为，信息的高昂代价是交易成本的核心，它由衡量所交换物品的价值属性的成本、保护权利的成本以及监察与实施合约的成本组成，如授权，作保，制商标，将资源用于分类、定级及时间和动机的研究，代理人的契约，仲裁，调停及司法诉讼等，这些衡量和实施成本无处不在。张五常认为，交易成本包括信息费用、谈判费用、起草和实施合约的费用、界定和实施产权的费用、监督管理的费用和改变制度安排的费用。其他的经济学家对交易成本也有不同的论述，意思大同小异。简言之，交易费用是因交易而消耗的时间、精力和财富。

在因交易出现的消耗中，有的可能是因为组织治理问题出现的，有的可能是因为市场交易时信息不对称出现的，有的可能是因为一个国家的法律、制度规定出现的。因此，交易成本相应包括组织性交易成本、市场性交易成本和政府性交易成本三个部分（袁庆明，2012）。

1. 组织性交易成本

组织性交易成本是指企业内部的决策、协调、监督等所产生的交易费用之和。这些费用主要产生于以下环节。

第一是经济规划和机制设计。威廉姆森认为，交易费用的主要用途之一是经济规划和机制设计，通过精心设计事前防范措施来减少事后机会主义。一个企业的机制设计包括许多方面。治理机制设计问题是一个企业首先遇到的问题，甚至在募集资本谈判时就会涉及这一问题。我国的治理机制考虑的因素比较复杂，除了有股东会、董事会、监事会和经营层，党的组织也是治理结构的一个重要方面。这为治理机制的设计增添了复杂性和难度。《中华人民共和国公司法》有关治理结构的框架规定由于明显的缺陷而效率低下。治理机制设计的法律缺失和复杂性增加了设计时的交易成本。能否设计出结构简洁、制衡有效、运行高效的治理机制是决定"事后"交易成本大小的关键。

第二是组织架构设计。组织架构的设计对于企业来说也是非常重要的。这是因为组织内部的等级结构也是一个决策变量，要评价组织内部的效率，就不能不考虑这个变量。按交易成本经济学的观点，组织设计实质上是企业内部委托链或授权链的设计，是确定岗位职级、薪酬等级，也是明确工作职责和绩效特性的基础。其他诸多方面如业务流程、内部控制、市场营销、人力资源、公司金融、信息技术等的运营模式，也是由此决定的。之所以称为组织架构而不是组织结构，是因为所设立的部门只是框架性的，而结构是严密的、无缝隙的。在实际工作中，我们无法设立一个无缝隙的部门集合，那样部门会很多，费用很高，所以部门设置只能是框架性的。但部门之间有许多交叉性的工作，这就需要上级经理统筹协调，这就是上级经理比下级经理权力大、薪酬高的原因。有的企业今天认为这个工作重要设立了一个部门，明天认为那个工作重要又设立了一个部门，最终部门越设越多，费用越来越高，效率越来越低，企业陷入组织架构设计的误区不能自拔。

企业层级的设计也是组织架构设计的重要内容。无论是 H 型组织还是 M 型组织，都存在一个合理的或最佳的层级。比较公认的是三个层级最佳，虽然这对 H 型组织来说是一件十分困难的事情。

第三是组织运行设计。机制设计和组织架构设计在一定程度上决定着组织运营费用的高低，但内部沟通协调、方案论证、审计监督、绩效考核等也都是必不可少的。

第四是组织制度变更。企业内的制度变更主要有以下几个因素：一是事前设计不合理导致实际执行不下去，或执行起来费用过高，不得不进行修正和完善；二是由于企业的发展，根据资产规模、产品、市场等方面的拓展而进行的必要调整；三是主要负责人的更换，由于习惯、偏好不同而对一些管理制度作出的调整；四是制度变迁导致的转型磨合期对经营绩效产生影响。

治理缺陷，特别是决策失误，通常会使企业的交易成本陡然上升，甚至在相当长的一段时间内居高不下；而资本专用性，尤其是人力资本的专用性则对企业内部经常性的交易成本影响很大。由于员工之间具有不同的专业知识，以及同一专业的不同员工专业水平存在差异，不同部门之间以及同一部门内需要沟通协调。沟通协调的频率和效率决定着企业内部交易成本的大小。如拟定一个方案，一个专业水平高的员工，沟通一次就可以拿出一个令人满意的方案来；而一个专业水平较低的员工，沟通多次也拿不出一个令人满意的方案。这就会导致交易成本的差异。

2. 市场性交易成本

市场性交易成本是指因企业在市场上招标采购、销售产品或服务、转让资产或收购等产生的各种费用，包括收集信息的费用、谈判的费用、决策的费用、监督的费用以及履行合约的费用等。

机会主义和营商环境对市场交易成本影响很大。由于市场交易往往成为企业内部监督和公共监督的"缝隙地带"，本应透明的多数人参与的公开交易就会转型为少数人交换关系的交易（威廉姆森），暗箱操作、个人寻租的机会主义行为就不可避免。在一个营商环境较差的国家或地区，为完成交易而请客送礼、行贿受贿的情况就会普遍出现；而在一个营商环境较好的国家或地区，交易双方就会坚守道德的底线，市场性交易成本就会得到有效控制。

3. 政府性交易成本

政府性交易成本是指因政府的管理方式和制度规定，而由企业负担的交易费用。其主要有以下三个方面。

一是政府的管理方式引发的交易成本。审批性与监督性两种管理方式比较，审批性管理就会增加企业交易成本，政府审批的事项越多，企业的交易成本也就越大。

二是政府性基金等非税性收费。政府规定的收费项目越多，企业的负担就越重。

三是政府部门不合理的规定要求和不规范的运作。例如，环境保护很重要，某省规定对实验室的化学实验项目必须进行环境评价，这种不切实际的要求就会增大企业的交易成本。在环境评价方面，"红顶中介"现象突出，容易产生利益冲突和不当利益输送。如有的领导干部及其亲属违规插手环评审批，或开办公司承揽环评项目牟利①。在这种情况下，中介机构就会狮子大开口，从而大大增加企业的交易成本。

那么谁来规划、谁来设计呢？明尼苏达大学教授、2007年诺贝尔经济学奖获得者列昂尼德·赫维茨认为，若要改变制度，必须有介入者。介入者不仅要设计，还应有实力去实施该设计（青木昌彦，2017）。在中国，能够设计并有能力组织实施的主要是出资人代表机构或行业监管部门，此外还有企业经营管理团队，其他部门或个人即使有能力设计也没有能力组织实施。能完成节省组织的、市场的和政府的交易成本的设计，又有能力实施的，只能是政府，这就是改革攻坚阶段特别强调顶层设计的原因。

（二）交易费用原理的应用

威廉姆森认为，交易成本经济学有如下特点：一是有限理性和投机行为假设；二是把工商企业作为一种治理结构，而不是一个生产函数；三是注重微观分析；四是更加依靠制度比较分析；五是特别强调私下解决，而不是法庭裁决的作用，重点是研究合同签订以后的制度问题。

交易费用用于机制设计扩展了监管的范围。治理结构、组织架构和运营机制设计的合理性、科学性，也成为监管的重要内容，而判别好坏、对错的标准就是交易费用的多少。这就颠覆了过去以机会主义为监管内容的做法，扩大了监管的范围。

交易成本原理的最大作用就是用事前的设计规划防范事后的机会主义行

---

① 中央第三巡视组向环境保护部反馈专项巡视情况［EB/OL］. https：//www.ccdi.gov.cn/special/zyxszt/2014dsl_zyxs/fkqk_2014dsl_zyxs/201502/t20150211_51245.html.（2018年3月，第十三届全国人民代表大会第一次会议批准了《国务院机构改革方案》，组建生态环境部，不再保留环境保护部）

为（弗鲁博顿、芮切特，2012）。一是无论是机制设计还是方案比较，都必须进行费用匡算或概算，以选择最好的方案。这一点非常重要。因为在回答某环境下采用哪一种组织类型及选择的原因时，起决定性作用的是交易成本，而不是技术问题（威廉姆森）。二是进行方案比较，匡算或概算足够了，没必要像会计核算那样精确。"因为只有通过制度的比较，也就是把一种合同与另一种合同进行比较，才能估计出它们各自的交易成本。因此，说到交易成本的计算问题，其困难也不像初看上去那么大。西蒙也认为，要比较两个独立的结构性方案，只要提纲挈领地简单加以说明即可，无须像边际分析所要求的那样，非得讲出在什么条件下两种交易成本才能达到边际相等不可。"（威廉姆森）

其实，把交易成本原理用于国有企业监管并不像威廉姆森和西蒙认为的那样简单。在国有企业监管过程中，评价企业治理、组织架构和运营机制的办法只有一个，那就是制度比较，即把企业现状与最优方案设计进行比较。通过比较，不难计算出设计不合理对股东产权造成的损失和浪费。治理结构本身只包含两个方面，即经营和监督。相应地，可以在股东会下设一个经营机构、一个监督机构，即二元治理结构。我认为，两个机构足矣，这是最简洁、最高效，也是最节省交易成本的。但国有企业的现状是在股东会下设"三会一层"，即董事会、党委会、监事会和经营层四个治理机构。与二元治理结构相比，交易费用肯定会大大增加。为了提高效率，节省交易费用，需要对"三会一层"的治理结构进行整合，向二元治理结构转变。设计规划不合理导致运营费用居高不下的事例在企业中比比皆是，如董事会、党委会、监事会、经营层组合不合理而造成的信息阻塞，使某一方面的职能难以发挥，或职能重叠造成浪费等，不仅会导致治理费用居高不下，而且会导致治理风险。

组织架构设计给企业造成的影响更加显而易见。目前国有企业层级过多，常见的 8、9 级，最多的达到 17 级，这会造成低效和浪费。对此，可以用企业的现状与三层级进行比较分析，从中计算出多层级的浪费情况，然后通过分析整合，达到减少层级的目的。整合企业层级比调整治理结构要困难得多，主要原因是需要对母子公司股权结构做出调整，这使沟通协调工作十分艰巨。如果中间层子公司大多是管理型公司，整合还会使一定数量的人员调岗甚至是下岗。当然困难远不止这些。银行保险业过去按照行政级别设立自己的分支机构，现在看来对企业运营效率也有一定的影响。有些保险公司已着手进行减少中间层分支机构的改革。

在企业运营方面，部门之间的职责界定不清，导致运转不畅，推诿扯皮，这种情况更是不时出现。工作方案、项目建议等存在缺陷导致的损失浪费也是难以避免的。当然，运营的低效率不仅是前期的规划设计存在缺陷和漏洞导致的，还有人员业务素质低下等复杂的原因。

设计缺陷导致的产权扭曲以前被国有资产监管和国有企业治理长期忽视，现在仍然被忽视着。

预算的编制中也存在着机会主义行为。虚增开支项目是比较笨拙的方法，但屡屡奏效。一些经营者在设计必要项目的开支标准方面加入了不易被发现的虚增部分，审核监管的成本即使再大也无法发现全部的问题。

经营层过高的薪酬待遇是费用增加的主要原因。经营层的市场化薪酬在人力成本中占有相当大的比重，比委派人员的薪酬要高出 5 倍以上。一个有 1000 多名员工的企业，不足 10 名的高管的薪酬就占企业员工薪酬总额的 10% 以上，这还不包括其他福利。在美国，高级管理人员自己给自己核定薪酬，最高工资是最低工资的几十倍到几百倍不等。然而，企业经营的绩效并不理想。其实在中国并没有一个客观的市场薪酬价格。从试点的情况看，职业经理人的薪酬与经营绩效并没有多大关系。

把费用作为监管重点的一大好处是，费用相对确定，针对许多费用可以制定标准，不像收入受多种因素影响波动较大，往往无法预测。目前比较常用的做法是把合规性检查作为审计的重点，而忽视了事前设计规划不合理而导致的浪费。实际的情况是后者往往比前者的影响更大。但有些时候，可能无法区分哪些是因设计问题增加的费用，哪些是因不合规开支增加的费用。最简便的办法是用每百元收入费用率、每百元利润费用率等效率指标来与同类企业的指标平均值或标杆企业的指标进行比较。

三、产权与交易费用

国有资产监管改革和国有企业改革不仅涉及国有企业本身，还包括国有资产出资人代表机构，以及其他监管部门，进而影响我国整个市场经济体制改革。因此，国有企业改革是一项涉及政府职能改革、国有资产监管改革和国有企业改革三位一体的综合性改革。改革的目的就是从政府、监管部门以及国有企业三个方面，有效减少交易费用。

交易费用是企业制度理论的基本内容。交易成本经济学几乎是完全参照西方资本主义经济体而得到发展的，但志在广泛适用（Hamilton、Biggart，1988）。通过对离散结构备择形式的分析，对西方和非西方经济、资本主义与非资本主义经济，交易成本经济学具有普遍适用性（威廉姆森）。也就是说，交易成本经济学的基本原理完全可以用于改革社会主义市场经济体制，但改革的方向不是仿效西方走资本主义私有制的道路，而是社会主义公有制的自我完善、创新发展。

交易费用完全可以作为一个国家或一个组织制度先进性和治理效率的判断依据，评判国有企业改革成功与否是交易费用理论的重要运用。资本主义的各种经济制度的主要目标和作用都在于节省交易成本（威廉姆森）。虽然社会主义经济制度与资本主义经济制度在许多方面形同质异，但社会主义经济制度的主要目标和作用同样在于节省交易费用。国有企业改革的目标和作用也在于此。但交易费用会导致普遍的无效产权（诺思），因为监管者可能会打着防止国有资产流失、实现政府意志等旗号，为了自己的利益而扭曲产权。从这个意义上讲，判断国有企业改革是否成功的标准就十分清晰了。但目前我国并没有把交易费用引入国有企业的改革和监管之中，甚至有相当一部分改革的设计者和实施者并不真正了解这一点。

科学合理界定产权是减少交易费用的最佳途径。作为政府、监管部门以及企业治理共同的准绳，产权是国有资产监管和国有企业治理共同的锚。没有产权监管就没有判别是与非、对与错、多与少的标准。由此，三位一体的综合性改革交集于产权，防止产权扭曲和产权侵占就成为监管的主要目标。

产权是国有资产监管和国有企业改革的重要内容，界定产权是市场经济的必然要求。不论是西方自由市场经济，还是我国社会主义市场经济，都逃不掉产权的铁律。中国的经济学家们从产权经济学的迅速发展中获得了不少理论启发。在产权经济学中，产权的界定是建立市场经济的先决条件，这对中国的经济学家及政策制定者而言意义尤为重大。中国要想向市场经济继续迈进，就必须明确所有产权的归属问题。产权经济学这一基本思路为中国的市场经济提供了一条便捷的通道，公有制结构也因此得以保全（科斯、王宁，2012）。这表达了研究者的两个观点。一是按照产权经济学的基本思路，完全可以不改变以公有制为主体的社会主义基本经济制度。这使人们对坚持社会主义制度充满了信心，解除了许多人的担忧。二是指出了改革的方法：在公有制的条件下，只要把产权界定清楚，照样可以实现效率和发展。这里暗含着，只要按照产权经济学的基本原理，社会主义制度的自我完善完全可以实现，国有企业的改革也会成功。

但产权是一个硬性的指标，如我在前面讲过的"参与约束"。要想使股东和代理人都参与进来，股东必须满足代理人对基本薪酬的要求条件；反过来，代理人也必须满足股东资本不贬值的参与条件。只要资本不贬值，无论代理人的基本薪酬是多少，代理人都没有侵占股东的产权。但实际执行的结果可能有许多变化，如一个新建企业的股东和代理人可能都不知道前三年的经营结果到底如何。股东和代理人商谈时可能面临以下选择。一是完全按照"参与约束"和"激励相容"的原则确定契约，不考虑初创期的特殊阶段。二是约定一个亏损上限，如约定亏损不超过 500 万元，股东不减少代理人的基本薪酬，但以后年度的利润必须先弥补亏损部分，再计算增值分成。三是不约定亏损上限，三年统算，如果盈利，计算增值额分成；如果亏损，看资产质量和劳动生产效率是否持续改善。如果持续改善，继续聘任；如果没有持续改善，则不再聘任。此外，还有抵押金的使用等。像这种比较复杂的契约还有接手亏损企业的契约，也有商议的余地。这就需要把产权以契约的形式确定下来，即契约产权。契约产权包括特定权力和剩余权力，前面章节已详细介绍过。在确定契约时，"参与约束"和"激励相容"，以及以正激励为主的原则必须坚持，这是底线。

四、契约监管

契约是一种关系。这种关系涵盖政治、经济、社会等人们日常生活的方方面面。有的契约是口头的，有的契约是文字的。有的契约既不是口头的，也不是文字的，是默认的。

　　狭义地讲，契约就是股东（委托人）与代理人以及企业内部具有委托代理关系的双方通过友好协商，经双方一致同意界定的权力，以文字形式固定下来而确立的一种关系，以防止产权侵占、产权扭曲，它贯穿契约管理的整个过程，包括契约设计、谈判、签订、实施、考核、变更、终止等。每一个环节都包含着需要认真研究的许多内容。

　　广义地讲，制度也是契约的一种形式。诺思、森岛通夫、威廉姆森等对制度的重要性进行了论述。诺思利用交易费用理论论证了制度存在的必要性。制度构造了人们在政治、社会或经济方面发生交换的激励结构，它是决定长期经济绩效的基本因素。不同的制度会产生不同的绩效，制度的变迁会引起绩效的变化。在交易日益复杂的现代经济社会，政府和法律的作用都是不完全的，可能会失灵，制度能够有效地起到保护产权和减少交易费用的作用，尤其是在组织内部更为明显。因为制度能够清晰地界定每一个人的权力、责任和利益边界，增强自我执行力，减少法律诉讼等。由此，森岛通夫曾向经济理论家们建议，应该使经济学在更加强调制度方面上认真下功夫，也就是说要放慢全面数学化的速度，转而根据经济组织、产业结构和经济史的知识来发展经济学理论。日趋一致的看法是，把制度问题更突出地引入人们的视野，有助于更好地摆平各种因素（威廉姆森）。

　　产权与契约的关系是实质与形式的关系。契约是形式、是工具。从某种意义上说，产权就是契约，契约就是产权。我在前面的章节中只是对产权的总体框架做了阐释，但产权的具体应用形式也是多种多样的，把产权的具体分解和对应的激励白纸黑字地表述出来就成为契约。作为监管工具，契约是最佳的选择。

　　在实际工作中，用契约界定产权的情况比较普遍，这就需要把契约管理提升到监管的重要位置。经营权的界定和收益权的界定是产权界定的主要部分，"参与约束"和"激励相容"是界定产权必须坚守的大原则，具体的产权界定应当是经营权与收益权相对应。

　　由查阅的文献可知，在现代企业理论中，契约理论讲得极多的是权力界定和激励两大问题。企业治理结构图实际上也是一个契约模型图。西方社会学把一切社会关系定义为契约关系，其实这种关系适合于一切性质的市场经济社会。在契约关系成为一切社会关系总和的前提下，企业被解释为一系列契约的集合，或一组契约关系的扭结点（威廉姆森）。由此，契约管理将成为企业管理的重要组成部分，虽然目前企业界，尤其是国有资产出资人代表机构还没有完全意识到这项工作的重要性。

按照契约期限、内容、表述及存在方式等不同的概念和性质，契约可以分为完全契约和不完全契约、交易性契约和关系性契约、显性契约和隐性契约、约束性契约和非约束性契约、正式契约和非正式契约、短期契约和长期契约、标准契约和复杂契约、第三方执行契约和自我履行契约、个人性契约和集体性契约等（弗鲁博顿、芮切特，2012）。其中有三组契约联系紧密，也是经常使用的，那就是完全契约和不完全契约、交易性契约和关系性契约、短期契约和长期契约。

国有企业的契约就是把界定给各方的权力和对应的激励写入制度或协议，销售（服务）契约、租赁契约、借贷契约和雇用契约是市场主要的契约形式。但就国有企业监管来说，最重要的契约应是委托代理契约。

（一）委托代理契约

委托代理契约是国有资产出资人代表机构（委托人）与代理人（经营管理主要负责人和监督控制主要负责人）签订的契约。无论对于国有资产出资人代表机构，还是对于代理人，委托代理契约都是最重要的契约。这是因为委托代理契约实现了一系列关系的转换。首先是资产的转换。国有资产出资人代表机构掌控的国有资产转换为企业的财产，尤其在混合所有制企业里，国有资产只是企业财产的一部分。其次是身份的转换。投入企业的国有资产由国有资产出资人代表机构控制转变为由代理人控制，监管部门已成为一个股东或外部监督者，不再做应由代理人做的事。最后是适用法律的转换。国有资产出资人代表机构为公权力部门，受公法的制约；代理人则属私法约束的范畴。委托代理契约的重要性，还在于它是权力界定的关键，是政府职能、国资监管和国有企业三位一体改革的扭结点。

国有企业的委托代理契约有两种：一是国有资产出资人代表机构与代理

人签订的契约；二是代理人及其经营管理团队与下属职能部门、分支公司负责人签订的契约，或经营者与生产者签订的契约。我重点阐述的是第一种契约，即国有资产出资人代表机构与代理人签订的契约。由于国有企业的两个代理人（经营管理代理人和监督控制代理人）的职责和任务不一样，国有资产出资人代表机构要分别与两个代理人签订契约。

1. 初创企业的契约

初创企业的契约比较短暂，一般是从企业注册登记开始到第一届代理人任期届满，也就是企业创立头三年。但它是一个企业特殊阶段的契约，这一阶段一般是企业打基础的阶段。其中涉及的基本问题是代理人的薪酬如何确定。在这一阶段，企业一般没有利润，三年下来统算未必保值。一般来说，这三年的契约应规定一个贬值额，其作用不是奖励，而是保证不减少基本薪酬。也就是说，只要贬值额控制在规定的范围之内，就不减少代理人的基本薪酬。在这一阶段实现增值的企业很少，实现保值就是相当理想的了。如果三年统算实现了增值，代理人自然要按照比例提取绩效薪酬；如果出现贬值额超过了规定数值的情况，则企业应相应降低代理人基本薪酬。如果对代理人续聘，则代理人应承担修复净资产的责任。所以初创企业的契约，既为初创期做了规定，也为以后的持续聘任做了规定，是一个非常重要也最基本的契约。当然，这只是一种契约形式，具体如何定要根据企业的具体情况，有的企业可能第一年就能实现增值。但万变不离其宗，与保值增值挂钩是基本的原则。

2. 接手亏损企业的契约

亏损企业比初创企业经营起来可能更加艰辛。由于企业运营的惯性，亏损可能还会延续，甚至更大的亏损可能会出现在新的代理人接手之后。因此，国有资产出资人代表机构和新代理人应在对企业的现状进行全面评估之后再协商签约。

对接手亏损企业代理人的薪酬确定，可以有两个选择：一是按现有的所有者权益确定基本薪酬，新代理人不承担修复净资产的责任，考核时各算各账，对增值部分计提绩效薪酬，对贬值部分相应减少基本薪酬；二是按原有净资产核定代理人的基本薪酬，代理人承担修复净资产的责任，规定在一定期限内实现原净资产与所有者权益一致。如果三年统算有增值，则计提绩效薪酬。如果三年统算仍有贬值，则应退回以前年度多发的基本薪酬。无论哪一种选择，在对企业资产评估时都必须考虑以下因素：接手后可能出现的潜在的亏损，可能成为死账的应收账款，必须支付但尚未支付的负债、长期不能使用的固定资产，以及其他因法律纠纷而无法确认的产权等。这些都是在协商条款时必须考虑的复杂因素，"敲竹杠"的行为容易在协商中出现。

3. 接手盈利企业的契约

接手盈利企业对出资人代表机构和代理人都应是愉快的事情，可以按正常的契约签订并履行。如果这家盈利企业过去的监管比较宽松，那么在亮眼的数据背后可能隐藏"黑洞"，这种现象在企业并购中常见。资产评估时什么也没有发现，在并购之后的实际经营过程中，马脚才露出来，但契约已经签订。这种现象无法避免，只要没有重大的颠覆性问题，新接手者只能接受。

这里需要强调一下有关国有企业政策性业务的契约问题。

政府赋予的企业使命是政治任务，代理人必须执行，没有讨价还价的余地。政府安排的工作任务应严格按照工作绩效去考核，不应按照经营绩效去考核。目前人们对国有企业体现国家意志或政府意志的理解是狭隘的，尤其是个别地方国有企业只理解为完成政府的行政任务，而把保值增值的责任放在一边。从某种程度上说，这也是代理人的一种逆向选择。监管部门的行政性思维不仅没有对这种狭隘的认识有所修正，反而进一步强化了这种狭隘的认识。国有企业体现政府意志不是通过具体事项或项目，而是通过忠实履行政府赋予的使命。如地方中小金融企业实力薄弱影响地方经济的发展，进而成为国民经济发展的薄弱环节。国家就会鼓励地方政府出资设立地方中小金融机构，并分别赋予不同的使命、职责和任务。如银行要坚持金融中介业务，履行为实体企业提供金融服务的使命；保险企业要坚持保险产品营销业务，在人寿、财产等方面提供风险管理服务等。如果银行不把主要精力放在支持实体经济上面，保险不把精力放在风险管理上面，而是为了自己赚钱去做其他业务，那么代理人就没有忠实地履行政府赋予的使命。再如我国贯彻新发展理念，打造以科技创新为引领的新型工业体系，需要大力支持科技企业发展，国家和地方政府设立了投资企业、产业投资基金、科技创新基金等，这种基金既起到了与政府补贴同样的引导作用，又做到了产权明晰。但引导的功能作用有多大取决于基金管理企业的具体运作情况。一个基金好不好，主要看投资项目的成功率和经营收益的情况。效益好的基金功能作用就强，反之则弱。判断功能作用的大小时，基金本身的效益是一个清晰的信号。如果代理人没有投资高科技项目，而是投资其他项目去追求短期盈利，说明代理人也没有忠实履行政府赋予的使命。

代理人的职责是在忠实履行政府赋予使命的前提下，决策"做什么""怎么做"，把使命转化为行动，从而取得良好的经营绩效，实现使命、行动和绩效的有机统一。使命履行情况如何要看国有企业是否实现了保值增值，国有资本的功能作用、控制力如何要看国有企业的竞争力强弱。判断国有资本功能作用的大小时，国有企业本身的效益是一个明确的信号。所以，对代理人的契约不仅应要求具体项目，突出坚守使命前提下的国有资产保值增值，同时要强调，经营管理代理人的职责就是利用自己的知识、经验和能力防范经营风险、规避市场风险、应对政策风险，不应因各种风险的出现而在绩效考核方面讨价还价。这应是国有资产出资人代表机构与代理人的特别约定。因此，委托代理契约应当把企业使命阐述清楚。

在薪酬激励的契约中，薪酬应当与企业规模成正比，与经营绩效成正比。也就是说，基本薪酬与净资产保值相对应，绩效薪酬与净资产增值相对应。委托代理契约的期限一般为三年，也就是一个任期。对保值增值的核定可以一年一次，三年统算；薪酬的兑现也可以每年预发，三年统算，多退少补。

长期控制权激励应是契约的一个重要内容。什么情况下辞退，什么情况下续聘，是长期控制权激励契约必须要明确的。在满足约定条件的前提下，国有资产出资人代表机构无权辞退或调整代理人，除非双方协商一致。这是对国有资产出资人代表机构选择、调整代理人权力的制衡和约束，防止任人唯亲，把经营效益好的企业的代理人调整为"自己人"。当然，实际执行中可能会出现对代理人不满意，但一时找不到合适的接替人选的情况，是续聘原有的代理人还是在"矮子里拔将军"，就成为国有资产出资人代表机构信息不对称情况下不得不面对的难题。无论遇到什么情况，只要企业没有发展，绩效没有改善，国有资产出资人代表机构选人用人的责任就是无法推卸的。有了这一条，国有资产出资人代表机构在选人用人方面任人唯亲的现象就会在一定程度上得到遏制。

（二）不完全契约与风险防范

截至目前，不完全契约都是理论界研究的热点。格罗斯曼和哈特在《不完全合同、产权和企业理论》等著作中详细阐述了不完全合同理论。

为什么存在不完全契约？艾伦·施瓦布列出了五个理由。第一，契约的语言表达模棱两可或不清晰。第二，由于契约当事人的疏忽，其未就有关的事宜在契约中写明，该契约变成不完全契约。第三，契约当事人订立有关条款以解决某一特定事项的成本超出了其收益，造成契约的不完全（包括信息处理的成本和有限理性）。第四，存在不对称信息导致契约不完全。第五，只要至少市场的一方是异质的，且存在足够数量的偏好垄断经营的当事人，契约就是不完全的。总之，语言的局限性、疏忽、解决契约纠纷的高成本、信息不对称引起的弱或强的非契约性因素以及垄断经营的偏好等都会引起契约的不完全。由于事前人们无法预测今后可能要发生哪些变化，以及这些变化对经营绩效的影响程度等，或者语言文字无法准确描述有关条款的内容，人们也只能签订一个不完全契约。

鉴于不完全契约的客观存在，在设计条款时必须注意防范一系列的风险，如道德风险、逆向选择、"敲竹杠"、"搭便车"、卸责等。这些风险极容易导致产权被侵占，无论在代理人及其高管团队，还是企业内部各层级之间都有可能存在，只不过表现的形式不同而已。

1. 道德风险

道德风险最初是指借贷的一方利用信息不对称获取贷款而可能对另一方造成贷款收不回的风险。由此引申的道德风险，是指经营者利用隐瞒、欺骗等手段谋取私利，从而给股东和他人带来风险。下面，我用产权原理回答以下几个问题。

为什么不能用完成销售收入目标作为经营者发放绩效薪酬（或奖金）的依据？因为在资产没有增值的情况下，对经营者发放绩效薪酬（或奖金）的资金只能来自股东净资产，这样做就导致了所有者权益的减少，侵占了股东的利益。如果在资产增值的情况下，可以直接用增值指标考核，用销售指标考核则显得多余。

为什么不能将完成工作任务作为经营者发放绩效薪酬（或奖金）的依据？因为一项工作不一定对经营绩效的产生或增长有帮助，有的甚至起负面作用。即使是一项投资，将来是盈利或是亏损也是不确定的。工作是为了增值，但是否增值要由实际的经营绩效来决定。在绩效没有实现的情况下，不能主观判断某项工作一定会有绩效，因此也就不应对经营者发放绩效薪酬（或奖金）。如果在这种情况下对经营者发放绩效薪酬（或奖金），只能用股东净资产，侵占了股东利益。再者，如果某项工作对以后的经营绩效产生了积极影响，绩效实现时，再发放一次绩效薪酬（或奖金），就造成了重复发放。

为什么在考核经营者的绩效时应将应收账款（应收收入）扣除？这是因为应收账款（应收收入）表示营销工作没有完成，只有把应收账款（应收收入）收回后，销售工作才算完成。另外，应收账款（应收收入）到底什么时候收回，能收回多少不确定，可能有一部分会成为死账。如果把这部分计入绩效并与绩效薪酬挂钩，发放的绩效薪酬同样来自股东净资产，股东的产权被侵占。

有人认为，会计核算的原理是用坏账准备（或资产减值准备）冲抵应收账款（应收收入），所以在考核收入时不应扣除应收账款（应收收入）。其实会计核算方法与考核方法是两个不完全相同的概念。会计核算用坏账准备冲抵应收账款（应收收入），是为了确保防范企业的流动性风险，与营销工作是否完成是两回事。经营绩效是代理人及其员工的劳动成果，工作没有完成，说明劳动成果没有确认。应收账款（应收收入）未到账等于整个营销工作没有完成，还在进行之中。对经营者考核时不扣除应收账款（应收收入），还会导致两种严重后果：一是应收账款（应收收入）会越积越多，提取的坏账准备也会越来越多，由于提取坏账准备的基数包括应收账款（应收收入），就会导致相当一部分的坏账准备没有现金支撑，久而久之会导致资金链断裂；二是坏账准备提取越来越多会导致成本不断增加。为了完成利润指标，经营者会选择不提或少提坏账准备，这样就会违背会计准则，用坏账准备冲抵应收账款（应收收入）的初衷就无法实现。由此可见，在考核经营者的绩效时扣除应收账款（应收收入）可以有效防范导致产权被侵占的机会主义行为。

2. 逆向选择

逆向选择最初是在研究保险人和投保人的保险行为时被发现的。由于保险人并不知道投保人身体状况的真实信息（没有事前体检的规定），投保人在身体健康时就会选择不投保，而在身体出现疾病时就会选择投保，但保险人并不知道投保人的真实情况。在企业，常见的逆向选择是，经营者在确定目标时往往强调比较容易实现的目标的重要性，争取增加诸如工作任务、工作能力等次要的软性目标的分值，而尽可能地降低利润等硬性目标的分值。逆向选择的表现形式还有很多，往往与道德风险混合在一起，如上面提到的不提或少提坏账准备也是一种逆向选择。

缺乏长期控制权激励是经营者逆向选择的重要原因，追求短期利益是经营者现实的选择。国有资产出资人代表机构缺乏明确的、科学的激励制度也是经营者逆向选择的一个原因。在代理人获得的报酬小于其付出的成本（时间、精力、技能和知识）时，逆向选择就会出现。

3. "敲竹杠"

"敲竹杠"最初被见到的案例是通用汽车公司收购费雪车身制造公司。在企业内部，计划制订和落实、预算的编制和执行，以及临时任务的安排等方面，"敲竹杠"现象时有出现。为解决一个特殊的"敲竹杠"问题的契约条款，实际上会产生一个新的更大的"敲竹杠"问题。

4. "搭便车"

"搭便车"主要体现在人力资源管理方面。国有资产出资人代表机构推荐到企业工作的人并不全是适合的，照顾行政机关中的"老同志"也是一个选项。他们到企业会有一定级别的职务，也会领取同级别高管的薪酬，但由于部分人缺乏经营管理的知识和能力，以及具有惯性思维，并不能起到与其职位相匹配的作用。在行业有一个说法，有20%能冲能打的骨干，一个企业就会发展得很好。这一现象不仅国有企业有，在民营企业也很普遍。用在这些人身上的薪酬和费用也影响股东的产权。

5. 卸责

卸责，顾名思义就是推卸责任。应对市场风险、政策风险本身就是代理人及其经营管理团队的职责和任务。国有企业如果效益不好，代理人会把责任推给政策的变化、市场的变化，以及历史遗留问题等，并在绩效考核时把这些因素扣除，从而多得绩效薪酬。而遇到有利的政策和环境时，却从来不把这些因素扣除。

当然，侵占、扭曲产权的风险行为还不止这些，如支付高额薪酬或高额费用导致盈利减少；泄露商业机密给竞争对手；母子公司总部用合并总资产、总利润发放绩效薪酬，等于人为地扩大了计提薪酬的基数等。这里的问题是，明知是扭曲产权，为什么有的国有企业还这样做？有两个解释：一是缺乏严格的监管，代理人有意而为之；二是企业决策者缺乏基本的企业制度理论方面的专业知识。在大多数这样做的国有企业，这两种原因往往同时存在，国有企业监管就是要有效防止侵占、扭曲产权的行为发生。一方面，要在契约管理和制度设计方面下功夫，在事前最大限度地堵住侵占、扭曲产权的漏洞；另一方面，要强化事后的审计，发现、定性、处罚侵占、扭曲产权的行为，对侵占、扭曲产权的代理人和其他经营者绝不姑息。

防止产权被侵占、扭曲需要在两个方面着力。一方面要对人力资本所有权，即软产权充分认可并进行确认。党的十九届四中全会明确提出要健全劳动、资本、土地、知识、技术、管理、数据等生产要素由市场评价贡献、按贡献决定报酬的机制，这为确认软产权提供了政策依据。另一方面要强化事后审计和修正。在企业，产权被侵占、扭曲是双方博弈的结果，道德风险、逆向选择、"敲竹杠"、"搭便车"、卸责等是重要的表现形式。事后的审计可以发现这些问题，并及时有效地修正。

（三）契约选择和风险分担

企业的契约选择和风险分担的基本形式有以下四种。

第一种是工资契约，包括计件工资和计时工资。固定年薪也是工资契约的一种。不论经营绩效好坏、有无企业剩余，只要代理人完成规定的工作，股东均会给代理人发放商定好的定额工资。工资契约风险分担的特点是经营风险完全由股东一方承担。

第二种是租赁契约（或固定收益契约）。定额地租就是典型的租赁契约。

这种契约的特点是，不论经营绩效好坏、有无企业剩余，代理人都要按商定好的数额交给股东资金或实物，当作股东的收益。经营的风险完全由代理人一方承担。

第三种是分成契约。这种契约的特点是，企业剩余由股东和代理人按一定的比例分成，股东的收益和代理人的收益方向一致（张五常）。分成契约在理论上讲可以风险共担，实际却难以做到。在出现风险时，股东和代理人无法在损失上按比例分担。股东和代理人在财产损失上的分担是不对称的，这是企业制度设计的一大难题。但大量的事实证明，分成契约能够调动股东和代理人的积极性。

第四种是股权激励契约。本特·霍姆斯特罗姆列出的激励种类有股票、股票认股权、影子股票、股票增值分红权、长期激励计划、奖金等，现实中使用比较普遍的除了奖金，就是股份期权。股份期权即股东与代理人约定，代理人在一个时期内使企业发展到一定规模（包括营业收入、利润、净资产、市场占有率等），股东则奖励代理人一定数量的股份。目前出现的"基本薪酬＋股份期权"的薪酬结构，是比较先进的契约形式，我认为可以在国有企业大力推广。这种契约实际上是分成契约的变种。由于代理人还需要雇用其他管理人员和员工，所以在第二、第三、第四种契约形式中，基本薪酬作为费用已经计入了经营成本，这是工业契约与农业契约不同的地方。

企业类型对风险分担的影响也是比较明显的。我国的国有企业大致划分为三种类型：公益性企业、自然垄断性企业和竞争性企业。公益性企业主要是公共交通企业，如市政公交、地铁企业等，这类企业的特点是不以获取利润为目的，准点率是其考核的主要指标，有一定的现金流但很难实现盈利，需要政府的大量补贴。因此，公益性企业的风险只能由股东（政府）承担，而不应由代理人承担。工资契约是这类企业的首选。自然垄断性企业，如烟草（专卖）企业、电力企业、自来水企业、天然气企业等，还有国家实行垄断经营的石油、电信等企业，由于这些企业经营的业务是居民刚需，不存在市场风险，利润的高低主要取决于经营管理水平，也就是说风险不在股东而主要来自代理人，所以实行租赁契约是最佳选择。竞争性企业显然选择分成契约最优。当然，按企业类型选择契约和风险分担的方式，前提是对企业进行科学分类。目前，对企业的分类管理才刚刚开始，还没有形成一个统一的标准。如有的研究者将企业分为竞争性企业、功能性企业和公益性企业，还有的研究者将功能性企业和公益性企业并为一类。有的企业进行公益类业务和竞争类业务混合经营，如铁路总公司，既管路网也经营运输，既经营客运也经营货运，在总公司一级的契约选择就比较困难。

从长远来看，公益性企业、自然垄断性企业和竞争性企业的契约边界将会越来越模糊，"基本薪酬＋绩效薪酬（奖金）"或"基本薪酬＋股权激励"，和以绩效薪酬（股权激励）为主的薪酬激励结构，将成为国有企业普遍的薪酬激励形式。

组织形式对契约的选择也有一定的影响。U 型组织高度集中决策和精简的组织架构，决定了其具有成本优势，天然地具有取得高盈利的前提条件。H 型组织通过层层投资，众多的子公司分布在多个行业，通过投资组合分散了风险，但也决定了归属母公司的净利润只能是各个企业的平均利润。M 型组织由于有许多分支公司，有较长的管理链条和庞大的运营成本，尤其是银行保险企业，组织的特点决定了这种企业必须走规模化经营的道路，分支机构制度复制是其发展的主要路径。由此可见，在确定分成比例时，对 U 型组织的分成比例要低一些，而对其他两种组织的分成比例则应相对高一些。

以上是按照标准的契约风险理论论述的，现实的企业契约几乎都有绩效薪酬核发考核项目，理论与实际有较大的差异。正是这种理论与实际之间的差异才形成人们研究企业制度的动力。

（四）最优契约的选择

从上述风险分担的几种契约中，大致可以选择出最优契约。哈特把契约性权力划分为特定权力与剩余权力。哈特强调所有权就是购入的剩余权力（张维迎，2014）。也就是说，所有权是剩余权力的唯一决定因素。

在工资契约（包括固定年薪）中，剩余控制权和剩余索取权都应属于股东，代理人只有特定权力。在契约中，只要明确代理人有什么权力就行了，其他的权力都是股东的。代理人在遇到自己权力之外的事情时必须立刻报告或请示股东。

固定收益契约中，剩余控制权和剩余索取权都属于代理人。在契约中，只要明确股东有什么权力就行了，其他的权力都是代理人的。在股东的权力之外，代理人可以自行处理经营管理事宜，不必向股东报告或请示，更不用审批。

分成契约相对来讲比较复杂。一是剩余控制权归人力资本所有者所有。满足这一原则的前提条件是股东（监管机构）享有资产的经营权，而代理人享有企业的经营权。资产的经营权在企业之外，股东对企业经营事项的决策是很少的，其他的权力全是代理人及其经营管理团队的。二是剩余索取权归物质资本和人力资本所有者共同所有，他们各有不同的所有权。周其仁认为，除了用类似"分成合约"这样的制度安排，即由企业家人力资本所有权与物质资本所有权分享企业剩余，再没有更好的方法来激励代理人及其经营管理团队了。

因此，分成契约应成为国有企业剩余分配的主要方式。这里需要强调的是，对企业剩余以一定的比例，在物质资本和人力资本之间进行分配。只要事前双方商定清楚，在分成比例限额以内，比例谁大谁小无关紧要。企业剩余分配的秩序：首先，应在物质资本与人力资本之间进行分配（按要素分配），分配比例依照监管机构与代理人的契约约定；然后，股东之间按股权比例对物质资本分得的部分进行分配，代理人及其团队按照事先的规定对人力资本所得部分进行分配（按贡献分配）。在收益权的分配上，把物质资本的所有权和人力资本的所有权放在同等的位置，充分体现了社会主义分配制度以人为本而不是以物为本的理念。

固定收益契约和分成契约都有一定的缺陷，那就是可能导致代理人为了多得薪酬而故意虚增利润。手段巧妙的话，审计往往不能及时发现。克服这一弊病的方法就是在上述两种契约的基础上分别加入股权激励契约，即把一部分固定收益绩效成分以股权激励的方式兑现。这样做，即使代理人一时多得了薪酬，在之后的经营中一旦暴露出其隐瞒的问题，企业也可以随时把其多得的薪酬收回。即使问题一时暴露不了，他也拿不走股权，不能实现实质性收益，制约无时不在。在众多的股权激励方式中，适合国有企业的方式并不多，股权激励契约是首选。其他方式度量、执行的成本太高，不一定适合国有企业。

国有资产出资人代表机构与代理人的契约，一个企业只有一种，这就为监管提供了评判的依据。当然，契约的选择并不是绝对固定的，如工资契约也可以实行"基本薪酬＋绩效薪酬（奖金）"结构，经营权界定时也可以把剩余权力界定给代理人，只要双方协商一致，权力界定清楚，尤其是绩效计量和对应的薪酬明确就可以。

企业内部不同部门的契约也不一样。一个企业大致可以把部门划分为营销序列、生产序列、管理序列、技术序列和服务序列等，不同的序列应有不同的薪酬激励制度，基本薪酬核定不一样，绩效指标和发放标准也不一样。如对营销序列有的企业可能实行单一的销售提成薪酬制度，有的企业可能实行"基本薪酬＋销售提成"的薪酬制度；对生产序列的绩效薪酬确定可能以一定质量的产品产量作为绩效指标。绩效指标相对比较不好界定的是管理序列，一般采取相对模糊的绩效激励。

上面提到的销售情况、产量等指标在企业对内部各个部门考核时可以使用，但对代理人及其高管团队为什么不可以使用？这是由于部门完成的是单项成果，追求的是企业的次要目标，而代理人及其经营管理团队完成的是综合成果，追求的是企业的主要目标。对代理人及其高管团队来说，对内部员工的薪酬激励是保值增值的成本，他们必须要权衡激励的有效性。激励不够，不能调动员工的积极性；激励过多，会影响保值增值主指标的完成。评判国有企业内部激励的有效性和适应性也是监管的重要内容。

当然，资产保值增值是企业经营的本质。我认为，对企业主要价值链，即研发、生产、营销、服务按利润对员工进行考核，是最佳选项。这是企业制度设计最高境界的追求，只要努力去做，是可以实现的。

五、产权侵占和产权扭曲的监管属性

产权侵占和产权扭曲是两个性质不同的概念。产权侵占是机会主义行为导致的有意侵占股东或企业利益的行为。前面讲到的与绩效不匹配的高薪酬，虚增收入或利润的种种行为都是产权侵占行为。其特点是代理人或员工个人获得了不应得到的利益。产权扭曲是代理人缺乏经营管理的专业知识和经验，

而在前期设计时导致的增加成本、影响效率的行为，其特点是代理人或员工个人并没有获得不应得到的利益。虽然二者的区别在于故意与无意，但结果是一样的，都是造成了股东的财产损失。

产权侵占是违规或违法的行为，属于政治监督或廉政监督的范畴。而产权扭曲是专业水平和能力问题造成的，因此是专业监督的范畴。

产权侵占的形式，前面已经列举了很多，这里不再详细论述。就整体而言，产权扭曲主要表现在以下三个方面。

一是企业治理结构设计不科学而导致的产权扭曲。前面已经做了比较详细的分析。

二是组织架构设计不科学导致的产权扭曲。过去的银行、保险企业出现的问题就是典型。以前的银行、保险企业按行政区划设立总部、省（市）分公司、市（地）中心支公司、县（市）支公司，共四个层级。县（市）支公司是营销与服务中心、利润中心，而总部和省（市）分公司、市（地）中心支公司都是管理中心，以管理审核县（市）支公司业务为主，职能交叉、重复。进入 21 世纪，网络技术应用已经比较普遍，减少中间层机构、实行扁平化管理已是大势所趋。许多大型保险企业都相继进行了架构重塑。以一个小型的省（市）分公司为例，如果将市（地）中心支公司转型为营销与服务企业，就实现了总部、省（市）分公司和县（市）支公司三级架构，可以充实营销队伍 200 人到 300 人，如果他们实现收支平衡，可以节省费用 2000 万元左右，也就是说可以为股东多争取 2000 万元左右的利润。这就是扁平化架构可能给产权带来的影响。强大的网络可以帮助实现去中间层，产销直接见面。电商就是一个典型的例子，不仅降低了商品价格，而且提供了便捷的服务。这一营销方式的巨大变革，将从多个维度给传统的营销模式带来颠覆性变化。传统的架构并没有具体给几个或某一类人带来利益，政治监督非但不能解决问题，还扭曲了股东的产权，纠正产权扭曲必须由专业监督来完成。

三是流程设计不科学、不合理导致的产权扭曲。例如，某公司是总、分、支三级公司，报销统一在财务中心处理。该公司实行预算管理，在流程设计上，对预算内费用本应由预算责任单位负责人签字，由总部财务中心复核即可报销。然而，该公司费用报销规定的流程是，先向总部财务申请，经总部财务负责人同意并签字后，才能办理支付，然后才是报销。审批的程序比报销的程序少一些。报销的程序共有十余道：预算单位经办人签字—财务专管员签字—单位负责人签字—分公司条线费用专管员签字—条线负责人签字—财务部门主管签字—财务部门负责人签字—总公司条线部门费用专员签字—条线部门负责人签字—财务部门预算审核签字—财务部门发票审核签字—财务部门负责人签字—总公司财务负责人签字—完成报销。一笔报销需要一个多月时间，这哪里还是预算管理？这种情况虽然是个例，但出现在 21 世纪的企业，很多人可能不会相信。流程环节设计越多，经手的人越多，责任越难以追究。这种低效率大大增加了运营成本，严重扭曲了股东产权，看似管理很严格，实则劳民伤财。

以上例子说明了强化专业治理的必要性，也说明了专业监督的重要性。目前的监管比较重视政治监督，尤其是政治巡视和廉政巡视更是将政治监督推向了新高度。但对股东来说，无论是产权侵占还是产权扭曲造成的财产损失，都是一样的。因此，要提高国有企业的效率，首先要提高对专业监督的认识，提高专业监督的地位，必须把专业监督和政治监督放到同等重要的位置，以专业促进国有企业经营管理水平的提高；其次必须建立专业监督的标准体系，做到有规可依；最后要强化政治监督与专业监督的有机结合，协调统一，解决专业治理不足的问题，达成"1 + 1 > 2"。

参考文献

［1］诺思．制度、制度变迁与经济绩效［M］．杭行，译．上海：格致出版社，2016．

［2］科斯，等．财产权利与制度变迁：产权学派与新制度学派译文集［M］．刘守英，等译．上海：格致出版社，2014．

［3］卫兴华．马克思与《资本论》［M］．北京：中国人民大学出版社，2019．

［4］诺思．理解经济变迁过程［M］．钟正生，等译．北京：中国人民大学出版社，2007．

［5］斯蒂格利茨，尤素福．东亚奇迹的反思［M］．王玉清，等译．北京：中国人民大学出版社，2013．

［6］诺思，瓦利斯，温格斯特．暴力与社会秩序：诠释有文字记载的人类历史的一个概念性框架［M］．杭行，王亮，译．上海：格致出版社，2017．

［7］马骏，张文魁，等．国有资本管理体制改革研究［M］．北京：中国发展出版社，2015．

［8］吴敬琏，马国川．重启改革议程：中国经济改革二十讲［M］．北京：生活·读书·新知三联书店，2016．

［9］姚洋，范保群．我国有能力解决国有企业杠杆率偏高问题［N］．人民日报，2016 - 11 - 25．

［10］罗兰．私有化：成功与失败［M］．张宏胜，于淼，孙琪，等译．北京：中国人民大学出版社，2011．

［11］科斯，王宁．科斯论中国［M］．徐尧，李哲民，译．北京：中信出版社，2012．

［12］米勒．管理困境：科层的政治经济学［M］．王勇，赵莹，高笑梅，等译．上海：格致出版社，2014．

［13］弗里德曼．自由选择［M］．张琦，译．北京：机械工业出版社，2013．

［14］威廉姆森．资本主义经济制度：论企业签约与市场签约［M］．段毅才，王伟，译．北京：商务印书馆，2004．

［15］威廉姆森．治理机制［M］．石烁，译．北京：机械工业出版社，2016．

[16] 威廉姆森. 市场与层级制 ［M］. 蔡晓月，孟俭，译. 上海：上海财经大学出版社，2011.

[17] 李光耀. 李光耀观天下 ［M］. 北京：北京大学出版社，2018.

[18] 张五常. 经济解释 ［M］. 北京：商务印书馆，2000.

[19] 弗鲁博顿，芮切特. 新制度经济学：一个交易费用分析范式 ［M］. 姜建强，罗长远，译. 上海：格致出版社，2012.

[20] 巴泽尔. 产权的经济分析 ［M］. 2 版. 费方域，段毅才，钱敏，译. 上海：格致出版社，2017.

[21] 周其仁. 产权与中国变革 ［M］. 北京：北京大学出版社，2017.

[22] 波兰尼. 个人知识：朝向后批判哲学 ［M］. 徐陶，译. 上海：上海人民出版社，2017.

[23] 张维迎. 理解公司：产权、激励与治理 ［M］. 上海：上海人民出版社，2013.

[24] 张维迎. 企业理论与中国企业改革 ［M］. 上海：上海人民出版社，2014.

[25] 张维迎. 企业的企业家：契约理论 ［M］. 上海：格致出版社，2015.

[26] 美浓部达吉. 公法与私法 ［M］. 黄冯明，译. 北京：中国政法大学出版社，2003.

[27] 李维安，牛建波. CEO 公司治理 ［M］. 2 版. 北京：北京大学出版社，2014.

[28] 哈特，斯蒂格利茨. 契约经济学 ［M］. 李风圣，译. 北京：经济科学出版社，2003.

[29] 张文魁. 混合所有制与国资监管如何兼容 ［EB/OL］. （2017 - 10 - 17）［2021 - 07 - 12］. http://www. sohu. com/a/198645489_485176.

[30] 宋志平. 混改不会一混就灵 关键是机制改革 ［J］. 国资报告，2019 (1)：65 - 68.

[31] 袁惊柱. 认清国有企业混合所有制改革的内涵与关键问题 ［N］. 经济参考报，2019 - 02 - 25.

[32] 郑志刚. 为什么说分权控制理论才是国企混改真正的理论基础？［J］. 经济学家茶座，2018.

[33] 刘鹤. 两次全球大危机的比较研究 ［M］. 北京：中国经济出版社，2013.

[34] 蒙克斯，米诺. 公司治理 ［M］. 李维安，周建，等译. 北京：中国财政经济出版社，2004.

[35] 段永传，李雪梅，李学伟. 国有企业治理结构多群体行为演化研究 ［J］. 北京交通大学学报（社会科学版），2018，17 (4)：54 - 66.

[36] 马连福，王元芳，沈小秀. 中国国有企业党组织治理效应研究——基于"内部人控

制"的视角 [J]. 中国工业经济, 2012 (8): 82 - 95.

[37] PORTA R L, LOPEZ - DE - SILANES F , SHLEIFER A . Corporate ownership around the world [J]. The journal of finance , 1999, 54 (2): 471 - 517.

[38] 吴申元. 现代企业制度概论 [M]. 3 版. 北京: 首都经济贸易大学出版社, 2015.

[39] 青木昌彦. 制度经济学入门 [M]. 彭金辉, 雷红艳, 译. 北京: 中信出版社, 2017.

[40] 姚云, 于换军. 国外公司治理研究的回顾: 国家、市场和公司的视角 [J]. 金融评论, 2019, 11 (3): 92 - 109, 126.

[41] 刘汉民, 齐宇, 解晓睛. 股权和控制权配置: 从对等到非对等的逻辑——基于央属混合所有制上市公司的实证研究 [J]. 经济研究, 2018, 53 (5): 175 - 189.

[42] 王晓芳. 日本公司治理结构浅析 [D]. 大连: 东北财经大学, 2003.

[43] HAMILTON G G, BIGGARTNW. Market, culture, and authority: a comparative analysis of management and organization in the Far East [J]. American journal of sociology, 1988, 94: S52 - S94.

[44] 袁庆明. 新制度经济学 [M]. 上海: 复旦大学出版社, 2012.

[45] 哈特, 等. 不完全合同、产权和企业理论 [M]. 费方域, 蒋士成, 译. 上海: 格致出版社, 2016.

[46] 斯蒂格利茨. 东亚奇迹的反思 [M]. 王玉清, 等译. 北京: 人民大学出版社, 2013.

[47] 德鲁克. 管理的实践 [M]. 齐若兰, 译. 北京: 机械工业出版社, 2018.